U0918834
财新图书
Caixin book series

财新图书
Caixin book
series

财新图书
Caixin book series

变革世界的中国策 I

CHINA'S POLICY CHANGE THE WORLD

王　烁/主编
黄　湘/编选

中国主动或被动的改变
将如何重塑世界版图

凤凰出版传媒集团
江苏文艺出版社
JIANGSU LITERATURE AND ART PUBLISHING HOUSE

图书在版编目（CIP）数据

变革世界的中国策Ⅰ／王烁主编. —南京：江苏文艺出版社，2011.6
（财新图书）
ISBN 978-7-5399-4331-2

Ⅰ.①变…　Ⅱ.①王…　Ⅲ.①中国经济—文集　Ⅳ.①F12-53

中国版本图书馆CIP数据核字（2011）第038977号

上架建议：经济趋势

变革世界的中国策Ⅰ

选题策划：财新传媒
责任编辑：刘　霁
监　　制：伍　志
特约编辑：于向勇　黄　湘
封面设计：柏拉图创意机构
出版发行：凤凰出版传媒集团
江苏文艺出版社　http://www.jswenyi.com
集团网址：凤凰出版传媒网　http://www.ppm.cn
印　　刷：北京鹏润伟业印刷有限公司
经　　销：新华书店
开　　本：720×1040　1/16
字　　数：328千字
印　　张：20.5
版　　次：2011年6月第1版
印　　次：2011年6月第1次印刷
书　　号：ISBN 978-7-5399-4331-2
定　　价：45.00元

序言：什么变革 有何对策

财新传媒主编、财新网总编辑 王烁

2010 年初，财新团队重新出发，200 位同仁创建《新世纪》周刊、《中国改革》杂志和财新网三位一体的全媒体平台。你手上的这本新书《变革世界的中国策》，浓缩了这个中国最著名专业新闻团队一年的工作成果。

秉承独立新闻理念，财新团队告别过去的辉煌，在新媒体时代给出专业新闻出义的回答，既一以贯之，又与时俱变。在重大问题上发挥舆论领袖作用，以调查报道的操作方法，挖掘更完整事实，做理性与科学精神的启蒙，我们的变与不变，与这个时代、当前中国的变与不变，同声同气。

《变革世界的中国策》，什么变革？有何对策？

世界一眼可见的最大变化，是在 2007 年发酵，2008 年爆发，2009 年进手术室，2010 年观察善后的这场金融危机。有关这场危机的思考和洞见汗牛充栋，许多也见诸本书。我不重复。

中国应该有什么对策？有人相信，华盛顿共识的时代结束了，新的时代精神是北京共识：政府主导、经济干预。提出这个名词的乔舒亚 · 库珀认为建立在北京共识基础上的中国经验具有“普世价值”。

我们的看法与此不同。前一段时间我参加北大国家发展研究院的学者媒体对话“思 · 辩圆桌”，在国际形势与“中国模式”一节发言。正好与本书的主题相符若契。

我说，关于“中国模式”与中国经济增长这个主题，至少要分成三件事。第一件是中国经济长期高增长本身，这有目共睹；第二件是存在着一套能被称为“中国模式”的组合，这也是有目共睹，其特征主要是政府主导，集中关键资源于政府认为最能够带动增长的领域；第三件是，能用所谓“中国模式”来解释中国经济的增长吗？

与“北京共识”不同，我的答案是不能。

中国经济增长有一千个原因，我试举其中最重要的两条：1980年代初农村土地承包改革，将农民从土地上解放出来，并实质上允许其自由流动；2001年底加入WTO。前者使农民进入城市，成为产业工人，创造了中国至今仍未耗竭潜能的庞大生产能力。后者标志性地使中国融入全球化进程，庞大的生产能力得以充分释放，立即催化此前无法想象的强劲动力。

2001年，中国加入WTO，人们开始说中国成为世界工厂。

2002年，人们开始说中国向世界输出通货紧缩。

2003年，人们开始说人民币被低估。

2004年，人们开始谈论中国崛起的各种版本。

解放农民，加入WTO，不是所谓“中国模式”一部分，它是全能政府放松管制，允许中国经济与社会回归正常的极为重要的两步。中国经济的持续高增长，动力来自经济与社会的正常化，来自全能政府从经济与社会领域的渐进式撤退。

回到“中国策”，回到“北京共识”，回到“中国模式”，说一千道一万，现实是，它们都是全能政府从经济与社会后撤但只撤到一半的产物。过去30多年中国经济增长是因为还剩下的这一半特别伟大特别正确？还是因为好歹总归是撤走了一半？

一位国内最大的投资机构负责人问我，你觉得中国经济未来增长的动力在哪里？我理解他的言下之意：今天的经济，政府主要靠卖地，企业主要靠买地，银行主要靠吃利差，股市主要靠Pre-IPO，如此单调单薄。会不会出大问题还有争议，走不了太远是肯定的。

我的简单回答是，看看已经撤走那一半，什么取代了它？答案很清楚：以经济自由化为主的内部自由化，再加上全球化。那就让它们接着前进，取代还没撤走的那一半！

更复杂的回答，基于对决策者、企业家、投资者、工人、农民、学者的观察与采访、调查与对话的真切版回答，来自我的同事们，在这本书里。

目　录
CONTENTS

第一篇　中国如何认知与适应新角色
001

第二篇　“十二五”方略
061

Chapter 1

第一篇

中国如何认知与适应新角色

▶ 我们欢迎中国保持经济增长。与此同时，随着经济增长带来的重要地位和繁荣，世界也越发需要中国对全球经济的健康增长作出有意义的贡献。增强规则、开放商业、公平贸易与投资以及对知识产权的保护，中国必须尽其所能。中国的增长和繁荣，不是以牺牲它的经济伙伴为代价实现的，这是中国作为世界第二大经济体不容推卸的责任。我相信中国会尽全力直面挑战。

——罗伯特·霍尔迈茨（美国副国务卿）

▶ 中国最坏的一个风险就是在未来被看做这样一个国家——享受全球化的好处，但是并不对它的合作伙伴持开放态度，这样不符合中国作为世界第二大经济体以及第一大出口国的地位。

——赛日·安博（欧盟驻中国大使）

▶ 我们现在生活在一个全球化的世界，而且实际上正在转向一种新的多极化世界，这和以前的多极世界是不一样的，这并不只是能力的重新分配，以及经济实力的重新分配，它同时关系到角色的重新分配，也就是说不同的角色如何来看待世界。所以，这些使得我们在寻找全球问题的解决方案的时候多了一重考虑的因素和困难。

——古斯塔夫·盖拉茨（比利时布鲁塞尔大学当代中国研究所所长）

第一章｜中国的角色与机遇

财新观察：GDP跃升第二又如何

并不出乎世人预料，中国将于今年超越日本，成为全球第二大经济体。在上周日本内阁公开承认这一前景后，中国官方表达了“仍为发展中国家”的谨慎定位，中国民众亦反应平静。这种理性态度令人欣慰，但更重要的是，中国应继续以邻为师，取长补短，力避“大国意识”与“复兴意识”相互激荡、自我膨胀。如此，方有望保持经济社会的可持续发展，全面实现现代化。

30年多年前，中国启动了改变民族命运的改革开放。以中国国家体量计，经济总量迅速上升亦在预料之中。从2003年起，中国国内生产总值（GDP）先后跃过西方七国中的英、法、意，在2007年超过极具象征意味的工业大国德国，成为全球第三大经济体。此后，即便在全球经济遭遇“大萧条”以来最严重衰退之际，中国经济引擎高速运转的势头依然不减。2010年二季度，中国GDP总值为1.3369万亿美元，超过日本同期的1.2883万亿美元。此外，中国二季度折合经济增长年率为10.3%，而日本年化增长率仅为0.4%。这表明，在日本占据全球经济次席长达41年之后，中日于2010年易位实属自然。

以上排序均依据汇率平价方法。事实上，按照购买力平价（PPP）计算，国际货币基金组织（IMF）估测，中国早在2001年便超过日本；世界银行则认为，2008年中国实现了这一跨越。

中国GDP跃升全球第二，具有里程碑意义，是一项了不起的成就。这是对改革开放路线的雄辩肯定。应当承认，经济总量扩大是很有意义的，这关乎一个国家的综合国力，社会保障、科技研发、国防等过去长期面临财力约束的领域可以更宽裕地发展。此外，经济总量大的国家，在国际事务中的说话分量也有所不同。正因此，“发展才是硬道理”。

但是，此时此刻，中国更应看到自身不足，正视其为GDP增长付出的环境、资源等方面的代价，把改革引向深入，进一步发掘中国发展潜力。不容回避的基本事实是，中国与日本人均GDP相差甚远。目前，中国人均GDP只有3800美元，不足日本的1/10，在全球排在第105位左右。按照中国人均年收入1300元的贫困标准线，全国还有4000多万人没有脱贫。经济发展质量还有待提高，社会领域的发展还比较滞后，尤其是在技术创新、金融市场成熟度、文化教育、医疗卫生等领域，中国还有很大的提升空间。提高国民福祉和创造机会均等环境，也许比GDP位次更具有终极意义。

反观刚刚被中国“超越”的日本，从“二战”后一片废墟发展到1969年世界经济第二，并一直保持这一地位，这对一个资源匮乏的岛国殊为不易。此外，虽有“失去的十年”“停滞的20载”，国家债务高企，首相更迭频繁，然而，日本并未出现大规模的失业，社会政治相对稳定，日本依然拥有高精尖的技术和制造基础，拥有受过良好教育的国民。

因此，对当下的中国而言，冷静之余值得深刻思考的课题多多：当前，中国面临发展模式转型、降低单位GDP能耗的艰巨任务，中国可向以经济集约著称的日本学习什么？日本在经济高速发展中，涌现出丰田、索尼等一大批世界一流企业，中国主管部门和企业又该从中借鉴什么？对于矢志改革、致力国家复兴的中国人来说，更为根本的问题是，比较200余年来中日发展的迥异轨迹，从江户时代的兰学启蒙，到明治维新，特别是“二战”后日本民主改革和实施“道奇计划”，崛起于战争废墟之上，中国又可从这“一连串的改革”中获得什么启示？当然，中国也应吸取日本的教训，如政府制定产业政策的利与弊，如避免既得利益集团绑架国家政治议程，如老龄化社会来临之绸缪不足，最现实的是，应避免资产泡沫破裂的惨痛后果。

广而言之，中日GDP易位，断言此盛彼衰还言之过早，而在此时思考大国兴衰的历史规律，对中国而言仍是有益的，因为一国国际地位的实际勃兴与衰落，往往同自我最终认知之间存在时间差。这一时间差在衰落周期往往是滞后，而在兴盛阶段，则惯于透支实力。

无疑，今天的中国处于复兴上升阶段，有关中国崛起的话题本世纪以来不绝于耳。中国如何管理自身的崛起，世界如何看待中国的崛起，争议亦从未停歇。如何扮演“负责任的大国”角色对中国而言更是崭新课题。在对自身实力有着清楚认知的前提下，谨慎动用自身在地区和国际舞台的影响力，方为上策。中国能否再上一个台阶，关键是冷静认识自己，客观看待世界。

注：本文发表于2010年8月

走到世界舞台中心的中国如何做大国

吴建民（欧洲科学院院士、副院长，欧亚科学院院士，国际展览局名誉主席）

时代 重心 潮流

当今世界正在经历非常深刻的变化。这种变化表现在三个方面：时代变化、国际关系重心转移、时代潮流发生了变化。

首先是时代发生了变化。在 20 世纪的很长时间里，战争与革命是时代的主题，是决定中国内外政策的关键因素。随着中共十一届三中全会把党的工作重心转移到经济建设上来，首先发展起来的是紧靠香港、澳门的四个特区：深圳、珠海、汕头、厦门。其后的一条逻辑是：战争在可预见的将来打不起来。和平与发展已成为时代主题。

1992 年，邓小平南巡讲话提出“胆子再大一点，步子再快一点”，这使得中国的大门开得更大了。如果按照过去的思想窠臼，当时苏联解体，东欧剧变，正是西方世界大举进攻的时候，中国应该关上大门，固守阵地。但事实证明了邓小平对时代判断的英明。1978 年到 1991 年，进入中国的外资不过二三百亿美元，现在已经达到了 1 万亿美元，其中大部分是邓小平南巡讲话之后进入中国的。

这后面包含的判断是什么？时代变了，解决国际争端要根据新情况、新问题，提出新办法。

1984 年，我在外交部政策研究室工作，有的港澳办的同志认为，让香港、澳门回来太容易了，把香港、澳门需要的淡水断了它们就回来了。邓小平同志却说：我要回归的香港、澳门是保持繁荣稳定的香港、澳门，而不是贫困动荡的香港、澳门。他所设想的“一国两制”，好就好在既考虑到中华民族，包括港澳同胞的根本利益，也考虑到外国在香港的根本利益，从中找到一个共赢的平衡点。

第二个变化是国际关系重心正在从大西洋转向太平洋。1960 年的亚洲在全球经济当中的比重是 10%，现在已经达到了 25%，再过 30 年有可能超过 40%。美国人认为，这是 400 年以来最大的变化。过去 400 年，西方因为经历了文艺复兴、启蒙运动、资产阶级革命、工业革命、科技革命，从而走在世界前列。这意味着，在这几百年里，西方的标准就是世界的标准，西方的规则就是世界的规则，西方的文化就是世界的主导文化，西方的时尚就是全世界追逐的潮流。现在，这种状况随着亚洲的崛起在发生变化。

“二战”后日本、亚洲四小龙、东盟、中国和印度五个浪潮推动了亚洲崛起。虽然这个崛起还在初期，但其势头牵动了世界的变化，拉动了全球的变革。这一改以往亚洲被动接受世界变化的情况。这一变化引起了全世界各种不同的复杂心态。在国际上存在一种失落感，同时有些中国人也很浮躁，甚至有一种暴发户的心态，这并不好。在全球变局中，中国人要看到变化以及发展的趋势，也要认识到一些外国人的复杂心态和我们并非无关，要处理好变化带来的影响。

第三个变化是潮流在变化。今天的时代潮流是什么？胡锦涛同志说是求和平，谋发展，促合作。这是一股不可阻挡的时代潮流，与此相对的是冷战、对抗、冲突。前一股潮流代表着人类的未来，后一股潮流代表着过去。毫无疑问，和平、发展、合作的潮流会占上风。

这样一个潮流的变化会带来很多现象。

第一个现象，在战争与革命的时代，战争能够解决国际争端，但现在不行。具体体现在伊拉克战争上，美国人自己也苦笑说，不仅什么问题也没解决，相反产生了一堆短期内无法解决的难题。

第二个现象，今天的大国没有分裂成对立的军事集团。这是人类历史上几百年来的第一次。2008 年 8 月 8 日，奥运会开幕日凌晨，格鲁吉亚战争爆发。当时，俄罗斯人希望中国人站在他们那一边，但中国没有。2008 年 9 月 25 日，温家宝总理在联大讲话称：中国绝不结盟。中国的立场如果有所偏向，一场新的冷战可能就会开始，全世界会因之遭殃。

第三个现象，核武器的作用在弱化。冷战期间，美苏两国制造储存了大量核武器，双方都有数以万计的核弹头。现在，美国还要削减现存的 5000 多枚，并提出要停止核武器的研究。

怎么看待今天的世界？我认为，世界总体上处在十字路口，前进、后退的可能性都有。上面所说的世界三大变化，尤其是占全球一半人口的一批发展中国家的崛起，是人类历史上没有先例的，是很了不起的变化。在这个大变化的过程当中，人类应当怎么办？

人类应当如何处理相互之间的关系？如何处理同自然的关系？如何处理国与国之间的关系？都尚在辩论过程中，并无定论，也没有现成的模式。

对于中国来说，这一系列的问题放在我们面前，需要总结我们好的经验，也要学习人类文明的优秀成果，在这个基础上创新，才能解决我们面临的问题。

心态 胸怀 责任

由于金融危机、中国经济快速增长以及上述三大变化，中国走到了世界舞台的中心。这比我们预期的时间要早很多，比外国人估计的时间也要早。

中国走到此中心，得益于天时、地利、人和。天时：现行国际体制基本受益于中国，虽有不公平的地方，但总体上不再是 1940 年的世界；地利：中国恰处于崛起中的亚洲地界；人和：中国改革开放的政策。

走到世界舞台中心，三个问题最主要，就是心态、胸怀和责任。首先是心态。由于中国长期积贫积弱，中国人形成了一种“弱国心态”，大致有三个表现。第一是对外界的评论特别介意。外界评论“好”时就眉飞色舞，外界批评两句时就大力声讨。这是值得今天中国人思考的问题。站在舞台的中央，受到的评论当然就会多起来。对此，应当以平常心对待，“好”则不得意忘形，“坏”则虚怀若谷。有则改之，无则加勉，古来有之。第二是喜欢向外界只讲成绩，不讲问题。胡锦涛主席和温家宝总理，对外谈话时都敢于直面问题，讲中国尚存在着很多问题。这是大国领导人有信心的表现。第三个表现是喜欢拔高。三分成绩，非要讲到三分半、四分甚至七八分。其实，这是愚蠢的表现，难就难在有颗平常心，实事求是。

其次是胸怀。中国人既然走到了世界舞台中心，既要做到爱祖国，也要爱人类；既要考虑中国的利益，也要顾及全球的利益。治国犹如做人，私者难觅友，国亦如此。一个自私的国家不会有什么朋友。“走出去”的中国公司，如果只考虑自己的利益，损害别人的利益，就难以走远。

最后是责任。从1978年到现在，西方世界对中国的看法有几个阶段。1978年到1989年，西方世界的主流理论是怀疑论，认为中国人搞不成现代化；1989年到1997年，西方世界的主流理论是崩溃论，认为中国要垮台了，1997年亚洲金融危机以来，西方世界提出了责任论，提出中国应当成为负责任的利益攸关方。

那么，中国应对世界负什么责任？我认为有四方面：第一，既要把中国的事情办好，也要把世界的事情办好；第二，遵循《联合国宪章》，履行好缔结的国际公约所赋予的责任和义务；第三，承担起推动世界和平与发展的责任。第四，面对气候变化、恐怖主义、跨国犯罪、流行疾病等全球挑战，尽到自己的责任。

还有一条，随着中国国力的增长，中国对世界的贡献应当多一点，像当年毛泽东同志说的：“中国应当对人类有比较大的贡献”。像胡锦涛主席讲的：“中国与世界的关系发生了历史性的变化，中国的发展离不开世界，世界的繁荣稳定离不开中国。”随着中国的国力增长，中国应该作更大的贡献。

今天的中国需要有这样一个态度：中国的确是走到了世界舞台的中心，但是世界面临很多问题，中国也面临很多问题，这些问题如何解决，都不是关起门来能够解决的，都需要通过世界合作来解决。

中国赞成国运与全人类的福祉相挂钩。在这个过程中，中国理应考虑中国的利益，考虑全球的利益。唯有如此，中国方能成为真正的大国和强国。

“中国模式”会成为全球榜样吗

吴敬琏（国务院发展研究中心研究员）

近两年来，中国在应对全球金融危机方面取得了举世公认的成就。在有些人看来，中国靠的就是国家的行政手段。他们把这种行政手段看做“强有力的宏观调控”，看做中国特有的“政治优势”。有些政府部门运用行政手段来调控经济，似乎也越来越得心应手。那么，这种行政手段究竟效果好不好？中国现在是不是存在过度使用国家行政调控手段的倾向？这些手段符合市场经济的本质要求吗？国家调控和法治经济又有什么关系？如果要深化经济体制改革，并创造条件，使政治体制改革、社会体制改革、文化体制改革与经济体制改革整体推进，那么，这些问题就必须首先思考清楚。

行政干预的功效不应夸大

在计划经济体制下，政府是全能的，从宏观经济到微观经济“一竿子插到底”，用行政命令控制。而建立市场经济体制必然涉及对国家机器的改革。

坦率地说，在改革开放后相当长的时间里，对于经济体制改革和政治体制改革之间的关系，我并不是很清楚。我曾经认为，只要把市场建立起来，它就会自动要求建立规范的社会规则和制度。至于上层建筑方面的改革如何推进，自会有政治家去照管。但是，到了 20 世纪 80 年代后期，我却发现事情并非这样简单。

首先出现的问题是腐败现象的蔓延，典型的问题是 80 年代后期的“官倒”现象和其后的股市黑幕。这些问题的症结在于公共权力介入了市场交易，形成了公权力的私用。

在 80 年代后期讨论腐败问题的时候，大多数经济学家把问题的实质归结为“寻租”。所谓“寻租”，就是由于公共权力介入市场交易，产生了“租金”，于是，就会有人买通权力去获得租金。行贿受贿的本质就在这里。由于公共权力超出了它在市场经济中的应有范围，形成了寻租的制度基础。为了从根本上遏制腐败，就要用法律来划定公权力的行使范围，防止其被滥用。

在中国这样一个在历史上长期高度集权的国家，如同政治学家邹谠教授所说，历史上的中国政府就是“全能政府”，什么事都管，从宏观经济一直管到微观经济，管到个人的职业选择和家庭生活。改革开放以前，中国又是一个计划经济社会，政府拥有配置资源的无限权力。所以，政府部门和官员就特别容易利用手中的权力，营造巨大的寻租环境。对于贪赃枉法的官吏来说，扩大这种权力又是特别有利的。所以，寻租和设租的活动就很容易泛滥开来。

因此，80 年代中期以后，越来越多的有识之士认识到加快政治改革和规范政府权力的必要性。

了解了这样的大背景，再让我们来观察应对金融危机的行政干预问题。

本轮全球金融危机发生之后，由于出现了社会信用体系的断裂，为了控制系统性风险进一步扩大，政府常常要用它的信用去补充甚至取代部分商业信用，以便保持社会的金融系统不至于全面崩溃。这本来是一种短期性做法。但是，在中国的社会条件下，就很容易把它解释成是一种社会发展的新趋势。于是，有些人把前几年有人针对所谓“华盛顿共识”提出的所谓“北京共识”提升到了“中国模式”的高度，说是以强有力的政府控制整个社会经济体系为特征的“中国模式”将成为世界仿效的榜样。

这是一种误解。实际上，运用政府的力量稳定经济，是世界各国在历次危机中都采用的。中国的特点是政府介入的强度更大而已。那么，政府高强度介入经济，到底是祸还是福呢？我认为，现在还未可定论。从短期看，它成绩很大，2009 年实施了 4 万亿元的经济刺激计划投资，10 万亿元的贷款一下就把增长速度拉起来了。但是，从长期来看，它的后续影响怎样呢？我们知道，金融危机期间政府采取的刺激经济政策早晚都是要退出的，由于我们采取的是政府直接指示银行放贷款、上项目的办法，比某些西方国家退出的难度更大。所以，我们要兢兢业业，谦虚谨慎，而不要忘乎所以。如果对运用行政手段应对金融危机的成绩作过分乐观的估计，那是相当危险的。

概括地说，目前的行政干预并没有解决权力监督和约束问题，反而在特定时段和某些问题上有所加剧。

政府介入微观经济活动是极大危险

政府权力的边界问题往往可归结为经济自由和市场秩序的关系问题。在中国从计划经济转变为市场经济过程中，我们可以同时看到两方面问题：一方面我们缺乏经济自由，国家控制太多，民营经济只有极少的自由；另一方面，中国的市场秩序并不是很理想。

想要解决这些问题，就要求经济体制改革和政治体制改革配套推进。经济是配置稀缺资源的体系，光靠它自己不足以自行，需要其他方面制度的配合和支撑；否则，市场自由交换秩序得不到保证，就会出现混乱，权力的介入还会造成“丛林法则”支配市场，使整个经济变成了一个寻租场。本来，在市场经济条件下，如果交易主体自由而平等，且不存在外部性，不存在“信息不对称”现象，通过交易达成的价格，就能够有效地把资源配置到应该到的地方去。但是，交换是需要秩序的，是需要透明的规则和公正执法来保障的。所以，经济和政治这两个方面的改革应该配合起来推进。

我们的改革就面临两方面的问题：一方面，从一个由行政权威控制的计划经济转变成一个自由交换的经济；另一方面，就是从行政命令支配的经济，政府机关和党政官员的自由裁量权特别大的命令经济，转变为一个规则透明、公正执法的法治经济。

政府有责任提供由透明规则和公正执法构成的市场秩序，但是，有一部分官员认为，其中没有太大的牟利空间，他们更愿意作微观决策。这样，就出现了腐败问题。可以说，这是偷换了政府职能概念。在市场经济中，政府应该提供的是公共产品，而不是其他。如果政府介入微观经济活动，那么，事情就完全颠倒了。这是我们现在遇到的最大的危险。

人们常说，市场经济离不开政府的作用。这无疑是正确的。问题是政府应当起什么作用？政府还是应该营造稳定的宏观经济环境。其最主要的内容，是稳定的货币发行和稳定的价格水平，这个稳定价格是指稳定价格总水平（不是指个别产品的价格），但是，这里常常发生混淆：政府不去管住货币发行和稳定物价总水平，而是管个别商品的价格，什么东西一涨价，政府就加以管制。这样，就会破坏市场通过相对价格变化有效配置资源的基本机制。

“攻关”和“认定”难以实现技术创新

在应对全球金融危机过程中，转变经济发展方式问题再次被提出。这不是一个新课题，但多年来进展一直不大，原因何在？这也涉及政府与市场的关系问题，关键在于能否推进改革。

这里，集中谈一谈技术创新问题。

竞争性的现代市场经济体制才是技术创新基础性的条件。在这种制度下，企业必然是推动技术创新和产品创新的主体，小企业更是主体中的主体。在现代技术创新、现代市场活动中，不能靠政府指令以及政府的各种优惠政策，而需要市场竞争环境和盈利的激励，使每个企业都主动根据价格信号来选择最适当的技术，改进产品和工艺；不能由政府越过公司自身的约束去考核和评价企业的“科技含量”，也不宜根据政府的判断和追求，对企业的创新活动发号施令或给予补贴。否则，既容易瞎指挥，把技术进步的方向弄错，也容易因为技术开发过程中的巨大风险和不确定性加剧软预算约束问题。

对于习惯于计划经济思维的人们来说，由政府直接组织科学技术攻关和新技术的商品化转化，是效率最高的。这类办法也许能够在少数重点赶超项目上取得成就，但是，这并不是实现普遍技术进步的有效方法，也不应该作为整个国民经济的主要技术政策措施。这套做法基于对技术进步机制的误解，难于实现普遍的“自主创新”和“建设创新型国家”的目标。

在转变经济增长方式上，政府要有所为，有所不为。要做到这点，首先是不违法设立行政许可和市场准入，其次是不指定技术路线。在我看来，指定技术路线和产品路线是很危险的一件事情。

在发展新兴产业的过程中，政府需要对所支持产业的有效性做一些研究，而不是把钱直接给予自己“认定”的项目或企业。虽然这是目前政府各部门在执行对新技术的扶持政策时的习惯做法，但是，由于这种补贴方式难以避免随意性，助长了不公正竞争，实际效果不一定像预期得那样好。其结果甚至可能是抑制竞争和创新，而且容易滋生腐败。

关键仍在内政

王逸舟（北京大学国际关系学院副院长）

世界格局开始质变

世界格局在世纪之交的初期确实发生了变化。超级大国美国与发展最快的新兴大国中国在战略上都出现了一些微妙的变化，虽然目前很难看得很清楚，但是这将是非常深远的变化。

美国处于比较明显的战略收缩势态，特别是在经过小布什政府八年晦气倒霉的战略失败之后，奥巴马开始新政，除了每届政府都会推出的诸如应对金融危机等具体政策，也能看到美国在休养生息。如果把它看成猛虎，前一段是出击，现在是舔爪子，恢复元气。

外交上，奥巴马上台第一年基本上是修复关系，到处伸橄榄枝，用外交手段取代布什“武装到牙齿”式的军事优先政策，比如对内贾德、对阿拉伯世界和中美洲的一些左翼政权等。

另一方面，特别是 2004 年以来，中国开始战略出击，官方说法是“更加有所作为”。最近的一次就是哥本哈根气候变化会议。中国采取坚持立场，不妥协态度。去年和前年（指 2009 年和 2008 年——编者注）关于 WTO 的新一轮贸易谈判，也主要是中国、印度跟西方老牌工业国围绕农产品等重大分歧进行的悬而未决的谈判。所以也有人说新的贸易谈判主要取决于像中国、印度这样的新兴大国和西方老牌国家的对峙是否可以达到一个契合点。

如果仔细查看 GDP、军事力量、社会发展等综合指数，以中国、印度为代表的新兴大国的分量和前些年相比不太一样。这样的变化折射出新老交替的趋势——老牌工业国发展 100 多年，占据了高位，是国际政治的主角。但现在，总的来说西方的乏力十分明显。新兴国家快速追赶、崛起，开始争取更多的话语权和决策权，世界格局变化到了从量变到质变的阶段。

从历史上说，这种交替过程会持续至少半个世纪的时间，在相当长的一段时间内，人们对这一话题的讨论都不会停息。

老牌强国的乏力

在这一次的格局转变中，西方国家在经历了苏联解体、海湾战争胜利的得意忘形，放眼天下无敌手、“历史终结”等傲慢之后，发现现在自己不是万能的了，西方世界也有兴衰的规律。这种规律正在发生，调整。尤其是美国，以前是解决问题的能手，现在却屡屡表现乏力，同时也变成麻烦制造者。

比如，伊斯兰世界处在一个十字路口。西方的乏力不仅没有促使伊斯兰世界走向现代化，相反增添了它的混乱。在小布什时代造就了一批“拉登”之后，伊斯兰世界更加麻烦，更加混沌。如果过去是巴以冲突一个点的话，那么现在是从北非到西亚到中亚，甚至到东南亚延伸出来的弧状的伊斯兰世界都处于一个忐忑不安、矛盾交织的状态，而且伊斯兰世界的未来仍无法确定。

因此，西方世界不得不分享权力，不得不与新兴国家共治。这一过程是明显的，也会给国际关系带来很多变化。

比如，美国的相对收缩给了内贾德、拉登更多的机会，激进分子是很高兴的，因为他们看到了美国人的失败，看到美国陷入大的麻烦，比如金融危机。“塔利班化”在未来不只是在阿富汗和巴基斯坦，很有可能向更大的范围蔓延。北非的一些激进分子也都宣称效忠拉登和“基地”组织。这种蔓延让人忧虑，哪怕对新兴大国，对我们非西方国家来说，如果想承担起未来全球治理的责任，朝着更加和谐的路子去走，这个问题对我们也非常严峻。

新兴国家的短长

新兴国家不仅有天然的优势，也有天然的缺陷。

很多人都说“中国模式”的优势，但对问题重视不够。中国的发展特点是政府主导、投资依赖、经济控制、意识形态紧缩，这些与资本主义市场经济混合在一起，一方面激发出人们赚钱、消费、投资的欲望；另一方面，政治公平、社会正义、人的教育发展以及制度性保障非常缺失。所以说中国既是在全球化过程中经济发展最快最大的国家，同时也是经济上快速增长和政治上停滞不前、意识形态保守落后并存的国家。这种发展模式能够持续多长时间，或者说整个新型国家取代现有发达国家的势头会不会因为自身发展的不可持续而中断，这些值得忧虑。

比如印尼，从 1967 年苏哈托上台到 1997 年金融危机，印尼增长非常迅速，人均 GDP 从不到 100 美元增加到 1000 美元。但金融危机让这个“沙滩上的建筑”倒塌了，这背后的原因很多，比如内部族群矛盾、政治腐败、巨大的贫富差距，等等。“印尼陷阱”对中国和新兴大国是有启示意义的。这些国家都有重大的短板和软肋，有些是短期的局部的，有些是长期的致命的。

所以，中国未来的外交问题，更多要看中国国内的经济、政治、社会和体制的发展。说到底，中国的政治现代化相对落后，特别是远远落后于中国经济社会发展的要求。邓小平推行改革开放以来，政治确实作出了调整，但调整不足以满足社会公平。只依靠执政党去推动，社会、媒体、法律等表现乏力，这个问题很严重。中国在目前这个看上去呈升势的过程中应保持清醒，不要自我陶醉，避免陷入“印尼陷阱”。

从这个逻辑，我们也可以说，国际格局的角力不在于各个集团或者东西方之间在外交领域的直接对峙、较量，这都是“标”。真正的“本”是各国内部的调整——能不能“强身健体”，增强自身体制的进取心、开放性和自我修正能力。再好的制度，当它变得自满自得时，就该出问题了，必须加以反省和改革，才会持续发展。

外交是内政的延续

尽管中国综合国力有很大提高，但是反观外交，中国还是新手，相当单薄。中国在世界经济界是个蛟龙，弄潮儿的角色干得还不错；在政治界，中国开始学会博弈，开始搞大国平衡，建立大国战略对话框架，有点后来居上的味道；在社会界，中国的外交显得比较笨拙。面对国外媒体、NGO（不以营利为目的非政府组织——编者注），不知如何回答，或是简单划一的条件反射。而这些问题，恰恰反映了我们国内的状况，比如对 NGO 的态度，其实就是我们国内对 NGO 和公民社会的角色没有想清楚的表现，比如在全球环境治理、气候变化等问题上不愿承担更大责任，说到底是国内这方面比较软。国内认为经济发展是硬指标，环境治理是第二位任务，因此，这样靠边的任务对于外交来说是软指标，招商引资是硬指标。

外交是内政的延伸，外交上的短板是内政的缺失。中国未来在外交舞台上的博弈能力既取决于我们外交官素质的不断提高，但是，也取决于国内的发展。比如，执政党是不是更有勇气去作一些重大变革，真正提高公民决定社会前途的分量。

中国的经济底气足了，民族主义也在上升，有可能出错牌，或在很多交锋中不慎重。比如售台武器问题，这个问题可以打好组合拳，我们打牌的次数和力量都在上升；但是在某些问题上打牌，如果驾驭不好，对民族主义情绪的失控，也可能打错牌。

更重要的是，中国现在是全世界主权纠纷最多的国家，目前还有十个主权纠纷点，如大家知道的和印度、日本、越南，还有大家不太清楚的朝鲜、韩国、不丹以及东南亚几个国家。这些纠纷点大的涉及几万平方公里，比如跟印度；小的就是几个礁石，专属经济区。我认为，未来一二十年，掌握好既不使主权被侵蚀，又不简单粗暴地对待邻国这个度并不容易。

现在中国随着奥运、世博会等的接连举行，以及经济实力的上升，盛世情结在增多，如果不加遏制地释放出去，可能会难以控制，并带来负面作用。比如国际社会对于中国日益强大的军事力量的担忧，这需要一个平衡点，一方面不要让别人蚕食你，屈辱你；另一方面，不要指望用武力去解决曾经用谈判、用和平方式解决的问题。

中国外交需要提升质量

新兴国家在国际社会的崛起目前来看还只是量的扩张。西方国家的实力不只是 GDP，如果仅从这个指标看，G7 的很多国家都被中国超过了。但这种超越都是简单的数量超越。制度性和结构性霸权包括很多别的东西：比如在国际制度、国际体系中的话语权、决策权、倡议权、领导权。比如国际协议签署地的数量、国际组织领导数量，中国都很少。陈冯富珍出任世卫组织总干事是个突破，她是联合国 18 个大组织中现在唯一的中国籍主官。此外，中国参加的很多国际组织还是比较低层次的，含金量很低。在人类共同利益的议题上，充当决策、动议、召集的案例很少。

另一个指标是国际贡献度，也能反映出一个国家在国际事务中的影响力。比如，北欧国家国民收入的 0.8% ~ 1% 用于国际维和、国际扶贫等国际事务，而中国只有 0.3‰。很多跨国公司在北京、上海都有分部，但国际组织，尤其是对国际安全、国际政治起主导性作用的组织在中国设立机构的就很少。

中国要增大在国际事务中的话语权一定要加强两个东西：提供更多的战略外援，提供更好的公共产品。

中国外交的战略外援指的是与中国发展、中国形象和中国利益等有直接关系的援助。比如对苏丹的援助，因为我们在那里有重大的石油收益；比如对巴基斯坦的军事援助，因为在巴基斯坦我们有重大的地缘战略安全利益。甚至从广义上讲，我们在印度洋海啸时给南印度洋国家提供援助都带有战略外援性质，因为这关系到中国未来在这一区域的发展。

公共产品包括维和部队等。中国现在提供的维和部队从数量上是常任理事国最多的一个，但和中国的能力相比，还可以大大扩展。我们提供的联合国会费达到3%，但跟德国的7%，日本的16%，美国的21%还是有很大差距。

公共产品的概念也不应只是限定在联合国范畴。中国现在也开始向非洲欠发达国家派出志愿者，每年是50 ~ 70人。这些人出去不是为了赚钱或开发能源，而是扶助当地教育，人力资本建设，保护濒危灭绝的物种等。这是伟大的创举，但问题是这类行为从数量到种类都仍然太少。

中国的外交其实已经作了很多调整。比如缅甸，中国不仅仅是外部想象的仅给缅甸将军们提供武器，换取缅甸木材等战略资源、获得出海口等简单的利益交换，中国也做了很多建设性的工作，比如，王毅曾作为特使去缅甸劝说其同意联合国秘书长特使到缅甸。再比如，中国在劝解苏丹对立派别停止战争问题上，也发挥了积极的作用。这些做法都反映出中国特殊的介入，一种建设性、创造性的介入。

有些人认为中国只是monster（怪兽编者注），就是掠夺资源，支持暴力政权，这并不准确。中国也在试图调整。在解决全球热点问题，参与全球活动时，中国不会采用美国那种打烂一个旧政权，重新扶持一个新政权的方法，而更青睐对话，劝解，帮助当地建设。当然这种方式的效果比较慢，但让国际社会理解中国做法的可行性、合理性也需要一个过程。

世界如何接纳中国

西方人在所谓的“北京共识”背后有一个潜台词，就是中国不只是在经济，在军事、环境甚至整个发展道路上可能跟西方都完全不同，会是对西方的一种取代，这种取代对于习惯了以往美好日子，过惯了太平生活的掌权者，对于精英俱乐部的国家来说，就是一种威胁。这可能带有意识形态色彩，西方的一种思维是，只要是共产党执政的国家，就对其有一种很深的疑惑。

有这样一个小故事描述中国的崛起：美国人、欧洲人、日本人在冬日午后喝下午茶，很惬意的时光，突然闯进来一个大个子中国人，他坐下来说："我也要吃，我也要喝。"结果一壶不够，再加三壶，风卷残云之后就走了。这三个人开始商量："这不成，他下次再来的话，咱们茶也没得喝，糕点也都没有了，揍也揍不过，怎么办呢？以后他进来这个门，得敲敲门，或者门槛加高一点，比如绿色屏障，环境问题，或者劳工，或者反倾销，或者人权，总而言之就是跟我们不太一样的那些地方，我们都要给他设个坎，设一个规定，要满足了条件以后才能进来。"

这个改变在心理上的震动和不安，或者说对未来的不确定感，是一种深层次的担忧。更何况不同文明之间本来就有差异性，理解上就有一定的隔阂。所以，中国人纵使有一千张嘴，也解释不明白。但是，对于各种中国威胁论也不必太看重，有的时候它也有一定的好处，就是提醒我们需要注意一些怎样的问题。

中国加入国际俱乐部这个过程是互动的。在这个过程中，情愿也好，不情愿也好，必须要接受现实，即这个巨人或迟或早最后都是要加入这个精英俱乐部的。

说到底，时间对中国是有利的。中国毕竟是一个大国，只要中国能够保持现在这种发展，力量对比最终对自己是有好处的。但是，中国未来如果出事情，不是台湾问题，不是主权冲突，这些问题可能是导火索，但归根到底还是中国国内，就是自己的体制是不是能够朝着继续改革和更加健全的方向发展。在国际关系当中，中小国家是有可能身不由己的，但是大国，能够生存下来，几百年几千年生生不息，一定有自己生存的逻辑，有自己的民族文化价值观的合理性。

谨慎地说，中国未来总体上希望还是大于失望，和平崛起和成功发展的可能大于内部危机爆发、矛盾不可收拾的可能。过去30多年也证明了这一点。对我们这一代人来说，一个很简单的教训，也是重要的历史遗产，就是"文革"，它让我们懂得现在的30多年来之不易，中国不能再折腾，中国一定要在稳定中实现发展，当然前提是进步与发展，而不是自满和停步，更不能倒退。

走出“冷战”思维

陆克文（澳大利亚前总理，现任外交部长）

缅思那些澳大利亚的先民们，我们在他们的土地上相遇，他们的文化为我们所赞颂，其文化亦属人类历史中传承至今的最为古老的文明之一。

去年，我有幸在阿里斯塔尔·莫理循过世前不久与他见了一面，当时他已经93岁高龄。阿里斯塔尔是北京的乔治·E·莫理循当时依然在世的儿子。对我来说，与阿里斯塔尔共同分享一小段家庭记忆是非常荣幸的——这是一份独特的、活生生的联系，串联着晚清帝国的动荡与现代中国的崛起。

对于研习历史的人们来说，乔治·莫理循时期的北京似乎显得遥远且奇异。然而我们真的是与那个世界仅仅相隔一代人的时间。

文化纽带

乔治·莫理循是个富有争议的人物。但谁也无从否认，甚至连那些最为诋毁他的人也不能否认他对中国的深刻了解，以及他对这个延绵不断的古老文明的憧憬。莫理循是一位别具一格的人物。但是，在当今的澳大利亚，他的生平和事业却鲜为人知。

在我看来，莫理循去世 90 年了，改变这种状况的时候到了。

我今天很高兴能够在第 70 次莫理循讲座上发表演讲。在我国早期历史上，莫理循是为国际舞台增添活力的最为卓越的澳洲人之一。以他的名字来命名这个历史颇悠久的系列讲座 在我们这样一个年轻的国家是恰如其分的。

在这个讲座系列下，演讲者曾有诸多中国过去和现在的课题。近年来的几位演讲者则就中国的重新崛起以及现代中国的国际地位和作用审思再三，绞尽脑汁。诸如此种早已成为当今时代面临的重大课题。

著名的史学家费子智参与了澳大利亚国立大学远东历史系的创建。他曾经用以下的文字描述莫理循，说他是“具有非同寻常的洞察力的人，因而比同时代的人更具独立眼界，少受主流思想的束缚。他，也许只有他，能够在满清帝国行将逝去的枯骨下看到一个新生命的跳动。新的中国可能令人费解，同时又几乎可以肯定会令人不安。 但这个伟大国度的生命将延续到一个充满活力的崭新时代”。

1935 年，著名医师、马来华裔伍连德在第五次莫理循讲座上曾谈到这个人的身上具有“一种很难在他人身上发现的诸多素质的结合。集医师、记者、旅行家、作家、藏书家和人文主义者于一身”。

在其旅行过程中，莫理循的探险精神、对知识的追求使他成为澳大利亚不可多得的旷世奇才。他始终在路上。上大学之前，他曾徒步从吉隆坡出发一直走到阿德莱德。

20 岁时，他从昆士兰州卡彭塔利亚海湾以南的诺曼顿出发，一路步行到墨尔本，全程近 3300 公里，没有骑马或者骑骆驼。除了在中国的旅行，莫理循深入过新几内亚内陆，在苏格兰学过医，到过美国和西印度群岛以及摩洛哥。他多次险些丧命，在义和团运动期间，曾经传闻莫理循遇害。他竟有幸在《泰晤士报》上看到自己的讣告。

莫理循的好奇心以及敏锐的观察力使他成为一名杰出的著作家。他于 1895 年出版的一部游记《一个澳大利亚人在中国》展示了他的才华，打动了英国的读者，以至于他在 1897 年被《泰晤士报》任命为首任常驻北京的记者。随着他在中国和国际上逐年声名鹊起，他也得到一个绰号：“中国的莫理循”或“北京的莫理循”。

从很多角度来看，莫理循将自己置于历史事件之中，并且总是让自己处于危险的境地。

具有划时代意义的武昌起义于 1911 年 10 月爆发时，他亲临现场报道。起义结束了在中国持续 2000 多年的帝王统治。在内忧外患的帝国首都北京，莫理循首先独家报道了末代皇帝宣统（或更多人知晓的溥仪）的逊位。他经历了中华民国的成立，并且亲眼目睹了随之而来的中国第一次——虽然是短暂的——民主选举以及一个法律制度的诞生和喧嚣的新闻自由。

新闻工作似乎并没有能让莫理循实现一展身手的抱负，莫理循辞去了《泰晤士报》的工作转而成为中华民国第二任总统袁世凯的顾问——众所周知，1915 年袁世凯试图复辟帝制，自封为洪宪皇帝。需要指出，莫理循曾劝阻他当时的“老板”不可一意孤行，没准儿这能反映出早年澳大利亚人所持有的共和主义思想。

总而言之，莫理循的一生是非凡奇特的。

如此令人瞩目以至于他当年居住的街道——今天北京市中心的王府井大街——在整个民国年间被称为莫理循大街。

莫理循是一大批优秀汉学家、作家和公共知识分子中的一员。

他们当中有：

端纳，来自新南威尔士州利斯戈的记者，他后来成为孙中山以及蒋介石的顾问；

费子智，著名历史学家、学者和教育家；

李克曼，屡获殊荣的艺术史学家、小说家和散文家；

王赓武，海外华人史学家，曾任国立大学亚太学院院长，后来是香港大学校长；

柳存仁，研究儒释道的著名学者，曾任国立大学中文系主任；

肯·贾丁纳，东亚思想和历史讲师；

费思棻，历史学家，澳大利亚与亚洲建立更紧密接触的倡导者，曾任我国驻中华人民共和国首任大使；

郜若素，经济学家，总理顾问，曾任澳大利亚驻中华人民共和国大使；

白杰明教授，学者、电影制作人和作家，他对于中国过去和未来的独到见解获得了国际上的广泛认可。

对中国的深刻认识将这些人连在一起。他们往往从不同的政治视角对他们所处时代的中国进行充满激情并且富于同情，同时又目光锐利的分析。在这个过程中，他们为该项使命带来了某种“澳大利亚式的客观”。

他们的见解源自我们西方的丰富精神遗产，同时也融合了与我们共处同一地区的古老文明及其现代变迁的神往。

这种“澳大利亚式的客观”寻求认知和了解，同时又总是充满审度，并且伴有被我们称做人文情怀和我国所在地区与世界上所处地位的不无自我调侃的认识。

当然包括我们自己独有的幽默感——尽管是一种有时不为外人所理解的幽默。

在费子智先生的事业生涯中，我们可以看到这种澳大利亚传统，他出生在英国，后来却选择成为澳大利亚人。

费子智先生对中国研究充满激情，并热衷于将他的知识传播给大众。

费子智先生于 1985 年出版了一部可读性很强的著作《为什么是中国？》，我在常驻北京工作期间曾经拜读过这本书，当时我还是一名年轻的外交官。费子智先生在书中谈到，他对中国的最初兴趣要追溯到 1917 年，他当时还是一个年轻人，在《泰晤士报》上读到了莫理循的两篇文章。费子智回忆说：

“这是个有着令人神往的历史的巨大国度，而我却对其一无所知：因为在学校的课程里根本就不会谈及（课堂上不讲的，学生反倒一定会有兴趣）。”

他到中国工作，并且很快开始学习现代汉语和文言文。费子智先生深刻地意识到，要想了解当代中国，必须以了解中国文史哲为基础。

他撰写了很多研究中国皇权时代的历史和近代革命的书籍，其中包括关于国民党的倒台和共产党的崛起的论述。费子智先生还在他的著作中探讨了中国对于我们亚太地区未来的重要性。作为一名教育家和沟通者，他通过不懈的服务将知识传播给澳大利亚公众，使更多的人们得以分享他对中国历史和未来的见解。

来到澳洲之后，他在国立大学工作。费子智先生对澳大利亚国家身份认同问题，以及这种认同如何塑造我们与中国打交道的方式产生了浓厚的兴趣。

特别重要的是，他支持我国追求自身利益和对华关系，摆脱先前的英美方式。像其他研究中国的学者一样，费子智先生知道中国是如何长期以来萦绕在西方人的脑海之中的。期望、恐惧、神往、噩梦等充斥着他们对这个处在“远东”的异域的认知。然而，就澳大利亚而言，中国代表着位于我们北面不远处的更加迫近的，非常实际的现实。

从某些方面来讲，费子智先生早已指出澳大利亚在中国问题上的独特的必需因素。

这种观点基于对中国过去的了解，对当今中国的务实理解以及对其未来的知情的希望。他的观察既未束缚于空洞的意识形态，也不认为中国研究仅仅是对某个奇风异俗国度所进行的文化或政治个案研究。

对于莫理循、费子智、费思棻以及其他几位，中国从来就不是西方可以简单地投射自己的种种奇思怪想的屏幕——或乌托邦或世界末日的灾难。

中国故事

中国始终是极其重要、复杂和具有重大意义的现实课题。他们全身心地投入其中进行研究。 他们的热情基于研习、谨慎的心态，而始终具有人文关怀。 中国自身对其世界上的地位同样交织着希望和忧虑。

回顾中国历史，皇权的、共和的、当今的，都对其重新崛起的角色产生影响。有人说中国的历史意识在塑造其未来的使命感。 也有人说深重的历史包袱的作用恰好相反——鉴于中国的历史充满了失误的经验，这会提醒当代中国领导人步步为营，小心谨慎。无论如何，大部分人都赞同这样的看法：中国的历史经验始终影响着社会政治和外交政策。

历史并非仅是学术课题。中国如何看待历史，将在相当程度上决定中国如何塑造未来。

对中国而言，明年（指 2011 年——编者注）将迎来其极具张力的近现代史的重大周年纪念，2011 年是中国结束帝制和民国始创的百年。

从现在起到明年 10 月，我们将会看到中国官方或非官方评点 1911 年辛亥革命的重大意义和中国此后发展历程的密集评论。

辛亥革命是亚洲历史的转折点，是亚洲的首次重大革命，被列宁称为“亚洲之觉醒”。它成就了东亚的第一个民主共和国，鼓舞了随后席卷整个地区的变革和自决运动。

对于中国，辛亥革命标志着与皇权专制和殖民主义的决裂，由此开启了被一些历史学家所称道的“开放时代”。在今天，它的重大意义还将在于台湾海峡两岸亲如兄弟般地共同纪念的这一事件。

2011 年也是中国政府首次上下协同致力于参与国际事务并变革自强 150 周年。1861 年的“同治中兴”致力于扭转王朝的命运，此时的清王朝对外在两次鸦片战争中不断受挫于咄咄逼人的西方列强，对内要镇压太平天国起义，内忧外患。

这是空前的变革时期。

一些历史学家认为，中国漫长的改革演变史应当追溯到 1861 年同治中兴，因为那时是中华帝国第一次允许外国政府的代表驻在其中枢。

第一个外事机构建立，贸易机构也相继成立。庞大的军事现代化规划亦开始启动。

这些改革措施，像此后清朝和民国的其他诸多改革努力一样，受到了外国侵略和内部纷争的阻挠。

一些中国思想家和作家，比如龚自珍（1792—1841）多年渴望变革，他的名句至今为人称道：

“我劝天公重抖擞，不拘一格降人才。”

我曾说过，虽然经过多年的改革和国际接触，我们仍然看不清重新崛起的中国，作为一个世界主要大国，将如何把握其未来的发展道路，如何影响未来的世界秩序。也不清楚中国人，作为自信而成功的国际社会的现代成员，将如何设想国家、社会和个人目标。

无可置疑的是，我们生活在一个急剧变化的年代。现在的我们回首 18 世纪，可清楚地看到乾隆时期鼎盛中国的富饶和强大。

我们能够想见19世纪帝国衰落时满清政府所蒙受的屈辱，能够理解共和革命者们建立中国第一个民主国家，开创早期“开放时代”的努力。同时我们也不会忘怀这一时期的残暴侵略、兵荒马乱、血雨腥风和经济混乱的现实。

我们因此可以更好地理解中华人民共和国60多年来的历程，其尝试和磨难，“文化大革命”的动荡和之后改革稳定时期，以及成就今日中国的每一段历史中的经验和教训。

刚才我已经提到了2011年的两个周年纪念。

其实2010年还标志着中国历史的另一个重要时刻，只是评论界回忆起这个时刻会有更多的哀痛。

在2010年的10月，中国以及海外的人们将会忆起1860年圆明园和西山脚下园林宫殿的惨遭焚毁。

圆明园是中国最壮丽的皇家苑囿。在长达近一个世纪的时间内，它是朝廷执政的实际所在地，也是皇家艺术的博物馆。第二次鸦片战争末期，英法联军焚毁圆明园以惩罚清政府拒签条约。园林、楼阁和宫殿的损毁，标志着中西交流的一个令人耻辱的低谷。

在今天的圆明园里，西洋楼的残垣断壁宛如一座庄严地记录着这个国家苦难过去的纪念碑，矗立在废墟之上。

有些西方人也感受到了痛苦。

远在巴黎的维克多 · 雨果这样描述1860年的大破坏：

“一天，两个强盗闯入圆明园，一个掠夺，一个纵火……我们欧洲人是文明人，中国人在我们眼里是野蛮人，而这就是文明对野蛮所干的勾当。”

1860年的事件对处于今天的我们了解中国亦具有至关重要的意义。它代表了影响中国政治和外交政策意识诸多论据中的一种叙事。

但是，中国的历史充斥着相互交叉或是重叠的叙事。

它们诉说过去的苦难与不公，并且论及我们共有的人性。但是，它们亦呈现出希望以及令人振奋的转型契机。

我们了解并理解中国有很多故事可讲，叙述方式也不单一。的确，我们身处中国之外目睹并参与着其中许多故事 。

作为一个现代国家，中国汇集了对于其历史、现在和未来的诸多见解，包括中国作为一个自豪而古老的国度对自身的认知。

这是个有着深厚传统的国家，其有记载的历史是世界上最长的。

今天的中国人可以通过几千年的历史记录理解未来，进而推测未来自己在世上的地位。

有一些中国人基于历史经验，仍然把他们的国家看成一个受害者。

另外一些人则将其奉为圭臬。

另外还有一些人则指出，中国 150 年来寻求与西方全方位交流，其结果往往遭受挫败、剥削，甚至时而被侵略。

对中国和西方来说，问题在于，哪一个故事（或哪几种的叙事）会占上风，会胜出。当然，中国并不是唯一提出这些问题的国家。

中国定位

整个世界都在关注中国在未来将如何看待自己，如何定位。

强硬派认为中国的崛起无论如何也是对现有国际秩序的一种威胁。而一些反对观点，尤其一些发展中国家和部分学术界人士则认为新的“北京共识”应取代“华盛顿共识”成为发展中国家所追随的典范。还有相关观点认为，中国是全球金融危机中凸现的世界经济救星。

另外，也有观点认为中国愈加倾向于成为重商主义强国，漠视其全球经济责任。事实是，西方世界对于中国和中国的未来有很多互斥的观点，而中国国内对这个问题的看法也很多元。

尽管众说纷纭，我们必须认识到其中颠扑不破的核心事实。

自 1978 年以来中国改革开放的变化不容置疑。

数字很能说明问题。

今天，经济 20 年持续增长 10%，中国已经成为世界第二大经济体，是世界工业制成品的最大出口国，全部产品和服务第三大出口国。与此同时，中国已经成为仅次于美国的世界第二大汽车市场。

今年，在自经济大萧条以来最为严重的全球经济衰退的重创之下，中国继续成为世界经济复苏的主要引擎——这是近日来被国际货币基金组织着力强调的事实。

10 年前，这一切简直不可想象。

30 年前，这一切都是痴人说梦。

我们都从中国令人瞩目的成功中获益。也许因为没有亲身经历，或因未曾亲眼目睹。

30 多年间，中国从贫穷并且孤立的农耕经济转变为一个日益国际化的、富有的、工业化的、城市中心化的经济体，在此过程中，5 亿人摆脱了贫困。这是前所未有的。

目前中国有近半数人口居住在城市，包括 150 个人口超过百万的城市。中国因特网用户已超过美国，其中包括两亿博客用户。中国有 7 亿多手机用户。过去 10 年中赴海外旅游的中国游客数量翻了 5 倍，去年达到 4700 万人次。

这些数字表明一个国家正处在大变革时期。

另外，正如中国 60 周年国庆阅兵的观众们所看到的，中国军队的现代化步伐很快。随着中国国力—不论为人所见的实力，还是其他实力——的增长，中国近些年来的外交政策行为已经发生了深刻的变化。

中国的转变的深度和广度毋庸置疑。同时也必须看到变化正在不断地发生，必须看到这些变化也在不断地产生后果。

中国的改革政策和国际经济交往令其受益匪浅，但是关乎改革的各种争论仍在进行之中。

例如，某些分析人士根据时下有关中国经济活动“国进民退”的现实情况，认为中央集权的呼声再次抬头。

关心中国的朋友们对于中国人权问题的处理依然存有忧虑。我们希望在中国看到一个真正透明、独立的司法制度。我们也同时希望看到中国经济体制的发展方式能够将中国和中国人民带向全球化的世界经济。现今的中国已是世界体系不可分割的一部分，于是这些事实以及关乎中国未来的事情对于我们至关重要。

一个正在成长的中国会在全球范围内寻求其利益：这是自然不过的。

我相信中国能认识到与国际体系合作而不是与其对立更符合中国的国家根本利益。在以往的日子里，中国已经在这个体系中颇有获益。

在过去 60 多年中，这个体系下的价值、规则、惯例和模式基础帮助中国达到了其历史上最为繁荣的时期。正如我已经说过的，中国在此国际秩序中受益甚丰，而且中国在这个秩序中也发挥着越来越大的作用。

我们从中国在 20 国集团中所扮演的角色，即可以看到此点。

中国已经同其他主要经济体联手应对全球金融危机。中国也正在和我们合作，确保具有雄心的世贸组织多哈回合谈判达成协议，这将为全球经济增长提供及时的推动力。中国也与亚太地区的国家深入接触，尽管目前亚太地区大体和平，并处于积极的轨道，我们仍旧不能视此局面为理所当然。

我们需要积极地塑造地区未来，并为应对未来挑战打好基础。

我很高兴中国也有同样的目标。

我会继续倡导建立一个地区架构，以适当的成员和使命应对地区所面临的所有经济、政治和安全挑战。成员中必须也当然包括中国，正如必须包括美国、东盟为其核心，以及包括该地区的其他主要国家——澳大利亚、印度、日本、新西兰、韩国和俄罗斯。在我们地区的新兴架构中包含美国和俄罗斯，对我称之为亚太共同体的演进具有根本性意义。事实上，推动澳大利亚很多外交事务的动力，在于如何将美国的角色融入我们地区未来的广泛架构中。

由于这一点，我非常欢迎东盟领导人在今年（指 2010 年——编者注）4 月 8 日至 9 日河内峰会中的决定，鼓励美国和俄罗斯更深入地参与地区结构的发展。

从澳大利亚的角度看，一个包括中国和美国的，更加完美的地区架构对我们这个地区的未来和中国未来在其中的角色是至关重要的。正当本地区各国需要解决变革后的地区架构该如何组成时，东盟峰会的成果朝着地区长远未来所需的架构迈出了关键的一步。与此同时，中国在联合国体系下的活动也愈加活跃。

中国是去年哥本哈根谈判的参与者，关于中国在关键会议上所作的贡献，已有很多议论，中国由此与哥本哈根协议结下了不解之缘。

但是在目前，作为全球最大的温室气体排放国，且与其在全球的角色和影响力相称，中国必须在气候变化问题上扮演更为重要的领袖角色。作为新兴大国，中国必须为解决我们面临的全球挑战担负起更多的责任。这对中国的未来国家利益和其他国家的利益都是必要的。

中国对世界秩序的贡献是不可否认的。但是还有许多，而且是更多需要做的。

例如，中国与苏丹和缅甸这样的政权体系交往，并无任何裨益。它们正在冲击国际体系的完整，其他国家因此试图孤立他们。中国可以，也应当做更多工作来支持打击那些破坏稳定的政权，并支持在全球安全挑战上（例如在阿富汗和伊朗）更广泛的国际努力。

中国正在经历一个巨变时期，这是在世界范围内都能感受到的。国际社会在维护稳定的世界秩序上有显著的共同利益，这一世界秩序将促进国与国之间在合作基础上实现更大繁荣。

中国已是当前全球秩序的主要利益攸关方。

世界会欢迎中国，作为重要的全球利益攸关方全面地参与维护并加强一个稳定的、有规可循的未来秩序。

这对中国有益。

也对世界有益。

对华新思维

但是，为了理解中国将能够，而且必须在塑造世界秩序中发挥什么作用，我们需要更加深入地了解中国并在各层面与中国接触。随着我们进入21世纪的第二个十年，中国在全球的角色正在被重新评估。在国际舞台上，在全球金融危机和全球性经济衰退之后，中国在许多方面变得更加强大。中国与国际社会的联系更加紧密，更加被视为全球经济中的主要力量，而且在全球应对未来挑战，特别是气候变化时，中国变得更为重要。

鉴于中国的现实情况正在不断变化，澳大利亚必须继续不断地审视和重新评估对中国的认识与理解。

我相信澳大利亚国立大学白杰明教授提出“后汉学”的概念恰逢其时。

这也就是说，汉学或中国学，承继与中国相互交流和学习的悠久传统，从16世纪的利玛窦，经过莫理循到费子智，薪传直至今天。而后汉学正在继承曾经吸引众多人士投身于中国学之中，以感知、沟通与理解的方式进行研究的优良传统，是全面接触华文世界和充满活力、生气勃勃的当代中国的汉学。

正如白杰明所写，后汉学所倡导的是：

“基于同现实中国采用进取的全方位的交集，面对错综变化的华文世界，无论是内地的、区域的还是世界范围内的……”

后汉学不纠结于陈旧的理论，而是直面再度崛起的中国。后汉学认为，中国不应被简单地视为威胁；后汉学也不因害怕冒犯中国而对直言不讳的讨论或批评有所规避。

而是寻找一种新的平衡。

这种平衡应当摆脱“反华”或“亲华”的冷战时代的宿臼（或者反对中国或者支持中国，似乎会将我们永久锁定在非此即彼的二元世界）。因此，后汉学显然是了解当今中国的更为成熟的方式。

后汉学应当能够找到新方法来了解这一恢弘、古老的文明，研究中国在未来社会中将会带给我们什么。我们所面临的挑战是，我们如何在21世纪更加深入、精到地了解中国——应当令我们大家振奋的中国，同时也是一个让我们不时叩问自己，探讨其走向的中国。

2008年4月，我在北京大学演讲时曾经谈及澳大利亚与中国不断发展的关系，以及我们在新的时代日益成熟的友情：

“在现代的、全球化的世界，我们是联系在一起的，不仅在政治和经济上，连我们所呼吸的空气都是一体的。

“真正的朋友是能够成为诤友的：一个超越直接和短期利益的，建立在广泛和坚实基础之上的，着眼于持久、深刻和真诚友谊的伙伴。换句话说，真正的友谊是敢于说出不同意见，直言相劝的，是能够就有争议的问题进行有原则的对话的。我知道中国的政治传统中很珍视这样的情谊。”

这种真正的友谊是以互信和承诺为基础的。我相信，自惠特拉姆工党政府于 1972 年与中华人民共和国建立外交关系以来，澳大利亚已经奠定并立足于这样的信任。

国与国之间的长期关系在互惠互利的基础上发展，也应在相互尊重、深化理解和价值认可的基础上更加发展和繁荣。

我谈到诤友，是因为我认为我们需要能够坦诚地与中国政府、中国媒体和中国人民进行交流。

我相信与中国和华文世界接触的人们会受到尊重的理由，不仅因为他们为双方关系带来切实的好处，也因着自身的价值。

澳大利亚是开放的社会。我们塑造自己国家管理的共识是在政治冲突、对话和调解中形成，并且通过投票解决的。我们政界人士生活在媒体闪光灯的交织照射下，而且我们有通过多层级的民主选举产生的政府。与我们在中国的同事一样，我们也被自身的历史经验所影响，还要应对周边环境的局限，并且受到现实的约束。

就澳大利亚而言，我们的历史，我们的价值观以及我们的同盟造就了我们的现在。 我们所致力的与中华人民共和国和华文世界建立积极的、前瞻的和互惠互利的关系，历经时间的考验。我们相信正是以此为基础，使得我们能够向前发展。

我并不认为我们基于自身价值观念和信仰陈述自己见解时，我们与中国的坚实情谊会面对质疑。

我质疑将诚实和善意的评论视为“反华”的观点，正如我反对在我们国内草率使用“非澳”这个短语一样。

我提倡诤友的概念，因为我们或许能够因此开发出一种使我们更加成熟地论及对方，并且进行对话的语境和姿态。

我们早已走出了冷战时代。我认为那时没有中间地带的二元语言——不是“反华”就一定是“亲华”，非此即彼——也属于已经过去的冷战时代。我坚信，对西方世界的整体来说，这是一项重要的新原则，对中国本身来说也同样重要。

否则，我们之间的对话将永远陷于挫败、无益的敌对循环、愤懑和相互指责之中。

杰出的中国作家鲁迅曾经讽刺过那些为了让自己的言语显得高尚，以及抬高自身价值而使用时髦的外国词语的作家。那些作家的文章自命不凡，却又支离纠缠。鲁迅把这类文章称为“洋八股”——其意取自科举制度所要求的刻板的八股文。

1942 年，毛泽东主席提醒他的同事们要反对“党八股”这种追求形式、无的放矢的文体。也许我们也时常易于陷进八股套式的羁绊。我提议把这种套式叫做“国际关系的八股文”，或者说“外交八股”。

这种八股，就是对复杂的现实作出一成不变的条件反射式的反应。

也就是说面对需要经过深思熟虑才能作出多层次多方位应对的形势时，仅凭条件反射作出恒久不变的反应。用一句澳大利亚的传统说法，现在是我们都应该甩开这种八股模式的时候了。

否则，我们两国的交往中，凡是面对暗礁浅滩之时都会遇到形式主义套式，严重衰减成熟与真诚的关系中所必备的积极因素。另外还有一种风险，即两国关系会由此掩盖一系列紧张因素（既有现实的，也有虚拟的），如果我们不能开展就具有实质内容和实际意义的问题进行讨论，就无法化解紧张因素。

对中国加深理解

应当记住，我们正在面对一个新的大国的崛起，与此同时美国仍然是唯一的超级大国。

在此背景下，坦诚的接触变得至关重要。历史上并没有很多例子表明这种消长在地缘政治和地缘经济的层面上如何得以和平实现。因此我们需要一条新的、进步的思路。

这对学术界和政策制定者都很重要，因为学术界往往为政策制定者提供概念性的框架构造。

对于澳大利亚与中国的接触同样如此。让我们回顾一下去年所发生的事情。

2009 年，我们的双边关系中出现过一些紧张：首先是 6 月，中铝增持力拓股份告吹引发了争议。然后，7 月，澳籍华裔商人胡士泰在上海被捕。8 月，热比娅访问墨尔本电影节。

在那几个月里，我们处理问题的方法，我们的观点，不论是官方还是民间，都是坦白并且直率的。所有人都能由此看到我们喧嚣的民主和媒体。我们对中华人民共和国的核心利益有着充分认识，尤其是对中国领土主权的完整。但是我们同样也有不变的核心利益和核心价值观念。我们不断地发展的对话基础，必须由我们两国和两国人民的利益构成。

澳大利亚与中国的接触，以及对中国的严肃认真研究，都不是近年才有的。正如这一系列讲座所充分展示的，中国研究是我们的传统强项。但是这并不意味着中国研究在我们的国民对话中足够茁壮和充实。我国因此需要 360 度全方位的对于中国文史哲和现实社会及政治熟知度的集中培训。所以，我今天将借此场合宣布澳大利亚政府将如何在澳大利亚主要学术机构中鼓励和加强对于中国的研究。

发展后汉学，必须将学者、专家和政策制定者从相互分隔的学科和系际窠臼中解放出来。我们需要在学者和具有不同背景与专业知识人士之间营造出全新层面的合作与交流。为此，我认为我们需要建立一个新的，集合研究、学习、交流想法与见解的中心。在这个中心里，学者、思想家和政策专家能够采取一种全面的工作方式，使那些从事与中国相关的公共政策、环境、社会变化、经济学、贸易、外交政策、国防政策和战略研究实务的专业人士，与中国的历史、文学、哲学和文化的研究融合。

澳大利亚国立大学是我能够想到的最佳选择。建立进一步加强关于中国与澳大利亚关系以及我们所在区域以及全球关系的相互交织的研究与对话机构，澳大利亚国立大学无疑是首选。

澳大利亚国立大学在开展中国研究领域，不论是在国内还是国际上都具有独一无二的优势。在这里能够通过充满持久活力的实践，将研究、教育、培训和公共参与融于一体。在这里同时还有经过数十年积淀的，可以追溯到费子智教授时代的图书馆资源。

因此，我今天欣喜地宣布 Australian Centre on China in the World 成立。

用中文说，这就是“中华全球研究中心”。

澳大利亚中华全球研究中心将加强澳大利亚国立大学的固有实力，营造一个经过整合的，会居于世界领先地位的中国研究机构。

国内和国际学者将在这个研究中心会聚一堂。研究中心也将和国内外的其他大学和研究中心在相关专业领域进行交流。

澳大利亚政府希望能够将中华全球研究中心打造成在世界范围内的全方位一体化当代中国研究方面，以及当代中国在区域和全球事务的参与方面首屈一指的研究机构。

拥有一个无与伦比的中国研究精锐力量的集结地，是我们的国家利益所在。考虑到我们与欧洲、美国和中国学术界在中国研究领域的长期交往，我认为这也符合更为广泛的全球利益。

简而言之，政府的希望是逐步建立一个在全球范围研究分析中国在复杂的国内和国际因素下崛起的，世界上最好的研究中心。这个研究中心采用多学科的，集成式的研究方法。这个研究中心将采用领先的、创新的方式研究中国，培养新一代深入理解中国的学者，并且在澳大利亚国内和世界范围让更多的人了解中国和中国在世界的作用。让中国、我们所在区域、北美和欧洲杰出的思想家和研究人员参与进来，是这个新的研究中心的关键使命。通过这一项目的启动和运行，我们能够培育和支持未来的文化精英和政治领导，为他们提供崭新的、富有创造性的研究机会和培训。

同时，我们希望商界和慈善界能够认识到这个研究中心的价值，和政府一道共同出资支持研究中心的奠基创建。

因此，这一项目远不仅仅是一个政府和学术界的资源。

我们会为研究中心专门设计一座新的建筑，新的建筑物将是一个现代的学术中心，并将成为大学的焦点。

中华全球研究中心将会和其他澳大利亚教研机构建立专业联系，增强澳大利亚提供研究、公众服务、研究生教育及其他培训的能力，从而深入并且成熟地认识中国。对中国的研究以及关于中国的教学，并不仅仅是关于中国和世界，更是对世界中的中国的深刻研究，是在历史的大背景下对中国的研究和思考，是考虑到与澳大利亚周边世界、我们所在的亚太地区的对于中国的研究和思考，是在注意到中国作为全球舞台上多面参与者的背景之下，对于中国的研究和思考。

我们所研究的中国，是在贸易和经济、外交政策和国防政策、历史和文化、思想和信仰、语言和文学方面成为在我们生活、思考、憧憬的全球环境中渐次展开的重大对话与辩论中一个重要部分；是关于一个不论我们讨论经济增长或者气候变化，区域安全或者国际政治时都在发挥重要作用的中国。

指导我们的公职人员，让他们广泛接触到杰出学者、从业人士和媒体，也是这个新的研究中心的至关重要的使命。我们不仅要在学术界、政策制定者和高层商业人士之间拓展关于中国的高层对话，也必须在澳大利亚社会各个层面加强对中国的理解。

以上这些都是这个新的研究中心的使命。这将为广大澳大利亚民众参与与其未来直接攸关的博识辩论作出贡献。

这个新的研究中心建立在数十年来澳大利亚学术研究以及与中国广泛的学术、经济、文化和政治接触的传统基础之上。我们要继续保持与充满活力的中国的联系。我们不回避争议，而是一直寻求更深的认识，以及可能的共识。

而这一切，都基于诤友原则上的后汉学的新传统。

第二章｜中美关系的逻辑

财新观察：重塑中美战略与经济对话

如果中美通过战略与经济对话增加战略互信，将是对话的至大成功；反之，如果中美在这一机制下无法达成战略兼容的最低目标，那将是对话的最大失败中

美战略与经济对话（S&ED）如期而至，沿袭了惯例的全明星阵容——两国 40 个部门的近 50 位负责人参加，美方代表团多达 200 多人，包括 15 名内阁级官员，涵盖了美国政府各个部门。

双方都列出了关注重点。领衔经济部分对话的美国财长盖特纳表示，中国在政府采购方面的政策规定，是他来北京参加对话的重点。另一个关注点是人民币汇率问题。中国也越来越多提出自己的关切，从提醒美国注意财政谨慎，到要求承认中国市场经济地位，以及放宽对华高科技出口管制，等等。

这些议题多属旧话重提。以公平商业环境议题为例，去年对话后的联合声明就明确："双方意识到非歧视性的政府采购政策的重要性……中方承诺按照政府采购法的规定，平等对待外商投资企业和中资企业在中国生产的产品。"至于其他诸如促进强劲复苏和更持续、更平衡的经济增长，国际金融体系改革，都可见诸去年的成果说明，谈不上新意。有评论因此认为，对话需要辅以类似工作组性质的跟进机制，由具体事务官员根据会议达成的共识，负责政策的具体执行，并在下一轮对话前将一年来的工作进展反馈至决策层。还有评论认为，战略与经济对话及其前身战略经济对话（SED），对中美彼此关切的实际问题解决作用不大。

这些评论不无见地，但忽视了中美对话的关键所在。

自从2006年中美启动战略经济对话以来，跨越小布什总统和奥巴马总统两届政府，中美双方在对话的使命上就有分歧。美方更强调这一机制的“谈判”色彩，致力于达到确实成果。无论是上届财长保尔森，还是本届财长盖特纳，都一再表示对达成可见（tangible）成果的热望，并认为惟此才能使美方对这一机制保持信心。与此相对，中方认为这一机制更多地涉及两国关系长远发展的战略性、长期性、全局性问题，不宜期待会谈能起到立竿见影的效果。

我们认为，指望战略和经济对话推动和达成一系列重大的具体成果，已被过去四年的实际操作证明为不现实。更何况，中美之间在各个领域早有操作层面的沟通与谈判，具体成果的达成仍主要有赖于此。中美战略与经济对话本身不到两日，根本不可能做有效的谈判工作，宣布达成某项成果，往往只是把操作层谈判达成共识重新包装汇总，其效果仅仅是使双方面子上过得去而已。

既然以高规格、大规模、高关注度的盛会推动两国间实质性谈判并不现实，也不一定值得追求，何不回归本原？让谈判的归谈判，让战略与经济对话的归对话？

超越具体议题，中美间大有可谈。许多中美问题专家认为，未来数年，将是中美界定彼此关系的关键阶段。中国兴起之势蔚然成型，金融危机后，美国硬软实力均有损伤。甚至像索罗斯那样的金融界人士，也都在筹划中美双方如何妥为管理这一升降，更遑论政策和外交战略家们。

中美战略与经济对话的首要目标，应是双方在长期的战略性议题上增进了解，加强沟通。如果中美通过这一机制增加战略互信，将是对话的至大成功；反之，如果中美在这一机制之下仍无法达成战略兼容的最低目标，那将是对话的最大失败。

中美之间最大的问题就是缺乏战略互信，双方关系由“冬”入“夏”快，但由“夏”入“冬”也快。去年年底以来的系列分歧，导致拟定中的两国建立战略互信重要一环的两军高层互访被迫推迟。如何将双方关系摆脱习惯性的起落，或至少摆脱“大起大落”，是对S&ED平台作用的更大要求。

对于中国来说，存在明显的时间之窗。有危机感的大国存在多种选择，美国更是如此。美国人民现在选择了奥巴马。奥巴马以多边主义治外交，以进步主义理内政，以变革和信心凝聚动力。中美关系在小布什政府时期相对顺利，托赖于美方重心并不在此，双方战略上的根本利害各有轨道，并不相交。奥巴马执政后，时势变易，反恐虽仍然至关重要，但经济、国际金融秩序、气候变化也跃升为头等重要主题，中美在这些议题上彼此息息相关，对话并在对话中接近而不是分得更远，对双方有至关重要的意义，关系到对彼此走向的判断，可能促成预言的自我实现。

美方应放弃视对话为谈判，中方应抓住机会在建立战略互信上更有作为。这就是我们对中美战略与经济对话的建议。

中美关系并没有大起伏

资中筠（中国社会科学院美国研究所前所长）

中国与发达国家之间仍有很大差距

从根本上讲，中国和欧美发达国家不属于一个发展阶段。欧美是后工业化时代，而中国工业化还未完成，是跳跃前进。实际上日程表还是人家定的，我们仍处于追赶人家的阶段。

单从 GDP 上看，现在好像经济成绩骄人，但并不能因此就说中国在经济上已经非常强大。比如，我们经济总量赶上日本了，但我们的人口是它的 10 倍。这真的没有什么了不起。姑且不说我们的分配是如此不公平，还有其他尖锐的社会问题。况且，GDP 不能只看数字，还要看质量。例如修建许多条公路桥梁，可以计入 GDP，但是工程质量很差，不久塌陷，然后拆了重来，又增加 GDP 几个百分点，这怎么算？

我也很反对所谓 G2 的说法。这有很大的误导性，似乎中国和美国实力相当了，而且发展出所谓中美“共治”之说，更是谬误。G2 的说法是美国人先提出来的。美国忧患意识特别强，它特别在意要遥遥领先一切国家。所以可能别人仅仅是赶上几步，美国人就开始大惊小怪。这跟我们的思维方式和宣传方式是完全相反的，我们是稍有成绩就拼命吹。

此外，也不要夸大西方当前的金融危机。美国建国 200 多年，而金融危机已经有 300 年了。它在建国前就有股票和经济泡沫了，而且比现在无序得多。但是这个国家的反省能力和恢复能力都很强，经历危机之后，它往往会变得更强大。这次情况有点不同，它面临的问题更加复杂，它的纠错机制是否还能成功地进行新一轮改良，还要看。

中美关系没有大起伏

中国现在积累了很多财富，跟自己比是空前的。但很大程度上，中国现在只是“国富”，即政府可支配的财富特别多。表面上看，可能在国际上财大气粗，开始大声说话，开始有制裁别人的手段。但办法也不是很多，稍有制裁，两败俱伤。

客观地看，我觉得现在的执政者头脑还是清醒的，当家的人知道自己手中有多少柴米，知道没有那么多制裁别人的手段，而且中国已经融入国际社会。现在的情况主要是媒体炒作得厉害，这种炒作又受到有关方面的鼓励。因为我们的新闻原则是报喜不报忧的，或者是夸大喜，掩盖忧。

我不认为中美关系这一年来经历了什么“大起大落”。无论中国是哪届政府，或者美国是谁入主白宫，从建交以来，除了一些突发事件，关系没好到哪里去，也没有坏到哪里去。当然不会直线发展，在一定范围内起伏总是有的。当前中美之间的所谓焦点也都是些老问题，比如对台军售，两国签建交公报的时候这个问题就是有保留的。中美达成了一种“协议保留分歧（agree to disagree）”，互相之间是存异的。现在有言论说当时邓小平屈从美国，这是不负责任的说法。如果当时中国因为这个问题就不建交，中国吃亏就太大了，那就是因小失大。见达赖，也不是从奥巴马才出现的新问题，这是他们国内政治的需要。从外交上我们当然要摆出姿态，提出抗议。但只要美国守住底线，只作为精神领袖，不支持西藏独立，低调处理，就不会因此使中美关系出现倒退。

对伊朗制裁，中国一向持十分谨慎的态度，这次也不例外。政策上只是微调，不像人们以为的那样，中国一下子强硬起来了。力量对比在那里，中国强硬不起来，而且我也不觉得中国在这个问题上应该完全站在伊朗一边。

利益是两国关系的关键

我曾讲过“商人重利轻人权”，利益所在，人权问题从根本上来说，就不会成为中美外交中的一个实质性的尺度。比如最严重的时候是天安门风波后，美国国内一片制裁之声，每年国会都讨论取消中国最惠国待遇问题，但由于邓小平仍然坚持大力开放的政策，给予国外资本极大的优惠，美国大财团力量反对取消中国最惠国待遇，最后在克林顿时期通过一个决议，最惠国待遇跟人权问题脱钩了。

所以说一个国家的外交、国际决策，都是重利的。作为美国这样一个国家，有些原则它是要提的，而且对国内要说得过去，不能放弃民主、人权的旗帜，但有利益在，它也不会动真格的。这不是说我们不该解决国内的人权问题，而是说这是我们中国人自己的需要，而不是为了安抚国际舆论，或外交需要。

中美两国经济现在互相依赖，所以尽管摩擦也会特别多，但不会破裂。而且，从整个世界的格局上来看，没有什么利益可以让两国关系破裂，破裂对谁都没有好处。

美苏冷战时期对立十分厉害，双方总想这两种制度最后总要有个摊牌。现在中美之间这种源于意识形态上的矛盾不会尖锐到那个地步。即便是中国政府说自己现在的制度好得不得了，也无意用这种制度战胜全世界，或者取代美国的制度。我们现在强调中国特色，只是不要被取代。美国虽然从理念上以在全世界推行民主为己任，但也没有积极颠覆中国政权的国策。

西方仍有戒心

但从长远讲，西方还是有担心。在他们的经验中，一个经济上十分强大，而政治上专制的国家很有可能变成法西斯，因为他们的信念是民主自由和市场经济是必须共生的。

还有就是在国家支持下的重商主义，在国际社会中是一个不平等的竞争。用国家的力量进行补贴，而且很多企业都是国营的，可以用政府的力量做很多事情。这不是一个意识形态问题，是个比较现实的问题。

而且，世界上像我们这样的国家是唯一的，一个硕果仅存的共产党一党执政的大国，经济实力又这么强，因此国际上就会产生“中国威胁论”。

美国对中国的基本政策思路，仍将会在接触（engagement）与遏制（containment）之间摇摆。它不会像20世纪50年代那样完全进行遏制，因为双方已经有互利了，但中美关系也不会像美欧关系那样形成同盟关系。

世界格局将会更加多元

现在的世界格局、游戏规则已经不再靠战争来决定了。比如，如果美国衰落，应该不是被打败，而肯定是其自身机制出了问题。

美国继续当老大的心态会持续下去，“一超多强”的格局还会继续持续下去。虽然现在国内外很多观点认为下一个挑战力量是中国，但我觉得两者仍然差得很远。

假如美国衰落下去，世界上也不会出现像过去英国取代西班牙、美国取代英国那样的一个独霸世界的帝国。世界将日趋多元化，美国也应该调整心态，学会做一个普通国家。美国的问题是总不把自己当做一个普通国家。“9·11”之后美国更加强硬，尽管现在单边主义已经失败了，并且被放弃了，但美国已经处于一个进退两难的境地。伊拉克、阿富汗已经成为美国的泥沼，在伊朗和朝鲜问题上也非常被动，美国没有主动去搞朝鲜，而是朝鲜隔三差五地出一招，使美国非常被动。

这也说明美国不会特别有意激怒中国。见达赖和向台湾卖武器，从美国国内政治来说，是非做不可的，但是这并不代表它会专门腾出手来对付中国。

现在是一个全球化的世界，国与国之间越来越相互依赖，一个新兴国家要打败原有大国，我看不出这样的可能性和必要性。

软实力也是衡量大国的标准

一个真正的大国，强大的不仅仅是经济、政治和军事，一定也要是个文化大国。到处建“孔子学院”，中国政府花大钱，派一些中文教师出去教中文，这个做法不会扩大我们的所谓软实力或文化影响。不如用这么大一笔钱提高国内的教师水平，并普及教育，提高人们的文化程度，自然就会提高在国际上的文化影响。

现在文化和政治扭在一起，孔子学院跟文化传播实际上没有太多关系。真正的文化是要继承自己文化的优秀传统，吸收全世界文化的精华并体现在每个国民身上，提高整个国家的文明程度，要以国家自身的文明教化赢得国际的尊重。就是孔子所说“修德以来远人”。文化影响是做出来的，不是吹出来的。例如芬兰这样一个小国，既没有强大的军事力量，也没有强大的国际媒体，但是人们一提到廉政，一提到教育普及就想起芬兰，产生钦羡之情，这就是影响，也可以称为软实力。

文化输出的根本推动力是自身文化的先进，或者充满吸引力。就像过去中国对蛮夷之邦有天然吸引力一样，比如元朝和清朝的汉化。

以汉文化为主的中华文化能“化”满清，却“化”不了英国，因此鸦片战争之后中国许多先进的仁人志士痛感自己的弱点，开始向西方学习，我觉得很有成效。从严复，到庚子赔款留学那批人，到鲁迅胡适等，我觉得做得相当不错，既吸收了很多西方文化，也没有断裂过去的传统。但这些东西到了后来就全都被打断了。现在还得重新续上这条线，创造适合现代的新文化，不能只靠两千年前的祖宗，更不能靠政府花大钱向外扩张。因为你白送也好，卖也好，先得有货才行。

美国怎样看中国

妮娜·哈其基恩(新美国基金会高级副总裁)

2009 年 9 月 22 日，胡锦涛主席成为第一个在联合国大会上发言的中国最高领导人。胡主席的发言涉及了近期中国外交所面临的一个棘手问题——如何应对全球气候变暖。他向世界承诺中国将会正面处理不断恶化的温室气体排放问题，这一姿态不仅震惊了世界，也从持有怀疑态度的世界公众身上获得了广泛的赞誉。仅仅两天后，奥巴马总统也成为第一位主持联合国安理会会议的美国总统。在这次会议中，奥巴马积极推动具有里程碑意义的防止核扩散决议的通过，这也是安理会在过去的十年间，第一次在核问题上的全面行动。

没有人会忽视中美两国领导人争相出镜所具有的象征意义。中国已经成为国际舞台上一个举足轻重的角色，而美国也在发出信号，在结束了小布什八年当政之后，美国选择了回归多边主义。美国向世人表明自己愿意与其他国家共享整个世界舞台，但同时也希望这些国家能够发挥各自的作用，共同努力让 21 世纪的世界更加安全。

什么攸关美国利益?

从来没有一个重要的大国，会像现在的中国这样，在如此相互依赖的世界中崛起。在这样一个世界，国际制度、国际准则和规范涵盖了世界上任何一个存在相互交往的角落。在历史上，一个上升大国的中心任务是让自己积聚足够的军事实力，来和正占主导地位的国家一决高下，并取而代之，而后者的核心考虑是如何避免这种事情发生。但是如今，不管是美国还是中国，不管是传统大国还是新兴大国，大家都处于全球化浪潮之中，都受到来自全球变暖、致命病毒蔓延、经济发展不均衡、核扩散等问题的威胁。美国和中国需要彼此合作，也需要同世界上其他国家合作，才能成功应对这些复杂而又紧密联系的威胁。

幸运的是，在美国领导下的国际社会已经发展出一套复杂的国际制度架构、一系列完善的国际动议和条约、行为准则和规范，并以此来引导和促进国际社会各国间的合作。随着更加强有力的全球性威胁在不断增多，这些国际安排对于解决全球性问题，对于促进安全和繁荣则显得更为重要。但是中国如何融入，特别是在21世纪更好地融入这样一个国际架构呢？

本文旨在分析面对四项重大全球性威胁时中国的国际参与，而其中每一项也都排在奥巴马政府国际议题的前列——全球气候变暖，金融危机，核武器扩散和致命流行病的蔓延。每一项从本质上说都是全球性的，都有可能危及数以百万计的美国人、中国人和其他国家的人。当应对重大全球性威胁时，已经成立60多年的中华人民共和国即使不是最重要的，也是极为关键的大国之一。中国是世界上最大的碳排放国，是增长最快的主要经济体，是一个核大国，同时也是许多致命病毒的滋生地。

美国人对于中国将成为什么样的全球性大国充满了疑问。中国参与应对全球性威胁活动的性质和程度是什么样的？中国对现行国际体制是敌视还是支持？中国参与国际制度和国际动议的程度有多大？中国会不会遵守国际准则和规范？会不会努力让这些准则和规范发挥更大的作用？中国愿不愿意协助解决全球性议题？这些是不是标志着中国可以成为一个建设性的、积极主动的全球性领袖国家，却又包含一定的风险和代价？

很显然，现在的中国是国际舞台上一个合乎规则的重量级参与者。北京已经深刻地融入了国际制度和国际动议之中。中国的外交官们显示出，他们是很严肃认真的，他们经常在政策上的讨论中发挥建设性作用。这一点绝对具有里程碑意义。

但是，从美国的角度来看，“中国是一个重量级选手，却参加了轻量级的比赛”。从中国在四项全球性议题的参与程度上看，尽管中国已经在这些问题上迈出了比以前更大的步子，但是中国的贡献与其实力并不相当。

中国参与应对这四项威胁的性质和程度，将在很大程度上决定这些威胁如何影响美国的安全和繁荣。考虑到中国经济、人口、地理、历史以及对外关系等方面的规模，北京在各个领域都握有分量很重的牌。中国对解决全球议题的贡献程度与普通美国民众息息相关——无论是飓风等自然灾害发生的频率和严重性，还是美国人的工作状况，或是他们免遭流行性疾病和流氓核国家危害的程度。

因此，奥巴马政府明确表示以战略合作的方式构建两国双边关系，主张美国和中国作为全球性大国，应该通力合作，在国际体系框架内处理全球性威胁。另外，奥巴马政府还致力于改革重要的多边组织，使之重新焕发活力，例如 G20、国际货币基金组织、世界银行、联合国和世界卫生组织等。它也再次积极推动一些重要的国际规则的落实，例如《全面禁止核试验条约》、《核不扩散条约》以及遏制全球变暖的协定等。

这些国际组织和国际协定在未来的有效性和影响力，将很好地标记出奥巴马政府的政治遗产。中国对这些组织和规则持什么样的态度，是支持、塑造、忽视，还是破坏，抑或是几种不同态度的叠加，都将在很大的程度上决定它们的最终效果。

世界需要怎样的中国

中国准备做什么？中国在国际舞台上的转变是深刻的，它从一个处于国际体系之外的充满敌视和攻击性的国家，变成一个全方位积极参与国际事务的国家，有时还是一个具有建设性的角色。但是，在个别情况下，中国才会勉强成为某些全球议题的领导者。

当然，当一个国家选择融入国际体系，它不会因全球利益而放弃本国利益。相反，它会重新构想自己的国家利益，试图曲解国际规则以迎合自己的利益，或者是在既有国际框架中寻找能够迎合其国家利益的方法。

所以，美国毫无疑问地认为，中国像其他国家一样，把拓展自己的国家利益当成最重要的事情。好消息是，在气候变化、全球经济稳定、防止核扩散和应对流行病这四个国际事务的优先领域中，中国越来越能够试图在国际框架和体系内实现自己的目标。中国并不打算像几十年前人们所认为的那样，试图在这些领域打破国际惯例，而是选择融入它、塑造它，从而主宰它，以“获得更多资源、知识和能力来成长为强大的一极。”

在这些国际舞台上，发展中的世界对中国提出要求和期望，而中国往往能够在博弈中获胜。同时，中国又把自己定位成一个发展中国家，认为除了解决好自己的问题，不应该被期待承担更多责任。

但是在处理这四项全球性威胁时，中国参与得好不好呢？中国是按照游戏规则出牌吗？有没有贡献自己的力量去解决全球问题呢？它是不是在增强现有国际体系？它展现出领导力了吗？

在美国看来，很难直接给出答案。纵然中国国内减排的记录是显著的，但是如果中国不同意国际社会对它提出一个可测量可核实的排放限制，国际社会就无法找到出路减少全球温室气体排放，从而达到科学家认为必要的排放标准。

在全球金融和金融危机中，中国经济刺激的规模对刚刚复苏的全球经济是很有帮助的。中国同意加入宏观经济同业评审程序，也是减轻全球经济不均衡中的重要一步，该程序于 2010 年年初在匹兹堡的 20 国集团峰会上刚刚协商通过。但是中国被低估的货币将会继续加深经济不平衡，这一状况必须得到解决以防止其在未来酿成危机。

在朝鲜半岛问题上，为找到朝鲜核问题的解决方案，中国开始真心地贡献力量，甚至开始加大对其名义上的盟国的约束力度。至少在言辞上，中国高度支持包括《核不扩散条约》在内的防核扩散制度，并且极大地收紧了出口控制机制，这显著地改善了中国在这一事件上的原有记录。但是，需要长时间的压力，才能让中国在朝鲜核问题上承担起真正的领导角色。在伊朗问题上，面对伊朗破坏核不扩散机制的行为，尽管国际社会试图采取更积极的措施，但中国依然保持着冷淡的态度。

防止流行病扩散是中国展示其领导力的一大领域。中国有力地处理国内流行病（有的时候过于冒进），召集不同国家分享防控流感的经验，与世界卫生组织展开合作。特别是自从世界卫生组织由一名中国香港籍女士担任总干事之后，中国在未来几年内有机会在面对全球性威胁时，充当一回真正的领导者。

然而，中国还没有在这些领域中的任何一个，积极地采取一贯且有意义的步骤来改善国际体系的构架和规则。虽然中国已经走过了很长一段路，才达到现在这样一个在国际体系中的参与程度，但是中国还没有献出足够的力量使之更强、更好。

当然，中国与国际体系的关系还在不断演进。随着中国的发展，如果国际体系还没有准备好应对强大的全球性威胁，中国失去的会越来越多。单是气候变化就能压垮中国。随着这种可能性的实现，我们希望中国能够抛开自己的短期利益，在这些困难的问题变得更为糟糕之前解决好它们，并向可以帮助它应对挑战的国际体系投入更多。考虑到中国与大多数国家相比所具有的非凡实力，以及与美国和其他国家一道承担的责任，在一些全球性问题上作出更多的努力，这才是世界所需要的中国。

重新理解中美关系的逻辑

傅瑞伟（美国国际战略研究所（CSIS）中国研究中心主任）

中国政府官员喜欢把中美关系描述成“世界最大的发达国家”和“世界最大的发展中国家”的关系。这一描述暗示着，中美两国的全球视野和利益目标并不一致，因而没有不可避免的竞争甚或是冲突。1979 年，当两国政府关系走向正常化的时候，这一描述尤为恰当。当时的中国，拥有世界上最多的人口，却只贡献全球 0.5% 的 GDP，美国是超级大国，GDP 将近中国的 60 倍。

中美关系正常化后的 31 年，环境发生了戏剧性的变化。中国的总体经济实力已经是世界第三。而且，中国正在赶超日本，有望登上世界第二的位置（到 2010 年年底，中国 GDP 已超过日本——编著者）。在这段时光里，中国的文化影响力和军事实力也在戏剧性地增强。

虽然美国仍然一家独大，但是这个国家被西亚两场代价高昂的战争拖得精疲力竭，还不得不对付经常性国家账目和预算赤字。这些都预示着，美国不再处于上升阶段，特别是在美国金融工具的作用被高估而引发全球金融危机之后。

随着中国的影响力和实力的增强，中国的信心和魄力也在上升。不管是在强调中国的“核心利益”，比如主权，或者是在国际事务上的国家利益，比如气候变化，中国的领导层都越来越直言不讳地挑战一贯的，抑或是新提出来的美国政策，而这些政策都是为了提升美国的国家利益，体现美国的价值。在这种新的格局中，我们不能再声称中美双方不存在竞争的利益关系，也不能说冲突是不可想象的。考虑到中美关系对于国际和平与稳定的重要性，双方之间不断升级的摩擦不仅给美国和中国拉响了警报，也牵动了世界各国的神经。

大多数时候，双方都在找寻负责任的方式。奥巴马上台后，他和他的团队致力于为两国持续和谐的双边关系奠定坚实的信任基础。因此，他们把目标集中在同对等的中国伙伴一起合作解决国际问题，而不是试图去克服掉传统的冲突领域（贸易争端、台湾和西藏问题等）。这种新的模式，目标是在全球气候变暖、朝鲜和伊朗无核化以及后危机时代经济建设等问题上同中国取得共识，有评论家把它贴上了“G2”的标签。这种新模式的气氛在 2009 年 11 月奥巴马访华时铺陈开来，强调美国以一种谦逊和尊重的态度把中国看做美国在外事上的“重要伙伴”。

当美国在这种新思维的指导下寻求新方式提升双边关系，并以此去应对国际议题时，美国在传统摩擦领域的政策却在很大程度上没有变化，反映出美国国内政策的现实惯性。如此一来，当美国总统奥巴马在中国的核心利益上示好时（比如说推迟会见达赖和降低 2010 年 2 月对台军售的武器层次），他的措施并没能够明显地改变美国在双边事务上的政策。

美国并没有改变那些激怒中国的长期政策，这使得其提升与中国对话的努力并没有得到北京的响应。

随着中国在 2008 年奥运盛会上对自身国际地位的觉醒和从金融危机中复苏的强劲势头，中国的民众和领导层都感到了一种必胜的信念。这种信念正在不断加强，以至于中国人认为可以排除美国和其他国际势力的干涉而实现自己的国际国内利益。许多中国人把美国的一些政策看成从金融危机中挣脱出来时的相对疲软，而远非因此去赞赏奥巴马邀请中国共领世界潮流的谦逊的“融入”措施。

因此，当美国开始寻求机会接触中国，使之成为全球事务中一个必要的合作者，也就是所谓的“G2”时，美国感到自己在很大程度上被中国怠慢了。在哥本哈根进行的关于气候变化的讨论俨然沦为相互间言辞激烈的指责；美国企图让中国采取更加果断严厉的国际惯例来处理伊朗和朝鲜问题，但这一努力也遭到了中国强有力的抵制；而双方在国际金融领域的危机处理上也是各执一词，争吵不断。在触犯中国利益的双边事务中，美国意识到自己面对的中国并不愿意为了维护双边关系的和谐，而在公众舞台上掩饰双方分歧。奥巴马总统会见达赖招致了中国的公愤和官方谴责，对台湾的军售也引起了强烈的愤慨，而事实上，类似的会见和军售不过是美国过去20年政策的延续。在经贸领域，尤其是美国向中国施压，以期后者改变人民币汇率政策的问题上，双方也陷入了艰苦却又具有决定意义的争辩之中。

从某种程度上讲，中国新近建立起的全球影响力，以及国内关于如何利用好这种影响力以实现国家利益的争论，让人回想起当年苏联这座帝国大厦坍塌后美国跃跃欲试的情景。作为世界上唯一的超级大国，美国被一种耀武扬威、逢战必胜的心态挟持，正如某些评论者宣称的那样，“历史的终结”已经到来。这种感觉在许多美国人心中蔓延，无论是官员还是普通民众，他们都相信美国将自己的意愿施加给国际社会的能力是无穷的，美国的利益是不可侵犯的。

但美国也感到，即便是坐拥唯一超级大国的地位，也会在向全世界单方面强加其意志的过程中屡屡受挫。美国所试图树立的自信形象被其他国家理解为傲慢自负。美国在过去的20年中发现，单方面强调美国利益往往适得其反。美国在国际事务中可以支配的权力和威望并不意味着美国可以迫使其他国家屈从美国的利益。美国越是大胆地强调自己的利益，其他国家对这些利益就越不感冒。

这些对于正在国际事务中扮演越来越重要角色的中国来说，都是经验教训。中国刚刚建立起来的权力和威望使其他国家不再以老眼光看待它，但中国需要仔细考虑如何运用好这些权力，包括处理好与美国的关系，毕竟在未来一段时间内，美国仍然是处于主导地位的全球霸主。

中美两国国内都有一些声音在迅速地向各自的执政者发难，以期执政者敢于直面对方，甚至必要时应表现出愤怒，以此维护各自的利益。这种声音在最近的几个月逐渐增多，而且在未来的几个月、甚至几年内都将会持续下去。但是两国明智的执政者不会任凭这样的声音淹没理性的声音。尽管近期出现了一些摩擦，但是以维护国际和平和稳定的方式处理两国关系仍然是双方的根本利益。鉴于一个是世界上最大的发达国家，另一个是世界上最大的发展中国家，这两个国家的双边关系不容易把握。中美两国关系的意义比以往更为重大，因为整个世界的富饶、和平和稳定都依赖两者之间的关系。如果双方不能以负责任的、谦逊的态度对待对方，那么对于任何一方的风险都是相当高的。

中国崛起与美中关系

约瑟夫 ·S· 奈（哈佛大学杰出贡献教授）

从长远来看，中国的崛起应该是受到欢迎的。但是今天的中国正如马丁 · 沃夫（Martin Wolf）所说，是一个“早产的超级大国”（premature superpower）。中国今日的声名其实是受益于人们对未来的预估，在一项民意调查中，44% 的受访者都错误地认为中国已经是世界上最大的经济体，而只有 27% 的人能够准确地说出正确答案——美国（美国经济仍然是中国的 3 倍）。马丁 · 雅克（Martin Jacques）甚至将他的新书命名为《当中国统治世界：西方世界的终结及全球新秩序的兴起》。一些人用一个世纪前德国的兴起来类比今天，将未来美中之间的冲突比作当年英国与德国的冲突。不过幸运的是，这些担心都是夸张的。

中国力量有多强

尽管绝大多数对于中国实力的预估都基于其快速增长的 GDP，但是中国在其他方面也有着非常重要的实力基础。比如，它的领土与美国大致相当，但它的人口是美国的 4 倍；它拥有世界上最庞大的军队，200 件核武器以及在太空和互联网方面（它的网民数量世界第一）的现代化实力。

在软实力方面，中国仍然缺少能够与好莱坞及印度宝莱坞相竞争的文化产业，它的大学也仍然无法与美国的相提并论，它也缺少非政府组织，而非政府组织正是美国软实力的重要构成。但是，中国正在努力提升其软实力，中国拥有魅力无穷的传统文化，它已经在全世界设立了几百个孔子学院，教授其语言和文化；在过去十年里，到中国留学的外国学生数量翻了 3 倍，从 3.6 万人增长到 11 万人，外国游客的数量也在激增；中国国际广播电台开始了一天 24 小时的英语广播。中国还调整了自己的外交政策，开始更多地通过多边安排来缓和外界的恐慌，并减少其他国家为了制衡其崛起而互相结盟的可能性。

尽管中国有着巨大的实力基础，但是那些基于其当前增长率、政治辞藻、军事应急措施和错误的历史类比之上的预估都是站不住脚的。无论是在中国还是美国，对彼此的理解都严重地被国内政治争斗所左右，两个国家内都有一些人把对方看成是敌人。就算是没有这些扭曲因素，两国的军队如果没有为所有可能的突发事件作足预案，就会被它们的国民认为是失职。

至于历史类比，别忘了在 1900 年的时候，德国的工业能力已经超过了英国，德国皇帝一再被一种冒险的全球外交政策所蛊惑，而这一政策必然会带来与其他超级大国的冲突。相形之下，从经济角度来说，中国仍然远远落后于美国，而且其政策重心仍然在其领土范围之内，并主要是聚焦于其经济发展。尽管在集权国家中，其“列宁主义市场经济”模式（所谓的“北京共识”）可以提升软实力，但在许多民主政体下，这一模式的效果截然相反。

然而，中国的崛起令人再次想起修昔底德的警告“冲突不可避免”。这种观念有自我实现性，比如，如果每一方都认定与另一方必会有最终一战，那么这种想法就会成为扩充军备的合理理由，而扩充军备的行为又会被另一方看成“冲突不可避免”的证据。这对于双方来说，都将是损失惨重的。

事实上，“中国崛起”这个词汇并不准确。“东山再起”也许更加准确，因为无论是从体量还是历史上来说，“中央帝国”长期以来一直都是东亚的重要力量。从技术和经济角度来说，从 500 年到 1500 年之间，中国都是世界领袖（尽管其触角并没有遍及全球）。仅仅是到 19 世纪，它才被首先受益于工业革命的欧洲和美国超越。20 世纪 80 年代，当邓小平开始推行市场化改革之后，在20世纪最后20年内，中国8%到9%的经济年增长率使其国民生产总值（GNP）翻了3倍。这种现实的经济表现以及儒家文化，提升了中国在地区内的软实力。

要达到和美国一样的实力，中国还有很长的路要走，而且中国在其自身的发展之路上还面临很多阻碍。在21世纪之初，以购买力平价（PPP）计算，美国的经济是中国的2倍，如果按官方汇率计算，则是中国的3倍。所有这类比较和预测都有一些武断，尽管中国的国内生产总值（GDP）将在2030年超过美国，两国经济在规模上也可能会趋同，但是在其他方面并不会一样。中国仍然有大量落后的农村地区，而且它也将面临20世纪强制推行计划生育政策所带来的人口问题的滞后效应。

此外，正如其他国家的经历一样，在经历持续发展之后，都会有一个增长减缓的趋势。假设2030年之后，中国增长率是6%，美国是2%，中国的人均收入要到21世纪的后半段才能与美国持平。

人均收入是衡量经济成熟度的指标。换句话说，中国惊人的增长率及其人口规模，肯定会使它在经济总体规模上超过美国。这也已经给中国提供了巨大的实力资源。但双方仍无法被等量齐观，而且美国也并不会停滞不前，中国要像当初德国在20世纪初对英国提出挑战那样，对美国的优势地位提出同样的挑战，恐怕还有很长一段路要走。在这一点上，事实并不会支持那种战争即将来临的谣言。

此外，对经济增长趋势的线性预测是有误导性的。在经济起飞的早期，这些国家都倾向于从技术进口中获得短期收益，当经济达到更高的发展水平的时候，增长率总的来说就会变慢。而且，无论是低效的国企、逐渐扩大的不平等、大规模的农民工、不完善的社会安全网、腐败乃至制度的不健全所可能引起的政治不稳定，这些都是中国经济所不得不面对的严峻阻碍。

在过去十年里，中国从第九大出口国变成了世界最大的出口国。但是，2008年金融危机之后，全球贸易和金融平衡变得越来越有争议，中国不得不对其出口导向型的增长进行调整。一些经济学家认为，这可能会导致痛苦的经济收缩，但是不会是崩盘。就像有人说的，“中国的增长肯定会大幅减速，但是，仍然会比世界其他国家增长得更快。”并且，尽管中国拥有巨大的外汇储备，但如果希望通过向海外借贷自己的货币来增强其金融杠杆，还是困难重重。只有中国有一个有着足够容量和开放度的债券市场，而且利率由市场而非政府来决定，才会出现人民币计价资产的接受者。

排斥不如合作

一些专家称，中国政治制度遭受高度腐败的困扰，而且对于政治不稳定缺少承受力，这都可能导致经济出现问题。中国能否找到一个管理不断扩大的城市中产阶级、区域不平等以及少数民族情绪的方程式，还有待观察。基本点是，包括中国人在内，没有人知道中国政治的未来会怎样，以及将会对经济增长带来怎样的影响。

互联网政治展示了另外一种复杂性。将近 4 亿网民，使中国拥有世界上最大的网络用户群体，也有着非常完善的政府控制和过滤系统。一些美国专家担心，领导人的不安全感可能会导致其在处理危机的时候反应过度。或者正如美国前总统比尔 · 克林顿在 1999 年所说的，当大多数人担心一个强大的中国所带来的挑战时，“我们别忘了一个虚弱的中国所带来的挑战，一个饱受内部冲突、社会混乱以及犯罪困扰的中国，将会成为亚洲不稳定之源。”一个无法控制移民流动、影响全球气候的环境问题以及内部冲突不断的中国，将会带来一系列严峻的问题。

只要中国经济增长，它的军事力量就会不断增强，因而也会使中国的邻居们感到紧张。中国官方的军费开支报告并没有包含很多美国国防预算中所涉及的项目，但是无论它包括什么，从 1989 年到 2010 年，中国官方军事预算都以每年两位数的速度增长。1991 年的海湾战争、1995 年到 1996 年的台湾海峡紧张局势，以及 1999 年的科索沃战争都使中国领导人认识到中国的现代化军事实力是多么的落后，因此，他们在 20 世纪 90 年代里几乎将其军事开支翻倍。中国开始从俄罗斯进口军事技术，而其自身产业所生产的一些武器系统也接近了美国同类系统的水平。2009 年五角大楼发布的一份报告估计，中国总体军事开支可能在 1005 亿美元到 1500 亿美元之间(美国是 7190 亿美元),或者是国内生产总值的 1.5%(美国是 4%)。但是,中国并没有开发出能覆盖全球范围的力量投放能力,而且,开发配备航母战斗群的"蓝海海军"这一复杂进程,也才刚刚开始。

1974 年,邓小平在联合国大会上说:"中国现在不是,将来也不做超级大国。"现在这一代中国领导人也意识到,快速的经济增长是国内政治稳定的关键,他们也更关注经济发展和他们所说的不会扰乱其经济发展的"和谐的"国际环境。但是时代在变化,权力经常造成自大,胃口也经常与食量成正比。马丁 · 雅克(Martin Jacques)说,"新兴大国最终都会不可避免地运用它们新获得的经济力量去追求更为广泛的政治、文化和军事目的。这就是霸权的内涵,而中国肯定将会成为霸权之一。"一些美国人担心中国的目标是"在短期内,中国会取代美国在东亚的统治地位,在长期内取代美国在全世界的统治地位"。就算这是对中国意图的准确评估,中国是否拥有实现这一目标的军事能力也是令人怀疑的。

此外,中国领导人也不得不解决其他国家与其进行的价格竞争,以及经济增长与对外部市场和资源之间形成的压力。如果中国在军事上采取过于强势的姿态,也将损害其在东亚地区与其他邻居的合作,这将削弱它的硬实力和软实力。最近的皮尤调查(Pew Poll)显示,全世界范围内 16 个参加调查的国家都对中国的经济崛起持正面态度,而并不对其军事崛起也持相同态度。"如果中国被更多地看成一个经济角色,那么亲美的人也会支持中国崛起。但是,如果一个人把中国更多地看成正在崛起的军事力量,那么其亲美情绪往往会使他们对中国崛起持不支持态度。"

中国无法在世界范围内成为对美国的竞争对手,但是这并不意味着它无法在亚洲挑战美国,也不意味着双方永远不会有爆发冲突的可能。但是基本上来说,正如 1995 年比尔 · 克林顿对江泽民所说,美国更担心一个脆弱的中国而不是一个强大的中国。因此,美国接受中国力量的崛起,并且邀请中国以一个负责任的利益攸关者的身份参与国际体系,权力并不总是零和游戏。鉴于中美两国所面临的全球性问题,与其因过度的恐惧感而互相排斥,倒不如互相合作,这样双方都能受益更多。但是,双方都需要采取明智的政策确保这样的未来。

Chapter 2

第二篇
“十二五”方略

▶ 对《“十二五”规划》各方面有很多的评价，特别我们看到很多积极的评价，最近我看到一个最积极、最突出的说法是有点像20世纪初美国的进步主义宪章。

——方风雷（厚朴投资董事长）

▶ “十二五”规划没有提改革，既没有提政治体制改革，也没有提经济体制改革，而离开了改革，中国经济结构性问题没有办法解决。

——许小年（中欧国际工商学院经济学和金融学教授）

▶ “十二五”标志中国经济发展历史新的起点，这个新时期的特点是过去全球经济一种非失衡的、两类失衡经济之间的脆弱平衡已经不能持续了。新时期的新格局的特点，就是要向一个再平衡的方向走去，世界经济和各国经济能不能在今后稳定地发展，就取决于再平衡进程的状况。

——吴敬琏（国务院发展研究中心研究员）

第三章 | “十二五”，在历史的转折点上

财新观察：民生、改革与中产阶级成长

“十二五”规划至关重要，而《中共中央关于制定国民经济和社会发展第十二个五年规划的建议》(下称《建议》) 第一次以科学发展为主题，把民生问题提到了突出位置。《建议》提出，“十二五”期间，要深化改革开放，“保障和改善民生”，并把其作为“根本出发点和落脚点”。

我们赞同这一选择。可以想知，近中期内“民生”会成为舆论热词，社会保障、收入分配和公共服务等领域将成为公众视线聚焦点。不过，民生关注绝不可到此为止，更要谨防从“民生”沦为“民粹”。

须知承认“民生”之重并不难，难的是选择正确的路径强化和解决民生问题，以维护其根本与长远。保障和改善民生意味着改善人民生活，增进民众的幸福感，其愿景正是经济繁荣、法治健全基础上中产阶级成长壮大。实现“民生”不是口号，不是短期行为，而是虑及长远的全方位改革。

如《中共十七届五中全会公报》所言，改革开放是转变经济发展方式的强大动力，只有“以更大决心和勇气全面推进各领域改革”，才能真正解决当前的复杂矛盾和深层挑战。改革任务则包括“积极稳妥推进政治体制改革”、“推进行政体制改革，加快财税体制改革，深化金融体制改革，深化资源性产品价格和要素市场改革，加快社会事业体制改革”等。

“十二五”期间，中国将面临诸多挑战。未来五年内，中国青年劳动力供给将达到高峰，并逐渐减少；“未富先老”造成劳动力成本上升，养老风险也正在积聚；欧美经济增长前景暗淡，也对中国出口驱动的增长构成

挑战。

同时，回望即将过去的“十一五”，许多既定的改革并未完成。五年前既定的公务员养老保险改革，如今停滞不前；“国进民退”在一些行业时有发生，垄断行业效率低下，但职工收入畸高，未能改观；原定开征物业税、推进个人所得税税制改革等，也缺乏实质性进展。更严重的是因政治体制改革滞后，党政权力缺乏有效监督，侵犯公民人身和财产权，征地、拆迁、环境污染等群体性事件多发，地方政府作为公权力的行使者执法犯法时有发生，这些才是对社会和谐的最大威胁，对民生的最大侵害。

从“十一五”到“十二五”，民生主张紧系改革使命。鉴往知来，以改革促民生问题之解决，全盘皆活；若延搁改革，则全盘皆误。

以收入分配为例：中国社会收入差距扩大的趋势确实让人担忧。但“有形之手”的强力干预既无法治标，更不能治本。一方面，市场经济原则表明平均主义走不通，个人禀赋和人力资本的差异决定了收入必然是有差异的，正常的收入差距有利于刺激人的创造性和积极性。另一方面，中国的收入差距悬殊态势，更多地表现在城乡之间、官民之间、垄断行业与一般企业职工之间，其本质是制度扭曲错位引致的差距；当前学者尖锐诟病的“灰色收入”引致的差距，更典型折射了政治体制改革滞后的严重后果。

随着市场经济的发展，政府当然有必要通过建立最低工资标准、健全社会保障体系、税收及转移支付等手段进行收入再分配，行自身之职责；但是，完善市场体系、终结城乡二元体系、反对垄断到建立反腐防腐机制，这些在收入分配领域的民生大计，无一不与深化改革息息相关。

就是在直接有关民生的政府行为中，也必须辨清政府该当何为。从昔日偏“发展主义的政府”转型，执政者的民生主张有助于中国政府明晰“公共服务型政府”的方向。为实现基本公共服务的均等化目标，政府必须把更多的公共资源投入民生领域。但具体到提供基本公共服务的主体，则政府、私营机构、非政府组织可通力合作，政府的职责是实施中立而有效的监管。过去长期计划经济体制形成的政府包办一切的思路必须打破，不应重回“全能主义政府”老路。

目前，距离执政者所定2020年全面建成小康社会的目标，仅剩区区十年。在人类历史的长河中，十年转瞬即逝；但对中国的现代转型而言，这十年至为关键。

站在历史的转折点上，全面推进改革，以改革推动民生问题之解决，让每个中国人活得幸福、有尊严，已经是时不我待。

"十二五"规划改革重点

《中国改革》专访国家发展和改革委员会副主任
彭森

2010 年，是"十一五"规划最后一年。目前，中国正在研究制定"十二五"规划。"十二五"时期（2011 年到 2015 年），是中国全面建设小康社会的关键时期，也是完善社会主义市场经济体制的攻坚阶段。

科学编制和有效实施"十二五"规划，对中国转变经济发展方式、实现经济社会可持续发展，具有重大战略意义。3 月底，《中国改革》记者就"十二五"重点领域改革规划编制问题，专访了国家发展和改革委员会副主任彭森。

问：目前，中央正在研究制定"十二五"规划，在你看来，编制"十二五"规划，应该注意哪些问题?

彭森：目前，国家发展和改革委员会经过认真研究和反复修改、完善，形成了"十二五"规划的基本思路，并已报送国务院。除了经济社会发展总体规划，我委拟同步编制一批包括重点领域改革规划在内的国家重点专项规划。

编制"十二五"重点领域改革规划，必须明确战略重点，理清总体思路，统筹推进顺序，做到全局在胸，有计划、有重点、有步骤地推进改革，确保实现"十二五"时期发展目标。要实现这一目标，必须切实体现中长期改革规划的战略性、宏观性、前瞻性。

首先，“十二五”规划是全面完善社会主义市场经济体制关键阶段的规划。现在，距离到2020年建成完善的社会主义市场经济体制，只剩下十年时间。我们要把一些影响全局和长远的改革任务，集中放在前五年里打攻坚战，“十三五”的五年，做体制、机制修补和完善。可以说，“十二五”改革规划的战略性，主要体现在改革推进阶段的关键性和重点改革任务的攻坚性上。

其次，“十二五”规划是积极应对外部发展环境变化的规划。在经济全球化的大背景下，国家之间的竞争，归根到底是体制的竞争。国际金融危机对世界经济政治格局的深刻影响正在进一步显现，世界经济增长模式面临深度调整。

这些新情况、新变化在给我国带来历史性机遇的同时，也带来了前所未有的挑战。我们要在理论和实践的双重探索中，总结正反两方面的经验教训，利用“十二五”宝贵的五年时间，加快完善社会主义市场经济体制。

最后，“十二五”规划是为全面推动经济社会发展转型奠定体制基础的规划。2010年，我国将成为世界第二大经济体。“十二五”时期，中国将进入中上等收入国家行列，经济社会加快发展转型的各项基础条件已经具备。在这个关键阶段，选择科学正确的发展方式，建立完善的体制、机制，就能抓住机遇，使经济社会发展再上一个新台阶。否则，就有可能停滞不前，甚至落入中等收入陷阱。

“十二五”时期，是一个必须紧紧抓住，并且可以大有作为的重要战略机遇期。在这个重要的历史关口，我们要争取拿出一个高质量的中长期规划，正确指导和推进今后五年的改革，为全面建成小康社会和建立完善的社会主义市场经济体制打下牢固的基础。

问：你曾提出，编制“十二五”规划，应从中国经济社会发展的主要矛盾和问题入手，提出改革规划的战略重点。首要的问题就是进一步健全市场配置资源的机制。对此，应该如何理解？

彭森：“十二五”规划要研究的问题很多。五年的时间较短，定改革规划不能面面俱到，要找准突破口，准确把握主要矛盾和核心问题，理清重大改革任务之间的逻辑关系和推进顺序，务求实效。

“十二五”规划的战略重点，需要在各地、各部门共同深入研究、科学论证的基础上确定。我认为，有几个重大问题需要优先考虑，并在此基础上确定“十二五”改革规划的战略重点。

这些重大问题包括：一、如何进一步健全市场配置资源的机制，提高经济发展的动力和活力；二、如何加快调整国民收入分配格局，理顺收入分配关系；三、如何破除城乡“二元”体制，加快推进城镇化；四、是如何创新公共服务体制，形成多元参与、平等竞争的格局。这些问题，都是关涉中国中长期可持续发展的大问题，各地各部门应有全面、深入的讨论。

就第一个问题而言，中共十四大把建立社会主义市场经济体制，确立为我国经济体制改革的目标。18年来，我们沿着这个方向。不断深化改革开放，初步建立了社会主义市场经济体制，对促进经济社会发展发挥了重要作用。

同时，必须认识到，目前我国社会主义市场经济体制还不完善，还存在不少制约市场发挥基础性作用的体制、机制问题。主要表现在，要素市场发育滞后，土地、资金等重要生产要素市场化程度还比较低；资源性产品的价格形成机制还没有完全理顺；国有经济调整尚未到位，垄断行业改革进展缓慢，有些还未破题；政府对微观经济活动干预过多，公共服务和社会管理职能还比较薄弱等。

在经济增长遇到严重困难、全力应对国际金融危机冲击的特殊情况下，采取超常手段保增长、确保经济社会大局稳定，是必要的，也是有效的。但也要清醒地看到，当前投资和消费增长较快，很大程度上是政策作用的结果，行政手段的局限性和短期性逐步显现出来。扩大内需，最终要靠市场和社会的力量。

胡锦涛总书记在中央经济工作会议上指出，“坚持社会主义市场经济的改革方向，充分发挥市场在资源配置中的基础性作用，不断加强和改善宏观调控，这是改革开放以来我们在实践中探索出来并被实践所证明的正确方向，必须牢牢坚持”。

在“十二五”乃至今后更长时期的改革中，要继续高举中国特色社会主义伟大旗帜，坚持社会主义市场经济的改革方向，更好地发挥市场配置资源的基础性作用，这是研究制定“十二五”规划的出发点和立足点，是基本方向。要正确处理政府与市场的关系，真正做到“看不见的手”和“看得见的手”协调运转，相互补充，共同促进经济平稳较快发展。

问：目前，中央要求加快调整国民收入分配体制，公众对此也有迫切的期待。你认为，未来一段时期，收入分配体制应该如何改革?

彭森：合理的收入分配制度是扩大居民消费需求的基础，也是社会公平正义的重要体现。近年来，政府、企业和居民部门三者之间分配关系呈现较为明显的失衡状况，城乡之间、地区之间、行业之间的收入差距都有扩大趋势。

对这些问题，人民群众有意见，持续发展下去，必将成为影响经济发展和社会稳定的重大隐患。收入分配问题已经到了必须下大力气解决的时候。目前，我国经济社会发展态势良好，各方面承受能力较强，应该说有条件、有能力在“十二五”时期逐步解决。

深入推进收入分配制度改革，一方面，要在坚持基本分配制度的前提下，切实保护公民合法收入和私有财产；另一方面，要尽快扭转城乡、地区和不同行业之间的收入差距过大趋势，逐步形成中等收入者占多数的“橄榄型”分配格局。

在这里，我想重点强调一下税收在二次分配中的调节作用问题。2009年，我国人均GDP已经接近3700美元，居民收入水平和社会财富增长很快，存量很大。但是，所得税和财产税还不健全、不完善，对调节过高收入和财产收入的作用还没有充分发挥出来。

这是目前我国在二次收入分配中的“短板”，是“十二五”收入分配制度改革亟待解决的重点问题。从现在开始到“十二五”时期，要加快完善个人所得税，建立健全财产税制度，有效调节不同社会群体之间的收入分配差距，切实发挥好税收在二次分配中的作用。此外，要进一步完善资源税费制度，解决资源占有者和使用者获得超额收益的问题。

问：加快城镇化进程，让更多的农业劳动力转到非农产业，转入城市就业和生活，这对中国扩大内部需求、转变经济发展方式相当重要。“十二五”期间，这方面的改革应该如何突破?

彭森：统筹城乡发展和推进城镇化，既是我国未来一个时期的发展趋势和战略重点，也是拓展内需空间的重要举措。扩大内需，最大的潜力在城镇化。

改革开放以来，中国城镇人口占总人口比率平均每年提高近1个百分点，2009年城镇人口占总人口比率达到46.6%。但总的来看还相对滞后，不仅远低于发达国家近80%的水平，而且也大大低于一些人均收入与我国相近的发展中国家水平。

“十二五”时期，我国城镇化率将突破50%，将首次出现一半以上的人口生活在城市。人民群众的生活方式和经济社会结构会随之发生一系列深刻变化。如何破除城乡分治的“二元”体制，推动城镇化快速健康发展，是“十二五”期间亟待解决的重大问题。

我国是一个十几亿人口的发展中大国，也是一个体制转型国家。在这种条件下，破除城乡“二元”体制，统筹城乡发展，持续快速推进城镇化，进而实现现代化，在人类历史上没有先例可循，是一项艰巨复杂的任务，也是一个长期探索的过程。

在这方面，很多地区进行了积极探索，积累了有益经验，成都市、重庆市、浙江嘉兴市等地的一些改革举措还引起了社会的广泛关注。对一些好的做法，要深入研究，全面总结，并在“十二五”规划中重点予以考虑。

在这里，我还想重点强调两个问题。一个是进城农业人口的城镇化问题。近年来我国城镇化率提高很快，但在现行统计的城镇人口中，约有1.5亿农民工及其家属，他们虽然常住在城镇，但工作和生活并不稳定，在公共服务方面还没有完全享受与城镇居民相同的待遇。推进城镇化的一个很重要的任务，就是把符合条件的农业人口逐步转变为城市人口，这可以在实质上提高人口城镇化水平。特别是20世纪80年代后出生的农村人口已经成为农民工的主体，他们融入城市的意愿更为迫切。逐步解决好他们的身份和公共服务问题，对城镇化健康发展和社会和谐具有重大意义。

另一个是土地问题。在今后相当长的一段时期里，我国城镇化将持续以每年 1 个百分点以上的速度快速推进。人多地少是我国的基本国情。在城镇化过程中，必须坚持最严格的耕地保护制度，这是保证国家粮食安全的基本前提。同时，一部分农村土地要转变为城市建设用地，将会产生巨大的土地级差地租。

这些财富由谁来分配？按照什么机制来分配？如何从制度安排上既能够保护农民利益，又能促进土地资源节约利用？对这些问题，我们要根据中共十七届三中全会精神，深入调研，认真研究，在“十二五”规划中给出一个明确的回答。

问：要建设社会主义和谐社会，必须解决好教育、卫生、住房、社保等民生问题。这就要求，必须进一步改革我国的公共服务体制。对此，你认为应该从哪些方面着手？

彭森：解决民生问题，必须创新公共服务体制，最终要形成多元参与、平等竞争的格局。长期以来，我国社会发展滞后于经济增长，人民群众多样化、多层次的公共服务需求快速增加，公共服务供求矛盾已经成为全社会关注的焦点。“十二五”时期，随着人民群众收入水平的不断提高，这个问题会更加突出。

公共产品供给不足，公共服务资源配置不合理，与社会事业发展滞后有关，也与社会领域改革滞后有关。主要是政府责任不到位和包揽过多并存，该管的没有管到位，该放的没有真正放下去，发挥市场机制、社会组织和民间资本的作用不够，活力不足。

“非公经济 36 条”从 2005 年 2 月出台到现在已经有五年的时间，有关部门也先后出台了一系列配套文件贯彻落实。从形式上看，民间资本进入相关领域的渠道是畅通的，但实际上困难重重、障碍很多，被形象地称为“玻璃门”和“弹簧门”。这些问题在公共服务和社会事业领域也表现得非常突出。在公共服务中如何划分政府与市场的界限？政府是公共服务的采购人还是直接提供者？这是深化社会事业领域改革必须明确的原则性问题。

在社会主义市场经济条件下，提供基本公共服务是政府的一项主要职责，否则社会就会失去起码的公平正义。但是，社会需求是多层次和多样性的，各项社会事业都应该区分“基本”和“非基本”。政府保障的是“基本”。“非基本”部分能够由社会和市场提供的，要切实交给社会和市场，政府履行好监管责任。如果政府包揽过多，社会资本难以进入，就会影响各方面参与发展社会事业的积极性和活力，这也是当前各方面反映比较多的问题。即使是由政府提供的基本公共服务，也要讲究方式和效率。这里必须明确一个问题，公益性事业不等同于政府包办。公益性主要指政府的投入和保障责任，但不代表必须由政府直接举办和提供。

今后，我们要逐步做到，凡是适合面向市场购买的基本公共服务，都应采取购买服务的方式。各类社会组织和企业，只要具备资质、符合条件，就应该鼓励进入，政府择优购买。“十二五”期间，要进一步解放思想，加快改革步伐，放低准入门槛，加快形成多元参与、平等竞争的公共服务供给体系，满足不同层次人群的多样化需求。

“十二五”：包容性增长是关键

张卓元（中国社科院经济研究所研究员）

政府改革是重中之重

“十二五”规划确定了一条主线，就是转变“经济发展方式”。“十一五”规划时提出的是转变“经济增长方式”，并没有把这总作为主线，只是作为一个关键举措。政府那时对经济增长方式开始重视了，但是，落实的力度并不显著。

从转变经济增长方式到转变经济发展方式，这个提法是中共十七大报告改的。两词之差，内涵也有相应的变化。完善体制、转变经济发展方式，是实现经济又好又快发展的两个关键。把经济增长方式从高投入、高消耗，主要靠物质消耗推动经济增长，转向主要依靠科技进步、劳动者素质提高和管理创新转变。这是转变经济发展方式的实质。而转变经济发展方式，是在此基础上，又增加了两个“转变”，第一个是需求结构的转变，从出口和投资拉动经济，转为消费、投资、出口共同拉动；第二个是产业结构方面，原来是主要依靠第二产业，转变为一、二、三产业协同拉动。

2010 年以来，特别是“十二五”规划，转变经济发展方式也好，科学发展也好，又加了一个内容，就是把关注民生、让公众共享改革发展的成果，也作为实现科学发展的一个内容。也就是说，不但要把蛋糕做大，还要把蛋糕分配好，这也是转变经济发展方式和科学发展的一个内涵。

中共十七届五中全会公报，除了强调经济平稳较快发展，推进经济结构战略性调整，还要实现城乡居民收入普遍较快增加。这里特别提到“普遍”和“较快”。这个提法，比“十五”和“十一五”都更加积极，将此纳入科学发展的范围，是有新意的。科学发展就应该以人为本。

这表明，由于经济和社会发展中各种矛盾的显露，大家的认识有了进一步提高。

还有一个要点是，加快经济发展方式转变，要贯穿经济社会发展全过程和各领域。这体现在公报的“五个坚持”上：坚持把经济结构战略性调整作为加快转变经济发展方式的主攻方向，坚持把科技进步和创新作为加快转变经济发展方式的重要支撑，坚持把保障和改善民生作为加快转变经济发展方式的出发点和落脚点，坚持把建设资源节约型、环境友好型社会作为加快转变经济发展方式的重要着力点，坚持把改革开放作为加快转变经济发展方式的强大动力。

2005 年，我们就曾经研究过，转变经济增长方式，有多个途径，最重要的是推进改革。现在转变经济发展方式的动力非常不足，而粗放扩张的动力却很强。到地方去看，就能感觉到，在 GDP 挂帅的情况下，实现这一转变太难。因此，当前最紧迫也是最重要的，就是深化改革开放。五中全会公告关于深化改革的阐述中，政府的改革是重中之重，即加快行政管理体制改革。

原因在于，如果政府只追求 GDP 的高速增长，则粗放扩张最易见效，而科技进步和创新是需要长期努力的。政府五年一届，官员多倾向于任期效益最大化，就会选择最容易做大和显示政绩的粗放扩张。所以，政府的改革、政府职能的转变最重要。各方面也一直呼吁加快政府改革，但推行起来困难重重，进展不大。现在迫切需要这方面有具体的举措。

与此紧密相关的是财政改革。财政从经济建设型转为公共服务型，不去搞形象工程，不去搞太多经济建设的项目；财政的支出结构要作调整，财政的钱更多地投向公共服务。今年，我专门写过文章，指出这方面做得不够。客观上，为应对金融危机，财政上万亿元投资以及配套的投资，在保增长的同时也强化了建设型财政。

财政的转型和政府转型是一致的，转型后变为服务型财政。财政要转型，很多政策需要调整，保障民富、增加居民收入，让百姓共享改革开放的成果。呼吁多年的提高个人所得税的起征点，这一对增加居民收入很直接的措施一直没有实施，主要是因为政府不想减少收入。

增加居民收入，关键是要提高劳动报酬在初次分配中的比重，为此，最重要的措施是让劳动者有谈判的实力。现在的劳资谈判中，劳动者往往处于弱势，资方处于强势，而且政府、工会往往倾向于资方。所以，应该很好地建设工会，并真正代表劳动者的利益，让劳动者在劳资谈判中有发言权。此外，应该有一个工资随着经济发展而增长的机制。

负利率也是一个必须处理好的问题。今年负利率维持了七八个月，而且在逐步扩大。百姓存款收入实际没有增加，反而在减少，这和增加居民收入的目标是背道而驰的。

长时间负利率不利于市场经济的正常运转，反而鼓励钱进入股市、房地产市场，容易导致资产泡沫的形成，对经济增长不利；百姓存款越来越不划算，被逼去搞风险很大的投资，对居民储蓄的稳定增长也不利。日前（指本书成稿时——编者注）加息了一次，表明政府注意到了这个问题，开始设法解决。

如果公共财政支出主要用于医疗、社保、就业、教育、住房保障等，这方面支出多了，能提高居民特别是低收入居民的实际收入。这就涉及调整财政支出结构，而且要做到基本公共服务均等化。过去，财政资源所投的公共服务主要用到了城市里。城乡居民收入差距本来就大，加上公共服务方面的差异，差距就进一步扩大了。

以资源能源价格改革为切入点

要实现经济发展方式的转变，真正建立资源节约型、环境友好型社会，资源、能源价格的改革是关键。提高资源、能源价格，是节约资源和能源最直接、最有效的方式，制定“十一五”规划时，世界银行提供的材料显示，在国外，能源的节约，一半以上是靠价格的调整。所以，理顺价格关系最重要。过去，我们大量出口高耗能产品，实际上出口了大量的资源能源，污染留在了国内，付出的代价太大了。

这一改革进展缓慢，有两个原因，一怕影响经济增速，二怕动作大了老百姓不满意。后一个问题好解决，可以对低收入群体给予补贴。长时期的低价格，实际上是给使用资源和能源的人补贴，很不合理。最重要的原因，还是怕影响经济的短期增速，为什么高耗能行业今年上半年发展那么快？因为电力给了优惠价格。这实际上是逆调节！给高耗能产品出口退税也是逆调节。

保增长和调结构，在特定情形下，是有矛盾的，现在，我们承认了这点。没有一定的发展速度，当然会有问题，尤其是就业问题不好解决。但是，现在的高增长也难以持续。现在提出保持长期平稳较快发展，这是比较合理的可持续发展。如果总是要追求两位数的增长，是不可持续的。

进入“十二五”时期，中间正常的经济增长速度应该是中高速度，8%左右是合适的，也就是在7%~9%之间。但是，政府的职能没有转换，地方追求高速度的动力很强，还是要“大干快上”。有的省，说要“大干150天实现大变样”，有点像1958年“大跃进”的口号。

目前许多人在讲包容性增长，最早世行、亚行提出这个概念，最主要就是要使得增长的成果让老百姓，特别是低收入群体能够享受，这是最关键的。

从五中全会的公报所表达的意思看，我认为这是符合民心的。过去强调国家强盛，现在提到居民收入的增加，民富方面也比较重视了，大家很拥护了。但是，有一个落实的问题。现在改革的动力和过去不一样了，过去动力比较足，现在既得利益势力比较强，比如垄断行业。我希望，在认识到这个问题后，中央要下决心，要有强有力的、由上而下的推动，不能只靠自下而上的力量。这取决于领导人的政治智慧和决心。

第四章 | 建言“十二五”

财新观察：在更高战略层面重启整体改革

中国经济学界的各类奖项近年来不少。近日第三届“中国经济理论创新奖”之所以引起公众广泛关注，主要还在于此项以学术民主投票方式评选的经济学大奖，在今年授予了“整体改革理论”。处在改革胶着期的中国社会正有着太多的焦虑和期待，理论之于实践的现实意义因此格外显著。

“社会主义市场经济体系是有机的整体，不可能拼凑起来。事要一件一件做，但是，体制之间有很多相互关联的内容，所以是系统的构建，表明改革开放具有整体性。”央行行长周小川在获奖演讲中开篇即有如此表述。

“整体改革理论”，也可称“整体改革协调理论”，始于吴敬琏、周小川、郭树清等于20世纪80年代中期提出的一种市场经济改革思路。这一理论主张，经济改革不仅是一场破除计划经济旧体制的深刻革命，而且是建设市场经济制度的宏大工程，因而需要在发展自主企业、竞争性市场体系和宏观经济管理体系等方面整体协调地推进。进入21世纪以后，整体改革论者将视野进一步扩展到社会政治领域，主张在推行彻底的市场化改革的同时，配套推进民主、法治等方面的改革。

中国改革行进30余年，整体改革论者的诸多主张目前已是社会共识。学界对这一理论嘉奖不仅是对于昨天的认可，也体现了中国社会推进整体改革的现实需求。整体改革理论以系统论的方法思考改革，寻求改革的最优顺序，追求通过“帕累托改进”获得改革动能，提出配套改革主张，并坚持改革、发展和稳定统一的渐进主义路径等，这些都对今天推进整体改革有指导意义。

相较以往更多着眼于经济体制的改革，当前中国的改革正处在向政经、社会、文化全方位拓展的关键时期。应当承认，近年来改革步履沉重，虽有部分技术性进展却难有重大突破；经济、政治、文化和社会体制改革缺乏同步协调，改革在某种程度上已经陷入“随机行走”状态，推进空间狭窄。其中原因很多，但与改革缺乏整体感密切相关，在更高的战略层面上重启整体改革至关重要。《中共中央关于制定国民经济和社会发展第十二个五年规划的建议》提出，“改革是加快转变经济发展方式的强大动力，必须以更大决心和勇气全面推进各领域改革。更加重视改革顶层设计和总体规划，明确改革优先顺序和重点任务。”这其实体现了新时期整体改革的思路。

显然，顶层设计和总体规划应当目标清晰、步骤稳健、程序透明、兼顾眼前和长远。1986 年初，国务院成立经济体制改革方案研讨小组，拟定“七五”前期以价格、税收、财政、金融和贸易为重点的配套改革方案。1993 年底，中共十四届三中全会提出建立市场经济基本框架 50 条。今天，中国也亟待超脱部门利益的机构专司制定新时期整体改革方案，涵盖政治、经济、社会、文化各领域。

处于深水区的中国改革，还当探索当前改革以何者为先，其目标是使改革更加平稳、有效并给社会一步步带来福利。寻求最优的过程必然充满争议，重点在于对各领域诸项改革的利弊分析。因为各项改革的约束条件因时、因境而不同，实践中必然出现妥协与调整。但“取乎其上，得乎其中”。最优顺序即使让位于次优，也远胜于单纯地“摸石头”盲目行进，有助于避免最差情境而导致改革的挫败。

当前，整体改革的重心之一即为政治体制改革，必须深入研究政治体制运行的具体环节，提出可行的、顺序明晰的配套改革方案，一些最为迫近的改革，如改进执政党的领导、党政分开的实施、政府职能的转变、党内民主的推进、社会民主的落实，以及现有的政治参与平台之夯实、公民社会的发展等，无论如何不应再停留于口号，须在渐进改革的框架下成为可操作的方案并予以落实。眼下，有个别人患上了“政治改革恐惧症”，先验地赞美现有体制的“优越性”，提不出任何建设性改革方案，这种自我麻醉和自我设限是非常危险的。

整体改革推进，具有“自上而下”和“自下而上”两种推动改革的方式，寄望于高层决心和顶层设计，也有赖于锲而不舍的民间努力。在关注政策走向、呼吁改革决策的同时，我们须更多地把眼光投向躁动于中国村、乡、县、省的诸多变革行动，热情对待来自企业和基层社区的各类创新实践。中国的整体改革最终是社会体系的重构，两种改革推动力以种种方式汇合势所必然。有此认知，则我们的乐观不再盲目，可以在改革的潮涨潮落中积极而坚定地走向明天。

“十二五”改革当以政府转型为重点

迟福林［中国（海南）改革发展研究院院长］

为什么说“十二五”改革的关键是政府转型呢？因为新阶段经济社会发展的突出矛盾，都与政府转型滞后直接相关。没有政府转型的突破，改革难以深化，发展方式难以转型。

政府转型决定“十二五”改革的全局。解决资源环境约束的矛盾，关键在于实现经济运行机制由政府主导向由市场主导的转变；解决收入分配差距拉大的矛盾，关键在于强化政府在完善收入分配体制中的基本责任；解决基本公共产品短缺的矛盾，关键在于确立政府在公共产品供给中的主体地位和主导作用；解决公共治理建设滞后的矛盾，关键在于加强政府自身建设与改革。

政府主导型的经济增长模式非改不可。过去30多年，政府在推动经济增长、扩大经济总量中发挥了重大的作用。今天，推进发展方式转型的主要目标是公平与可持续发展，基础是消费主导。就是说，发展方式从追求总量转变为公平与可持续发展，政府主导型的增长方式弊大利少，非改不可。

政府转型更具深刻性和复杂性。从现实的情况看，政府的职责划分和政府的自身利益直接联系在一起。过去我们一再讲，政府是公共利益的代表者。今天，由于现行的财税体制、干部选拔机制等综合性因素，使部门利益、地方利益开始形成并具普遍性。为此，改变政府主导型的增长方式和改变政府自身的利益倾向紧密地联系在一起。“十一五”规划强调行政管理体制改革是改革的关键和重点。这几年，行政体制改革有所进展，但是，总体上没有大的突破，甚至在有些方面的矛盾问题更为突出。要改变政府主导型的增长方式，重要的是在“十二五”时期，加快推动以政府转型为主线的行政体制改革。

政府转型与收入分配体制改革

收入分配差距的扩大有市场的因素，更有政府的因素。例如，国有资本配置本质上是政府行为问题。因此，推进收入分配改革，首要是规范政府行为，发挥政府在“提低、扩中、限高”中的重要作用。

首先要看到，收入分配差距扩大与政府主导型经济增长方式相关。

以追求 GDP 总量为导向的增长方式，重投资轻消费；以国民收入为导向的增长方式，是消费拉动的增长，目标是公平与可持续发展。应当说，收入分配差距的不断扩大，不仅与追求总量的增长方式相关，而且是这种增长方式的必然结果。

此外，政府主导型经济增长需要大量的财政资源，使公共财政体制难以建立。它倾向于长期压低劳动力报酬，由此使得劳动报酬增长速度长期低于 GDP 增长速度。它偏好“做大蛋糕”，使“分好蛋糕”的矛盾逐步突出。

应以政府转型推动收入分配制度改革。

“十二五”收入分配制度改革已成为全国关注的重大焦点问题。能不能破题，能不能有所作为，都直接取决于政府发展理念的转变以及政府转型的实际进程。

以缓解收入差距为目标，“十二五”初期要尽快启动财政税收体制改革。总的建议是，明显加大对所得和财产的课税力度：一是适时开征遗产税，作为个人所得税的补充；二是完善个人所得税制度，实行综合和分类相结合的个人所得税模式，对劳动所得、经营所得和财产所得实行综合课税，对资本所得和偶然所得实行分类课税，与综合课税相分离，以便于征管和调节；三是开征社会保障税，将社会保障的收支纳入国家预算。

控制政府财政收入增长速度，大幅调整财政支出结构。基本公共产品供给的主要矛盾不是能力问题，主要是财政支出结构的问题。

以资源红利的社会共享为目标，实现国有资源的合理配置。着眼于调整国民收入分配基本格局，建议加快国有资源配置的结构性调整：一是反思当前相当多的央企涉足房地产开发这一现象。国有资本进入竞争性的房地产，不应以盈利、做“地王”为第一目标，而是主要限定在提供保障性住房和廉租房领域；二是尽快推进资源税改革，改革国有资源的税费体系，理顺资源性产品的分配格局。

加快推进垄断行业收入分配制度改革。垄断是造成国民收入分配失衡的一个重要因素。缩小收入分配差距，需要进一步打破垄断，尽快建立起规范化的收租分红制度，提高国有企业上缴租、税的比重。一是防止“国进民退”，公众对“国进民退”有比较大的意见。建议尽快出台详细的《反垄断法》实施细则，放开垄断领域、引入竞争，通过市场、法律规范国有企业的投资领域。二是尽快建立常态化的垄断行业和国有企业收租分红机制。建议将征收“特别收益金”改为征收“超额利润税”，将垄断利润以税收名义收归公共所有。三是建立全口径的财政预算体系，尤其是涵盖国有企业的资源使用租金和利润分红。

构建财产性收入的体制基础，逐步缓解并缩小居民过大的财产性收入差距。一是推进农村集体土地流转制度改革，使农民真正享受到土地资产增值的红利。为此，建议尽快出台土地物权法配套法规，明晰农村土地产权并赋予农民产权主体的地位，使农民能够充分享受土地流转的增值收益。二是规范和完善资本市场，保障投资者权益。三是推行“职工持股计划”，使职工真正享受到企业增值红利。

促进工资谈判制度和工资定期增长机制的形成。其中的关键在于赋予并保障工人开展工资集体谈判的权利。除了工会外，鼓励探索多种形式的工资集体谈判机制。此外，应当加强对最低工资的监管力度，切实保护劳动者权益。

要确立政府在“十二五”收入分配改革的约束性指标。

从社会对这项改革的需求看，在这方面，要有明确的约束性指标。着眼于发展方式转型，建议“十二五”这五年应努力把中国消费率从 2008 年的 48.6% 提高到 55% ~ 60%，并且在国民收入分配结构调整上制定相应的约束性指标。

实施国民收入倍增计划。考虑通货膨胀因素，使城乡人均收入在“十二五”翻一番，年均增长在 15% 左右，是一个结构性的增长，是一个综合性的指标，包括实际收入、劳动报酬、最低工资增长幅度、基本公共服务均等化的程度、税制改革、通胀预期控制。

其他指标还有，居民收入在国民收入中的占比从约 60% 提高到 65% 左右；劳动报酬占 GDP 比重从 2007 年的 39.7% 提高到 50% 左右；城乡收入差距从 2008 年的 3.31 ： 1 控制在 3 ： 1 以内；中等收入群体占比达到 30% 左右。

政府转型与民营经济发展

投资主导型的经济增长方式，在一定程度上形成国企偏好的倾向。消费主导型的经济增长方式，突出就业，突出民企在扩大就业中的作用。就是说，“十二五”时期民营经济的发展，在相当大程度上依赖于发展方式转变的进程，依赖于政府转型的突破。

经济发展方式转变凸显民营经济发展的战略地位。

“十二五”消费主导格局的形成、经济结构调整、城市化进程、自主创新能力提高，都依赖于民营经济的发展。

发展矛盾变化的大趋势将扩大民营经济的发展空间。改革开放 30 多年走到今天，由于广大社会成员日益增长的物质文化需求的内涵有重大变化，由此使私人产品短缺开始成为历史，公共产品短缺成为突出矛盾。在这个大背景下，国有资本需要从一般性、竞争性领域逐步退出来，从而为民营经济发展提供更大的市场空间。

发展导向变化的大趋势将提升民营经济的战略作用。“十二五”发展导向由 GDP 总量转为国民收入是大势所趋。这个“大趋势”，需要民营经济成为推动服务业发展的重要力量，需要民营经济成为吸纳就业的重要力量，需要民营经济成为扩大社会需求的重要力量。

民富优先发展的大趋势将进一步提高民营经济发展的战略地位。国富、民富都很重要。问题在于，长期实行“国富优先”的增长会使国家生产力优先并快于民众消费能力增长，导致社会总需求不足。中低收入群体消费能力不足、消费倾向偏低引起社会总需求不足。由此使经济发展缺乏内生动力，并导致收入差距的不断扩大。坚持民富优先的发展，能带来老百姓收入水平的提高，带来社会消费率的提高。由此能明显拉动国家实力的增长，促进社会和谐发展。民富优先，需要通过民营经济发展解决日益扩大的就业需求，需要通过民营经济发展提高广大劳动者的收入水平，需要通过民营经济发展形成和扩大社会的总需求。

但是，民营经济发展需要政策支持，更需要有一个平等竞争的制度环境。

当务之急是解决民营经济融资难问题。例如，加大政府对民营企业融资的直接政策支持；创新民营企业金融服务制度、融资担保制度、直接融资制度和民间融资制度等。

尽快制定“新 36 条”实施细则。例如：政府尽快制定引导民营资本发展的产业规划和投资目录，以及尽快拟出民营资本进入相关产业的明确时间表；支持鼓励民营企业技术创新与产业升级，引导民营经济投资高新技术和服务贸易新领域；尽快制定《促进民营企业技术创新条例》、《保护民营企业知识产权条例》等法律法规。

相应地，政府推动国有资本尽快从一般性竞争领域中退出。

进入新阶段，面对公共产品短缺的突出矛盾，需要国有资本更多地投入公益性领域，没有必要大量配置在一般性竞争领域，与民争利。

尽快解决国有资本的定位问题，使国有资本在盈利性、公益性之间作出平衡和选择。国有企业不是不要盈利，盈利性是一个企业的基本属性。但对国有企业来说，需要把盈利性建立在公益性的基础上，促进国民福祉的最大化。

国有资本可以通过股份制的形式配置于经济的关键领域和重要行业，起到“四两拨千斤”的杠杆作用，还可通过特许经营等方式配置于重要的经济社会领域。

在推进垄断行业改革上要有明确的目标和时间表，力争“十二五”有重大突破。

明确的目标是垄断行业要成为公共产品或者公益性的大平台并且在“十二五”期间有大的突破。

把打破行政垄断作为“十二五”反垄断的首要任务。关键是打破行政垄断，割断企业和政府之间的特殊利益关系，清理行政保护和行政特权。

在推进垄断行业改革中加快国有经济结构调整。优化国有经济布局和结构，提高国有经济的整体素质和质量，把国有资产更好地集中在关系国家安全和国民经济命脉的重要行业和关键领域，增强国有经济的活力和竞争力，更好地发挥国有经济的主导作用，需要对国有经济实施战略性调整与改组。

改革国有资产监管体制，理顺出资人与监管人角色。加强国有资产监管，规范监管方式，为国有资产“保值增值”奠定坚实的体制基础。

政府转型与公共服务体制建设

“十二五”社会体制改革的主要任务，是加快建立公共服务体制。这既有利于拉动消费，也有利于化解社会矛盾。建立公共服务体制，重要的是确立政府在基本公共服务中的主体地位和主导作用。

首先，应落实各级政府在基本公共服务中的主体责任。

“职能转变”讲了几十年，为什么还尚未真正解决？一个原因就是从中央到地方的公共职责分工体制和与此相关的财力配置问题并没有解决好。

明确划分各级政府基本公共服务的职责。“十二五”使各级政府在基本公共服务供给上职责明晰化、法定化。目前，基本公共服务立法滞后于整个公共服务体制建设。主要表现在立法层次低、各级政府法定责任界定不清楚，在一些比较细的立法中，往往难以体现公共服务供给的公平原则和效率原则。为此，应当尽快提高基本公共服务的立法层次，明确规定基本公共服务的公平原则和效率原则，使政府能够依法实现基本公共服务均等化。

建立基本公共服务的评价体系。要将基本公共服务绩效评估与干部选拔和任用相联系，将基本公共服务指标作为政府绩效评估的重要指标，为建立一个以基本公共服务为核心的政府绩效评估体系奠定坚实的基础。改变干部考核中事实上仍然把 GDP 视为重要的刚性指标、把基本公共服务供给当成软指标、重对上负责而忽视社会成员实际需求的倾向。基本公共服务供给目标应该逐步以结果为导向，而不是仅仅评估基本公共服务人员数量、设施等投入，避免忽视供给结果和质量。

其次，应建立公共服务的多元供给体制。

面对公共产品短缺的现实，迫切需要进一步改革计划经济时代以事业机构为主体、政府包揽所有社会事业的格局，形成多元化的公共服务供给体制。

推进增量改革，实现公共服务的多元化供给。从公共服务领域改革的实践看，如果没有外部的竞争力量，推进传统事业机构的转型与改革会相当困难。因此，要在公共服务领域引入多元的供给主体，以增量改革带动存量改革。从国际经验看，公共产品供给虽有多种模式，在供给方式和参与主体关系上存在差异，但是，要确保供给的有效性，都需要遵循共同的规律。第一，政府在基本公共服务的供给过程中应居主导地位，在“市场失灵”或者“第三方／志愿者失灵”的情况下担负起保障公共服务供给的最终责任。由于存在信息不对称、外部性（市场失灵）和社会公平等问题，单单依靠市场竞争机制无法充分保障公众利益，因此，在公共服务领域，市场和公益机构要一起成长。第二，市场力量、社会力量是公共服务产品供给机制中不可缺少的主体，具有效率较高和形式灵活的优势，能够适应数量庞大和多样化的公共服务需求。第三，根据公共服务供给的具体经济社会环境，形成公共服务供给过程中政府、市场、公众和社会组织之间的合理关系。

探索基本公共服务市场供给的有效模式。仅仅由政府或公益机构作为公共服务供给主体，往往不计成本，并容易形成垄断性，从而丧失对效率、效益的追求。为此，可以通过招标采购、合约出租、特许经营、政府参股等形式，将原由政府承担的部分公共职能交由市场主体行使。可以考虑开放经营性公共服务市场，消除社会资本进入障碍，营造有利于各类投资主体公平、有序竞争的市场环境。这样，不仅可以打破传统公共产品生产模式的垄断状态，缓解基本公共服务供给短缺的状况，而且可以利用对于政府公共财政支持的同类项目的竞争压力，提高基本公共服务供给效率。

建立公益机构与社会组织在基本公共服务供给上的合作伙伴关系。当前，由社会力量举办的慈善总会、基金会、民办非企业机构等各类民间组织，分布在社会的各个行业、各个地区和众多领域，以非营利性为基本特征，以为社会公益事业服务为主要宗旨，在消除贫困、尊老扶幼、帮助下岗职工再就业、环境保护、教育培训和卫生保健等方面做了大量工作。并且，这类社会组织还可以利用其组织形式灵活、多样，活动具有自主性等优势，在某些公益机构难以充分发挥作用的基本公共服务产品供给环节起到重要的作用。因此，需要积极探索政府购买服务的方式，通过税费减免、财政转移支付等多种形式，引导和鼓励民间机构广泛参与基本公共服务，尽快把某些公益性、服务性、社会性的公共服务职能转给具备一定条件的非营利性民间组织。

最后，应探索建立公共服务监管体制。

公共服务监管体制不完善，是影响公共服务供给的重要原因。比如，城乡、地区、不同社会群体公共服务供给存在巨大的差距，但是，现行的监管体制并不对此问责。在计划经济时代社会事业“管办不分”的体制下，公共服务供给如何核算成本、如何评价效率等问题，都难以得到有效解决。包括事业单位拥有大量的国有资产，这些资产配置是否合理、是否有效、是否需要调整等，都需要通过加强监管体制改革才能得到解决。为此，建议在教育部、卫生部等实施大部门体制改革，设置具有独立性、权威性、专业化的公共服务监管委员会，负责设定监管内容、监管程序和监管标准，对各类公共服务提供机构，如医院、学校、基础科研单位等加以监管。与此同时，探索建立基本公共服务的社会监督机制。

政府转型与行政体制改革

“十一五”时期的改革实践表明，如果不把主要目标放在政府转型上，行政体制改革很难有实质性进展。为此，“十二五”要以政府转型为主线推进行政体制改革。

首先，应建立规范的中央与地方公共职责分工体制。

在过去30多年的改革进程中，中央与地方各级政府的公共职责分工并未真正理顺。建立中央与地方规范的职责分工体制，已成为“十二五”建设公共服务型政府的首要任务。

建立中央与地方公共服务分工体制。应当进一步明确中央和地方各级政府的职责范围，使其法定化、可问责。要以立法的形式，将中央和地方政府的权力范围、权力运作方式、利益配置结构、责任和义务等明确下来，逐渐使中央和地方的关系进一步制度化。

探索建立各级政府事权与财力平衡的体制。要按照政府间财政能力均等化的要求，实现由层级财政向辖区财政的转型；以完善政府间转移支付为重点，建立辖区财政能力均等化机制；强化省市两级财政的辖区责任，保证县级财力。

推动行政体制与财政体制的联动改革。行政体制改革不突破，财政体制改革就没有方向。例如，中央地方公共服务分工不清晰，中央地方财力如何配置的问题就没有依据。近年来经常出现的“上级请客、下级埋单”，看似是财政的问题，实质上是行政体制的问题。

其次，推进行政区域体制改革。

“十二五”需要按照城市化和城乡一体化的要求推进行政区域体制改革。

推进财政上的“省直管县”向行政上的“省直管县”过渡。“十一五”时期，适应城乡一体化的趋势，绝大多数省份都实行了财政上的“省直管县”，在强化县级政府公共服务职能上迈出了一大步。“十二五”加快推进行政上的“省直管县”，将为城市化和城乡一体化创造更为有利的条件。

将部分发展条件比较好的中小城市扩大为大中城市。以“长株潭”为例，三市合并成为一个大城市不仅有利于三市经济一体化，还可以带动周边，在湖南形成“3+5”的城市群发展的新格局。从短期看，增设大城市可以形成全国城市群竞相发展的新局面。从中长期看，也可为未来实现行政层级扁平化创造有利条件。

鼓励部分有条件的县改市或改区。“十二五”实行“省直管县”行政体制，并不意味着所有的县都要保留原有建制。应根据城市经济发展的趋势，灵活选择改革模式。对于人口和经济达到一定规模的县，对周边有较大辐射力的县，可以考虑升格为市；对于大中城市周边规模较小、发展基础较为薄弱的县，可以考虑撤县设区并入中心城市。

再次，应继续推进行政体制内三权分设改革。

“十二五”深化大部门体制改革，需要明确以行政体制范围内三权分设为目标。例如，分离决策部门的执行职责；合理划分中央与地方的执行权，建立执行机构；强化监督权，成立独立的监督委员会。应当看到，只是将职能集中在一个大部门是远远不够的。如果没有决策、执行、监督的分权改革，新组建的大部门横向覆盖范围更加广泛，将比以往的“小部门”拥有更大、更集中的权力，也可能产生更为强烈的利益冲动，从而可能使大部门体制产生更大的矛盾。

最后，以政府自身建设与改革为重点完善公共治理结构。

政府公共职责的有效履行，需要建立一个完善的公共治理结构。一方面，正确划分政府与市场、社会的边界，使政府的职能严格限定在市场和社会解决不了的领域，使政府能够集中精力履行公共职责；另一方面，可以有效地培育微观经济主体和社会组织，发挥企业和社会组织各自的比较优势，从而为转变经济发展方式、实现社会和谐创造基础性的制度条件。

发挥社会组织在公共服务与公共治理中的作用。第一，建立健全以利益调节为核心的社会协商对话机制。构建以平等协商为核心的社会对话机制是建设和谐社会的内在要求。作为一种治理形式，社会协商对话制度与和谐社会构建具有天然的亲和性，是以制度化手段调解利益纠纷的管道，能够有效地化解矛盾、维护权利、凝聚共识、实现和谐，形成多元化解决社会矛盾的框架。第二，积极稳妥地发展各类社会组织。要形成均衡的利益表达机制，就必须大力推进社会建设，积极稳妥地发展各类社会组织，并在其基础上形成有效的利益凝聚、诉求表达等机制，并在环境保护、社会救助、公共服务等方面发挥积极的作用。加强相关立法，明确社会组织地位，积极稳妥地推动社会组织发展。以立法的形式，构建政府部门和社会组织之间的战略合作伙伴关系。第三，加快官办社会组织体制改革。实践证明，政府和社会组织职能不分，既不利于政府作用的发挥，也不利于社会组织的发展。社会管理体制改革的目标之一应当是培育独立于政府和企业的民间组织。这就需要稳步推进政社分开，逐步打破官办社会组织的传统体制。政社分开的关键在于各级政府要从部门利益和行业利益中超脱出来，代表整体利益。官办社会组织应尽快摆脱行政依附关系，在机构、财务和人员等方面与政府部门脱钩。政府部门应减少对社会组织的具体干预，在组织管理层的产生、活动内容、资金使用等方面均给予行业协会更大的权限。

建立公共政策制定的社会参与机制。例如，建立完善公示制度，完善社会听证制度，健全公共政策决策咨询制度。

健全公共权力的社会监督机制。建议“十二五”要有所突破：一是尽快建立公务员财产公示制度。建立公务员财产申报、公示程序。采取公务员任前公示，任内日常公示，离任前公示，退休后的延伸公示。建立官方公示网站，所有向上级组织申报的收入和财产，均应通过媒体和网络，向社会公开，并建立规范化的信息反馈和举报制度。二是完善政府财政预算管理制度。重点加强对公共财政的审核、监督，通过人大、媒体、社会舆论实施公共财政的广泛社会监督。

调整收入分配结构　转变经济发展方式

宋晓梧（中国经济体制改革研究会会长）

刚刚结束的中共十七届五中全会提出，“加快转变经济发展方式是中国经济社会领域的一场深刻变革”，其根本出发点和落脚点是“保障和改善民生”。

那么，“十二五”时期“保障和改善民生”的关键环节在哪里？中央提出，要提高居民收入在国民收入中的比重，要提高劳动报酬在初次分配中的比重，而提高这两个比重，必须调整收入分配结构。

收入分配结构存在四大问题

国际经验证明，收入分配结构的理想状态，应是“两头小、中间大”的“橄榄形”。中国收入分配结构存在的基本问题是：极少数群体处于最富有的顶端，中等收入群体过小，低收入或中低收入群体过于庞大。造成这一结构的体制性成因，主要有四个。

1. 政府、企业、个人收入分配结构失衡

政府和企业占有剩余过大，直接挤压了居民收入的增长空间，以至居民收入占国民总收入比重呈连年下降的趋势。数据显示,1996 年至 2007 年，中国居民收入在国民收入分配中的比重从 69.3% 下降到 57.5%，累计下降 11.8 个百分点。

政府收入占比是否过大，是一个富有争议的问题。需要指出的是，由于体制、统计口径和方法等方面的差异，简单的国际比较不一定能真实反映政府收入的实际水平。

自分税制改革以来，政府收入连年大幅高于居民收入增长，这种增长有一定的必要性，但过快、持续、大幅增长也会对社会其他部门的收入造成挤压。更重要的是，政府收入的国际比较应该与支出的比较相联系，中国政府支出结构中经济建设比重过大，有关社会保障与福利相关的公共产品和服务比重过小。在这种情况下，简单的国际比较无法对政府收入水平的合理性作出判断。

同时，企业收入的增长也明显快于居民收入的增长。资料显示，1997 年以来，企业可支配收入占国民可支配收入的比例已经从 13% 升至 22.5%（2007 年），与此相对应的是，企业储蓄占 GDP 的比例也处于全球高水平。这也是长期以来经济增长过于依赖投资、投资增长大幅超过消费增长的根源。特别是国有垄断企业，长期廉价使用公共资源，通过垄断价格转嫁经营成本，是企业利润猛增的重要原因。

2. 劳动报酬占比低

资本与劳动关系失衡，进一步挤压了中低收入群体的收入。今年“两会”期间，全国总工会代表在政协大会发言中指出，1997 年到 2007 年，劳动报酬占 GDP 的比重已经从 53.4% 下降至 39.7%，而同期企业盈余则从 21.23% 升至 31.29%。

对此有学者认为，由于统计口径的调整，2004 年以后个体经济业主收入从劳动收入转为营业盈余，所以，现在劳动收入占 GDP 的比重被低估了。

但是这不能解释 2004 年以前劳动收入持续下降的情况，也不能解释 2004 年之后劳动收入仍无明显回升的情况，更不能解释职工工资总额占 GDP 比重持续下降的事实。

1980年以来，职工工资总额占比已经从17%下降至11%左右。此外，如果考虑到工资结构性变化，普通劳动者的收入占比会下降得更严重。一是1998年以来机关事业单位多次增加工资，特别是国有行政性垄断行业职工工资增长过快，行业平均工资差距从2倍左右扩大到6倍以上；二是目前企业经营职位和一般职位之间的收入差距普遍在20倍以上；三是20世纪90年代初企业职工基本不缴纳社会保障费，而目前企业工资总额中包含了约占基本工资10%的养老、医疗、失业保险费。四是20世纪90年代以前企业普通职工还基本以城市居民为主，而目前农民工基本成为企业普通职工的主要构成，不仅工资低，而且存在严重的社会保障和福利缺失。尤其在一些地方，农民工的工资曾出现过十几年不增长的局面。

不少学者并不否认劳动报酬下降的事实，但认为这是中国劳动力市场总量长期供大于求的结果。在所谓“刘易斯拐点”到来之前，这种情况是必然的，也是合理的。这种观点虽然能够从不少发展中国家的数据分析中得到支持，但并不能证明劳动价格就应该被过分压低。

日本战后工业化快速推进时期，1955年到1985年，人均国民收入从约220美元提高到10950美元，期间劳动报酬占GDP比重反而上升了13.6个百分点，达到54.3%。即便是美国19世纪末至20世纪初的工业化高峰时期，大量劳动力从农业部门向非农业部门转移，劳动报酬比重达历史最低点的1915年也在55%左右。

此外，在工业化、城市化快速发展时期，韩国、中国台湾地区以及北欧国家，都可以提供劳动报酬改善、基尼系数控制较好的经验。我们为什么不学学这些经验？何况我们的城乡二元行政性分割体制、政府主导劳动力市场转型、市场化利益博弈机制缺失等特征，“刘易斯拐点”理论没有涉及。分析中国的收入分配问题，还要立足国情实际。

3. 收入差距过大与分配不公

按国际上通常衡量收入差距的标准，中国基尼系数在2000年就超过了0.40的警戒线，目前已经达到了0.47。相对于改革开放前平均主义分配体制而言，30多年来居民收入分配差距拉开有合理的一面，但不可否认的是，在几乎不到一代人的时间内迅速形成过高的基尼系数，相当程度上突出了收入分配的公平问题。

首先是垄断行业与竞争性行业之间的收入差距过大。根据 2009 年国家统计局公布的数据，中国证券业的工资水平比职工平均工资高 6 倍左右，收入最高和最低行业的差距达 11 倍。根据人力资源和社会保障部国际劳工保障研究所提供的资料，2006 年到 2007 年最高和最低行业工资差距，日本、英国、法国约为 1.6~2 倍，德国、加拿大、美国、韩国在 2.3~3 倍之间。可见，我国巨大的行业收入差距并非市场竞争的结果，主要是由于市场准入方面的行政性限制带来的。

其次是由于户籍制度的限制，城乡劳动力市场存在一定的体制性歧视，农民工工资被长期过分压低。如果按现代市场经济办事，反对就业歧视，实行同工同酬，上亿农民工每年可多得 3000 亿至 5000 亿元。同时，如果没有体制性分割和歧视，城乡差距也不会有现在这样大。

日本的经验提供了一个较好的例证，1955 年到 1975 年，日本平均每年有 72.5 万农业劳动力转移到城市，由于劳动力转移过程中提供了较好的制度性安排，如农民迁出农村后 14 天之内凭“誉本”就可到所迁移地政府登记，学龄子女在 3 天内就可安排当地入学，日本在 20 年之内就完成了农业劳动力的转移。中国经过 30 多年的经济起飞，农民工问题依然突出，并且已经延伸到“第二代农民工”，关键在于户籍制度及有关公共服务体系的行政分割。

4. 再分配调节不力

再分配调节不力，甚至存在逆调节，进一步扩大了收入差距。逆向调节在计划经济时代就存在，主要表现在城乡“剪刀差”和按身份等级享有公共福利方面。改革开放后人为的城乡“剪刀差”被市场化取代了，但原来体制中的“逆向调节”并没有根除，在某些方面还更严重。

目前存在的“逆向调节”则主要表现在税收、公共福利与公共资源的占用领域，社会焦点越来越集中于教育、医疗、住房以及社会保障。虽然近年来政府一直在努力改善，但以身份、等级、体制差别为特征的“逆向调节”依然存在。尤其是近年来房价暴涨的形势下，住宅公共政策的缺失，一方面使得少数群体迅速“暴富”，另一方面使大部分群体基本居住权受到威胁。

总体上说，国民收入初次分配的失衡与再分配调节不力，是居民收入差距不断拉大的主要原因。市场化的因素也会形成收入差距，社会可以通过完善的再分配体系加以有效调节。同时市场要素的自由流动可以使不同群体间的收入差距表现出动态特征，公平的竞争机制使得通过个人努力实现“贫富”转换的机会还是普遍存在的。在这个意义上，市场化一般不会直接导致收入差距的阶层“固化”，但是如果初次分配秩序不健全，再分配调节失衡，收入差距的阶层“固化”就会成为现实，这会对社会的效率与公平、和谐与稳定构成严重威胁。

政府应当干预一次分配

中央政府已经明确提出，要提高劳动报酬在一次分配中的比重。怎么提高这个比重？有些地方提出，企业必须给职工增长工资；有的提出，必须不低于企业的利润增长幅度，或者不低于当地 GDP 的增长幅度等行政办法或措施。但是，更多学者认为加大政府对企业工资增长的行政干预副作用很大，认为一次分配应该交由市场解决，政府主要在二次分配做文章。

还有一些专家学者认为，中国劳动力长期供大于求，城乡劳动力又处于分隔状态。在“刘易斯拐点”没到来之前，劳动报酬低是市场供求决定的，除非政府用行政手段干预，否则，这样的情况在中国是一种客观存在。政府所能做的就是着力于二次分配，通过加大社会保障体系建设、税收调节来解决收入分配问题。

我认为，不能只从劳动力供求数量来分析中国的收入分配问题，而忽视中国劳动力市场的体制特点——劳动力资源正处在政府统一配置向市场配置的转型期。应该把当前中国劳动力市场的体制特点与数量特点统筹分析，才能更好地探讨工资报酬问题。由此不难发现，出现劳动报酬被过分压低的情况，很大程度上是因为劳动力资源配置方式转型不到位，市场机制没有充分发挥作用的结果。在初次分配上至少有以下四个问题：农民工的工资被长期压低、行业收入差距过大、工资集体谈判机制不健全、规范初次分配的法律法规落实不到位。

因此，政府应当干预一次分配，但不是用行政手段直接干预企业内部用人自主权和工资增长自主权，而是要在完善社会主义市场经济体制上下工夫。例如，加快城乡统一劳动力市场的建设，加大行政性垄断行业的改革，健全集体谈判机制，完善规范劳动力市场运行的法律法规，并严格执行，充分发挥市场配置劳动力资源的基础性作用。

“十二五”时期五项改革要点

稳妥推进收入分配体制改革，形成完善的社会分配调节机制，“十二五”时期应将以下几个环节作为改革的“抓手”。

1. 深化财税体制改革

重点是调整国家、企业和个人的收入分配关系，切实扭转初次分配中财政收入增长、资本所得过高、劳动报酬下降的趋势，逐步提高劳动报酬在初次分配中的比重。

一是调整和完善促进社会公平的税收制度。例如，完善个人所得税制，将单一的分类税制改为综合与分类相结合的个人所得税制；完善资源税征收，在开征资源税已经起步的条件下，逐步改“从量征收”为“从价征收”；探索建立赠与税、财产税、遗产税以及社会保障税等。

二是加快税费结构的调整，规范征收秩序。应根据实际情况将大量行政性收费削减、合并、转为税收，大规模降低非税收入的比重。另外，应积极创造条件推进房产税。

三是完善国有资本预算，规范国有企业分红。应按照同股同权原则，规范国有企业特别是行政性垄断国企的利润分配。国有资本红利可用来补充社会保障资金，或作为再分配基金，用于扩大居民消费。

四是完善公共财政，把提高社会公共服务和福利水平作为政府的主要职能，加快推进建设型政府向服务型政府转变。政府公共支出应进一步压缩经营性和建设性投资，更多地增加包括教育、医疗、社会保障，城市低收入居民住房补贴等社会公共支出。

2. 推进基本公共服务均等化

改变目前存在的公共服务领域不平等或不公平现状，克服社会成员因身份、地位、等级等方面的差别，而享有公共服务的差别。在教育、医疗、社会保障、就业和收入分配等方面取得突破性进展，“努力使全体人民学有所教、劳有所得、病有所医、老有所养、住有所居，推动建设和谐社会。”

3. 尽快让农民工市民化

应尽快废除基于户籍管理的身份歧视，并根据基本公共服务均等化进程，形成和完善与城市化发展相协调的制度安排。我们认为，从“十二五”起步，加大户籍制度以及社会保障等公共服务体系的改革力度，2020 年应该基本完成农民工市民化的进程。否则，将会严重影响建设全面小康社会的目标实现。

4. 完善工资集体协商机制

完善工资集体协商机制首先涉及工会职能的转变。要进一步提高工会在代表职工利益方面的相对独立性。工会应改变实际上作为企业职能部门的“附属”地位，改变工会领导人的产生办法，明确在集体谈判中工会与“资方”的平等地位和权利，使工会名副其实地成为维护劳动者利益的组织。

其次是发挥雇主组织的作用。鉴于劳动力跨企业、跨行业流动的特点，为了避免恶性竞争，雇主需要协调行业内的工资福利水平，并进而协调不同行业的工资福利水平。这就需要建立跨行业、跨地区的处理劳工关系的雇主组织。

要进一步完善收入分配方面的法律法规和执行机制，严格执行已有的劳动法律法规，并根据实践逐步完善相关法律，完善劳动仲裁和法律援助机制，为劳动者获得合法收入提供法律保障。

5. 加强对权力部门的制约与监督

目前，收入分配制度改革的一个重要方面是加强对权力的监督与制约。没有这种有效监督与制约，分配制度的改革就难以推进，甚至发生扭曲。

对权力运行加以有效监督与制约，首先要建立、完善并落实规范收入分配的基础制度，如收入申报、财产登记、储蓄实名制度等。

其次要在权力运行中贯彻法治原则，尤其要强化对掌握资源配置权力的政府部门的法律约束。

再次要坚持行政公开，“透明”行政，避免“暗箱”操作。定期发布与公众利益密切相关的信息，完善公共决策听证制度，加强人民代表大会的经常性听证，克服部门主导听证的形式主义弊端。

最后要完善政府行政的横向监督机制，避免政府层级之间因信息不对称而产生弊端。这方面不仅要加强权力机关、行政监察机关、司法机关等专门机关的职能监督，而且要形成包括群众组织、新闻媒体以及公民个人监督在内的广泛社会监督机制。

30 多年来经济的高速增长，伴随着社会结构的巨大变迁。相对以往较为简单的利益结构而言，目前的利益多元化与社会分层情况要复杂得多，各种层面的利益博弈日趋明显。

在新的形势下，以往习惯运用的自上而下的行政性动员和协调方式，已经明显表现出多方面的不适应。社会急需建立和完善与利益博弈相关的公平规则和机制，防止强势利益集团“强者通吃”局面的发生。

在关系收入分配等社会公共利益的大事面前，无论是政策的出台还是推进改革，都应尽可能增加公开性与透明度，坚持广泛的社会参与。

进一步改革财政体制的基本思路

刘尚希（财政部财政科学研究所副所长）

现行财政体制的历史进步性是不言而喻的。它奠定了中央与省级政府之间的分税制基本框架，在促进经济增长、推动全国统一市场的形成、增强中央政府的政治控制力、协调区域发展等方面至今仍发挥着有效的作用。但随着改革发展进入一个新阶段，现行体制也显现出诸多不适应之处，尤其是对科学发展产生了诸多的制约性影响，迫切需要进一步改革。

但是，对于到底怎么改，并未达成共识。中共十七大提出了基本方向：按照“财力与事权相匹配”原则完善财政体制，尤其是省以下财政体制，而具体的路径则还需要进一步探索。

五大特征

1. 事权划分以纵向为主：上级决策，下级执行

对事权划分的通常理解，是政府各项职能在各级政府之间进行界定，例如国防、外交、社会治安、教育、卫生、社会保障等各项事权在不同层级的政府之间作出明确界定。实际上，事权划分还有一种，那就是针对事权构成要素的划分。每项事权由决策权、执行权、监督权与支出责任等要

素构成，针对这些构成要素在各级政府之间进行界定。这两种事权划分结合到一起，就构成了一个矩阵。

西方国家的事权划分以横向为主，而中国的事权划分以纵向为主，几乎所有事权的决策都在中央政府，而地方政府主要是执行中央的各项决策。相比于西方很多国家的“横向”事权划分，中国的各级政府间事权划分具有明显的“纵向”特征。

理解这一点，要从中国与西方国家不同的政体说起。在西方国家，中央政府以下的各级政府都拥有很大的自治权，选民投票决定地方行政长官是普遍做法，但中央政府以下的各级政府，其功能相对弱小，基层政府的架构简单，其行政长官甚至可以由志愿者“业余兼职”，由此形成了“大的中央政府、小的地方政府”的行政管理格局。而中国的情况恰恰相反，地方各级政府都没有自治权，地方各级行政长官在考虑民意的基础上由上级任命，但整个政府职能的履行却离不开地方政府，也可以说，在“小的中央政府，大的地方政府”的行政格局下，中央政府更像是一个司令部，各项决策指令的执行要靠地方政府。就此而言，中国中央政府对地方政府的依赖程度很大，而西方中央政府的独立性却很强，很多事权从决策到执行都是中央政府一手操办，无须地方政府插手。

在这样的行政格局下，中国的事权划分，要像西方国家一样主要实行横向的事权划分，就十分困难。这也就是为什么我们探索了多年的事权划分而难以有进展的原因。学术界对事权的讨论，基本上是以西方国家的做法为标准，强调横向的事权划分，这自然与中国国情格格不入。除非“做大”中国中央政府，使中央政府有能力从决策到执行来履行其界定的事权。否则，中国的事权划分就只能主要以纵向划分为主，而横向的事权划分主要体现为共担的特点。这在下面将进一步分析。

上述政府事权划分矩阵实际上还告诉我们，从横向划分的角度来看，中国的权力集中程度很高，几乎各项事权都由中央政府作出决策，地方政府主要是执行；但从纵向划分的角度来考察，中国的分权程度又很高，每一项事权的履行几乎都离不开地方政府。而西方国家相反，从横向划分的角度看，分权程度很高，一些事权的履行完全是由地方政府进行，居民的参与度很高；但从纵向划分的角度来看，西方国家的集权程度很高，中央政府的独立性很强，凡中央政府的事权都是中央政府说了算，从决策到执行都与地方政府无关。这种集权从财政上早就反映出来了，西方国家中央政府财政规模都是占绝对优势。

2. 事权共担

基于中国纵向事权划分的特点，下级政府的事权往往取决于上级政府。通俗地说，下级政府干什么，要由上级政府来安排。而事权与财权又是两条线，下级政府经常没有足够的财力来履行某一项事权。这样一来，某一项事权的履行都是各级政府共担的，往往是中央、省、市、县、乡共同出力，负有共同责任。

由于事权划分以纵向为主，所以从横向来看，各项事权几乎都是由多级政府共担的。一方面，“干什么”都是中央政府作出决策，如新农村建设、医疗卫生改革、义务教育的推行等，各级政府共同推动，下级政府在上级政府的领导下来履行各项事权。某一项事权履行情况如何，各级政府都负有责任。例如安全生产这项事权，一旦履行不到位，出现重大事故，往往是从省一级到乡镇一级，都逃脱不了相应的责罚。

另一方面，“干什么”所需的钱，也都是由中央政府安排，中央政府通过转移支付安排一点，省财政拿一点，市县乡镇也各出一点，这几个一点，形成了“几家共同抬”的特色，共担事权，共同出力，共同落实。

学界常常以西方的标准来评判这种事权共担的机制，认为事权划分不清，责任不明。这也通常被认为是现行财政体制存在的重大问题，属于要改革的对象。其实，事权共担是中国改革、发展背景下的一种有效的事权履行方式，有很强的动员能力，可以集中力量办大事，解决中国改革发展中的突出问题和矛盾。尤其在公共服务的提供上，中国人口众多，地区差距大，任何一项事权仅仅交给某一级政府来承担，都是不现实的。很清楚，在现阶段，要按照西方国家那种横向的事权划分模式来改革中国的事权划分，是无法实现的。事权共担，是中国现行政治架构下一种有效的事权履行方式，也是经济、社会发展现阶段只能采取的方式。

3. 事权、财权和财力三要素组合不确定

政府间财政关系涉及方方面面，但归结起来，主要是三要素：事权（支出责任）、财权、财力，各种不同类型的体制都是这三要素不同的组合而形成的。一般而言，事权、财权、财力三要素达到匹配，才能使一级政府运转正常。但在不同的情况下，其匹配方式是不同的。相对于事权，财权和财力都是手段，是为履行特定事权服务的。只要财力，或者财权与事权相匹配即可，不要求三要素一一匹配。

分税制改革，主要是调整各级政府之间的财权，并遵循"财权与事权相匹配"的原则，而事权划分依然是纵向的。十多年来，财权是基本锁定的，调整变化不大，可视为一个不变量，而事权、财力则成为两大变量，如各部门出台政策，下级政府必须执行的事权增加，财力亦可以非规范地分配（如大量的专项）。在这种状态下，可以说，省以下各级政府的支出责任、财力是不确定的。在加快改革与发展的这个特定历史阶段，某一级政府的事权、财力的不确定性程度相当大，而且，政府层级越是往下，其不确定性程度就越大。2005 年之前县乡财政普遍陷入困境，即是这种不确定性分布带来的一种结果。

分税制财政体制三要素匹配的不确定性，构成现行政府间财政关系的一个重要特点。

4. 非对称性分权

非对称性分权是从政府收入与支出角度而言的，主要是指收入倾向集权，支出倾向分权。1994 年分税制改革以后，中国政府间财政关系呈现出非对称性分权的典型特征。分税制改革前，全国财政收入纵向分散，中央财政收入不能满足其承担的开支，也导致中央政府缺乏宏观干预能力。分税制改革后，中央与地方政府的财政收支状况与分税制前对比变化呈"反向剪刀状"，地方政府财政收入占全国财政收入比例降低，财力上移，但其财政支出占全国财政总支出比例不断增大，由此形成地方收入与地方支出的不对称。

应该说，这种非对称性分权是与中国国情（行政体制、区域差距、人口大国、还不发达等）相适应的。中央政府只有掌握相当多的财力，才能有效地进行宏观管理，并对地方政府行为进行引导和制约。我们把视野扩大到全球范围来看，这种非对称性分权是普遍现象，发达国家都不例外。尽管其原因不尽相同，但保持中央政府的政治控制力是世界各国的共同目标。

5. 以收入流量为基础

现行分税制财政体制是建立在税收收入流量基础之上的，即依据各个税种所能产生的税收收入流量，在中央与地方及其地方各级政府之间进行财权划分。凡是收入流量大的税种，一般划归上级政府，凡是收入流量小的税种，一般划归下级政府。

这种以收入流量为基础的政府间财政关系，一方面有利于激励各级政府发展经济，开发财源，但另一方面，由于各种公共资源的收益在体制之外，也诱导各级政府借助于分级管理的公共资源来增加可支配财力。各种存量资源、资产成为各级政府实现财政目标的重要途径和手段。当属于公共产权的各种公共资源和国有资产实行分级管理、事实上分级所有的条件下，就为各级政府提供了巨大的财政空间。例如，社会上热议的“土地财政”，就是地方政府充分利用土地这种公共资源不在财政体制内而形成的。大力发展房地产业，为地方政府既能直接带来大量的土地收入，同时又可以间接地扩大地方的税源，增加地方税收收入。土地收入在地方可支配的财力中已经占据半壁江山，而在地方税收收入中，与土地资源开发利用相关的税收一般占到 40% 左右。同时，又以土地收益权为质押，滚动扩大地方政府融资，成倍地放大了地方政府可支配的财力。土地资源成为地方政府实现经济目标、财政目标的最重要手段。

问题所在

随着经济、社会条件的变化，现行财政体制也渐渐暴露出不少问题。而这些问题基本上都是原体制设计缺陷所造成的。其设计缺陷归结为一点，就是把“财权与事权相匹配”扩大化。过分追求“每一级”政府实现“财权与事权相匹配”，是导致下列问题的根源。

1. 财力与事权（支出责任）不匹配，基层财政一度陷入困境

分税制是临摹西方的产物，试图构建财政分权的框架，以分税为基础的财权划分就成为体制的核心。分税制财政体制通过划分税种，重新界定财权，通过转移支付制度重新配置财力。省以下普遍模仿中央与省一级的财政关系，上级政府将有增长潜力的税种划分为本级，同时为减轻支出压力将一些支出责任下移。一些穷的地方，工业基础薄弱的农业地区，即使赋予其一定财权，政府也难为“无米之炊”，税源单薄，无法组织到与事权相匹配的财力。在这种情况下，即使是做到了财权与事权相匹配，也会出现财力与事权不匹配的结局，使一级政府难以正常运转。

在相当长一段时间，面对县乡财政陷入困境，我们寻找的“处方”是财权与事权相匹配，结果事与愿违，反而加剧了县乡财政困难。直到2007年，决策层才意识到这个问题，并正式提出按照“财力与事权相匹配”的原则来完善财政体制。自此之后，基层财政困难才得以明显缓解。

但要从根本上解决县乡财政的困难，“财力与事权相匹配”只是一个方向，如何构建一种使各级政府财力与事权实现动态匹配的机制，这才是问题的关键。这是下一步财政体制改革的根本问题。只有在这个问题上有所突破，才能矫正原体制设计的内在缺陷。

2. 各级政府财政行为“层级化”

这是强调“财权与事权相匹配”自然的逻辑延伸，也是原体制设计的内在缺陷导致的。这种财政行为的“层级化”集中体现在如下三个方面：以本级财政利益为中心、以本级财政预算平衡为目标、以“本级经济”为基础，也就是“分级吃饭”。

“分级吃饭”使各级政府高度关注发展本级财源或税源，哪一级财政困难，就强调发展那一级经济。与“分灶吃饭”相比，改变了的只是其方式：财源建设的方式变了（从通过发展本级企业来壮大本级财源，变为通过发

展与本级税种密切关联的行业来壮大本级财源），分钱的方式变了（从通过划分企业来分钱变为通过划分税种来分钱），其结果也变了（从中央财政困难变成了基层财政困难）。

现在，“层级财政”的这种负面效用越来越明显。一方面，全面短缺变为相对过剩，资源、环境和生态的压力不断增大；而另一方面，“分级吃饭”要求各级政府必须自己找饭吃，围绕本级财政增收而开发、发展的压力依然很大。这将会导致什么样的后果？层层政府过于注重本级财政，下级财政的境况将会如何？其答案是不言而喻的。生态、环境危机以及县乡财政的普遍困难与此有内在关联。追求各级政府财权与事权的匹配，必然是从中央到乡镇，迫使每一级政府都以经济增长——当然是有利于本级财政增收的经济增长——为中心，从而加剧了资源配置的扭曲和资源、环境的破坏，而且使不具备开发条件的地方陷入了“越穷越开发，越开发越穷”的恶性循环之中。

3. 地方政府财政风险扩散

由于财力与事权不匹配，而履行事权又以各级政府的政治任务形式存在的情形下，地方各级政府别无选择，只能是千方百计找钱。一是扩大非税收入，二是债务融资。在各种行政事业性收费空间越来越小的情况下，出售公共资源以及用地方政府实际上所控制的资源来进行各种形式的债务融资，就成为地方政府的主要手段。地方政府进行债务融资，除了财政上的原因，追求政绩是主要的动因。但财力与事权不匹配的情形在边际意义上加大了地方政府债务融资的压力。显然，这会使地方财政风险扩散。

税制设立中央税、地方税和共享税，建立了一个利益共享的机制。虽然中央政府在利益共享机制中具有更大的发言权，完全控制了税权，而且也集中了超过50%的全国财政收入，但地方政府实际上仍具有很大的财政自主权。没有税权，但地方可以“自赋”收费权；没有发债权，但可以以土地等公共资源为杠杆进行债务融资；缺少发言权，但可以用地方公共风险来增加讨价还价的筹码。一方面看，在利益分配中，中央占有优势；但从另一个方面来看，在风险分配中，地方占有优势。下一级政府总是可以利用各种风险事件来巧妙地把风险转移给上一级政府。当下一级财政濒临破产的时候，上一级财政不可能袖手旁观，置之不理。在风险责任不明晰，且没有建立分担机制的情况下，上一级财政往往承担了风险事件的全部风险。既然上一级财政不可能不最后兜底，那么，下一级财政就可以无视风险的存在，大肆从事各种"准财政"活动，以谋求政府任期内的各种政绩。

因此，在既无风险分担机制，又没有健全的监控手段条件下，势必会引发普遍的道德风险，导致地方各种债务增加，从而恶化整个财政风险状况。

在现行行政体制下，下级政府的一切债务实质上都是上级政府的"或有债务"，上级政府承担着替下级政府最后清偿债务的潜在义务，而1994年的分税制改革仅仅解决了一个利益的分配问题，而风险分担还未纳入到财政体制中来。

4. 城乡、区域间基本公共服务差距扩大

从现实情况来看，中国城乡、区域间基本公共服务不均等的问题较为严重，各地基本公共服务水平差距很大，并呈现扩大的情势。公共服务的差距在当前反映为不同区域、城乡民生的差距，从长期来看，将会演变为各区域、城乡老百姓能力上的差距，其引致的公共风险将会扩散到经济、社会领域。这种情形已经在现实生活中显现出来。

城乡、区域间基本公共服务差距扩大固然与各地的经济发展快慢有关，但这不应成为我们听任这种差距扩大的理由。因为影响公共服务供应的既有经济因素，也有制度因素，而前者仅仅是一个方面而已。公共服务的供应主体是政府，基本公共服务区域、城乡差距也主要与政府相关，与市场的联系是间接的。作为一个发展中大国，中国城乡、区域间基本公共服务差距与财政体制有内在联系。

表面上看，区域间基本公共服务差距直接源于经济发展差距，但透过现象层面观察，实质上是各区域地方政府，尤其是面向农村的基层政府，其财力与事权不匹配所致。提供公共服务是各区域地方政府的基本事权，如果财力得不到相应的保障，那么，公共服务的供应就会大受影响。当分税制财政体制强调以"财权与事权相匹配"为原则来实施时，对于那些工业化水平低，财源、税源单薄的地方来说，就无法筹集到足够的财力来提供公共服务。基本公共服务差距大，与财政体制设计上的内在缺陷紧密地联系在一起。也可以说，正是现行财政体制的这种缺陷，才导致了区域间基本公共服务差距不断扩大。

求解之路

财政体制没有现成的或固定不变的模式可以照搬，需要依据一个国家的具体国情和发展阶段来探索。

1. 减少事权、财权和财力组合的不确定性程度

对每一级政府而言，最重要的不是这体制三要素（事权、财权和财力）形成固定的组合，而是这些要素的组合是否能够形成动态匹配。如果财力和事权都毫无关联地处于高度不确定性状态，则政府的行为预期就不能稳定。

就现实情况来看，三要素组合匹配不确定的原因主要在于：一是事权的确定主要是由财政之外的因素决定的，主要与政府及其各个部门的政策目标和任务相关。二是财权的划分，或者财权的变化基本上是由财政部门依据一定时期各地区经济、社会发展状况和中央政府的目标来进行配置的。三是财力的不确定性是由于财权设置变化和上级政府转移支付政策的变化而引致的。四是事权、财权和财力如何组合匹配取决于政策目标的要求、任务的性质以及政府各部门之间的协调性，而其中的不确定性是不言而喻的。

要减少各级政府三要素组合匹配的不确定性，关键是中央各部门之间要进行有效协调，事权的变化、财权的调整和财力分配，要相互动态跟进，彼此匹配，不可单方面独立地擅自调整。中国的现状是，越是往下，体制三要素的组合就越是不确定，或者说，确定性程度越低；相反，越是往上，三要素组合的确定性程度就越高。这主要是因为，越是往下，来自上级政府各部门的影响就越大，而且这些影响往往“叠加”在一起。例如，对于

县级政府来说，中央、省和市的任何一个政府部门都可以出台各种政策，要求县一级政府执行。政府层级越低，政策“叠加”的次数就越多，其不确定性影响就越大，其事权、财权与财力组合的不确定性程度就越高。这对主要负责提供基本公共服务的基层政府来说，无疑带来了很大的不确定性。

一般地说，体制三要素的组合具有不确定性是存在的，任何国家也不例外，其区别只在于不确定性程度的大小。在中国各项改革不断推进，市场与政府的关系认识模糊的情况下，这种组合的不确定性程度自然要大很多。例如，为减轻农民负担而进行的农村税费改革、新农村建设背景下的农村综合改革，都给各级政府的事权、财权和财力组合带来了大小不一的不确定性影响，尤其是给县乡政府带来的不确定性影响是最大的。

尽管中央在财力方面采取了多方面的跟进措施，如建立农村税费改革转移支付，但基层政府的事权、财权和财力组合仍是处于高度不确定性状态，只是在提出“财力与事权相匹配”这个原则，并对省市政府财力下移提出了明确要求之后，基层政府的财政状况才得到明显缓解。

显然，在经济、社会、政治各方面都进行变革的历史时期，要降低各级政府事权、财权与财力这体制三要素组合的不确定性程度，从而提高体制运行的有效性，可以考虑主要在如下方面进行改革。

一是政府各个部门提出的需要各级政府共担的新事权（支出责任），在出台之前应与可下移的财力挂钩，尽可能减少“上级请客，下级埋单”的现象。这就需要政府部门之间建立一种协调机制，尤其是拥有事权调整权力的非财政部门和拥有财权、财力调整权力的财政部门之间，建立中短期的动态协调机制是必不可少的。从长期来看，建立大部门体制，有助于减少财政体制三要素组合的不确定性程度，对基层政府来说尤其如此。

二是面对中央提出的各项重大决策部署，各级政府承担的事权和相应的支出责任势必发生大的变化。在这种情况下，必须要求各级政府，主要是中央、省、市政府，承担起“财力与事权相匹配”的辖区财政责任。在财权难以进行大调整的条件下，加大财力跟进的动态调整力度，尽可能使地方基层政府有相应的财力去履行其事权。这一点将会在后面作进一步的分析。

2. 依据中国的现实情况，改革政府间事权的划分方式

不少学者建议采取西方发达国家的“横向”事权划分方式来逐步厘清各级政府的事权。依据前面的分析，从中国现实来看，模仿西方之路是走不通的。这是由中国的政治架构决定的。地方政府“干什么”，来自中央的决策和部署，上下级政府关系中蕴涵着明显的委托—代理关系。如果按照横向事权划分方法，不可能改变“共担事权”这个基本特征，其结果还是不能划分清楚，无助于消除政府间财政关系的不确定性。

因此，应从政府间“委托—代理”关系这个现实出发，对事权进行纵向划分。所谓纵向划分，就是将事权划分为：决策权、执行权、监督权和支出责任，并分权到不同层级的政府。这样，不同层级政府就需要履行相应的决策责任、执行责任、监督责任以及支出责任。在现行制度框架下，公共事务决策主要在中央，对地方来说，最重要的是明确执行成本和支出责任。

在这里，财力与事权相匹配，实际上也就是将财力在政府间的分配与一项事权执行成本的分摊结合起来。哪一级政府执行责任大，执行成本高，给那一级的财力就多。在明确事权执行责任和执行成本的基础上，明确相应的支出责任。

3. 建立辖区财政责任机制

为了防止省以下各级政府的“层级化”行为倾向，只顾本级过日子，应建立有效的辖区财政责任机制，这应成为省以下财政体制改革的核心。其内容包括：

一是明确辖区内的横向财政能力平衡的责任。中国人多地广，一个省所辖区域的人口、面积多数超过欧洲的一个国家规模，省域范围内发展不平衡成为普遍现象，无论发达地区，还是落后地区，莫不如此。如何保障省域范围内横向财政能力基本平衡，就成为整个政府间财政关系中具有承上启下功能的关键环节，也是实现全国基本公共服务均等化的基础。在既定的中央与省的财政体制框架下，省一级政府对其辖区内的横向财政平衡应首先负责，保证省域范围内的各地区之间具有大体相同的财政能力和基

本公共服务。如果省财政的能力确实不够，难以承担省域范围内的平衡责任，再由中央财政给予相应财力。但在责任顺序上不能颠倒，辖区范围的最高政府承担第一责任，超出辖区的更高一级政府承担第二责任。以此类推，对于市域范围来说，市级政府承担所辖区域内各县级财政能力平衡的第一责任，省级政府承担第二责任。

现在的做法把责任顺序颠倒过来了，让中央政府首先负责。中央政府的责任主要是全国各省际之间的横向财政能力平衡，而不应一竿子插到底，去承担省域范围，甚至是市域范围内的横向财政平衡责任，更不应该直接针对县一级进行横向的财政能力平衡。如果这样做，将会造成两个后果：淡化省一级政府责任；同时导致中央政府集权强化。中央“越级”管得越来越多，越来越细，势必超出中央的管理能力，最后导致管理失效。

二是明确辖区内的纵向财政能力平衡的责任。也就是说，不能只顾本级政府财政能过日子，还要保障辖区内下级政府财政能过日子。例如，在省域范围内，应做到省、市、县、乡镇四级政府财政都能实现财力与其应承担的事权相匹配。在市域范围内，那就是做到市、县、乡镇三级政府财政之间的财力与事权相匹配。这种纵向平衡的财政责任应当是除了乡镇政府的各级政府承担，不同的是承担的责任大小不同。层级越高的政府，其责任自然就越大。省一级政府的纵向财政平衡责任就应当比市一级政府的责任更大。如果每一级政府的纵向财政平衡的责任能够到位，那么，每一级政府就只要下管一级，就可以实现全国纵向的财政平衡。

三是无论是横向，还是纵向的财政平衡，其衡量标准都是一样的：财力与事权相匹配。横向来看，就是各个相同层级政府之间都做到财力与事权相匹配，例如市与市之间（省域辖区责任）、县与县之间（市域辖区责任）、乡镇与乡镇之间（县域辖区责任）比较，其财力都应能满足其履行事权的需要。纵向来看，就是每一个层级的政府财政都实现了财力与其事权相匹配。如果纵横都实现了财力与事权相匹配，也就可以说，实现了辖区内的横向和纵向财政能力平衡。

建立辖区财政责任机制的实质，是让每一级政府的权力与责任对称。在行政管理实行委托代理和下级服从上级的条件下，一级政府既然有下派事权和上移财权的权力，那么，也应有其对称的责任：财力下移，以使其辖区范围内纵向的各级政府和横向的各区域政府都能实现财力与事权的匹配。

建立辖区财政责任制度，加强各级地方政府的辖区内公共责任考核，有利于克服现行财政体制下的各级政府财政行为的“层级化”——关注本级财政，而忽视辖区财政。这样，就可以调动各级政府发挥两个积极性：平衡本级财政的积极性、平衡辖区财政的积极性。

4. 合理配置各级政府的财权

在这里，政府的财权是指各级政府的自主收入权，形成各级政府财政自有收入，这包括税权、费权和产权在政府间的分割。要提高各级政府的财政努力程度，财权的合理配置是一个前提条件。

首先，各级政府之间的财权，不是机械地按照“财权与事权相匹配”配置，而是首先要服从政治目标，即与国家的政治控制力要求相匹配。只有这样，才能保证政治稳定、国家安定。这是大前提。在任何一国，财权与事权的匹配都是不完全的，地方政府履行其事权都离不开中央政府的转移支付。其次，财权的配置还与区域发展差距大小，以及中央政府平衡差距的目标相联系。在区域发展差距大，且中央政府平衡差距的目标较高的条件下，财权将需要更多地向上级政府倾斜，财权的集中程度相应就高。最后，财权的分割也与经济发展阶段有紧密关联。在短缺经济条件下，需要把财权更多地下放给地方，以调动各级政府发展生产、增加财政收入的积极性。在过剩经济条件下，财权往往更多地上移，以弱化省以下政府过于强化的财政收入目标，有利于落实主体功能区规划，实现经济增长与资源、生态和环境的协调。从世界范围来看，随着经济发展水平的提高，世界各国的财政集中度也在相应地提高。这说明，财权如何配置，不能只是简单地考虑一个事权。

5. 实行多样化的省以下财政体制

中国东中西部的地区差异、差距非常明显，不同省份人口规模不一样，地理状况不一样，资源禀赋不一样，经济发展水平也不一样。如此差异、差距决定了越到基层，越难以实行全国整齐划一的财政体制，如果僵硬地推行同样模式的省以下财政体制，将会妨碍新阶段的科学发展。1994 年实行的分税制，主要是重建了中央和省两级之间的财政关系，省以下财政体制基本上是放权让地方自行决定的。但各地在确定省以下财政体制时，大多数在初期模仿了中央与地方的税种划分方式，致使这种划分方式一直延伸到省以下。层层分税的体制，造成了如下结果：

一是由于税种有限，既有的税种划分方式越到基层越陷入无税可分的地步，逐步形成基层财政困难的局面。二是不同地区产业结构和经济增长水平差异很大，税种的划分表面上看起来是均等的，但实际收入能力大相径庭，因为财权并不等于财力。有的地方具备发展条件，有财权也有财力；有的地方经济发展落后或者不具备发展条件，甚至需要限制开发，即使拥有财权也只能画饼充饥。这说明，过分强调省以下财政体制按照分税制方式构建政府间财政关系是行不通的。例如浙江省，从一开始就没有实行分税的体制，长期实行的是总额分成加增长分成。

近年来，各地方的省以下财政体制在逐步退出分税制，不少地方实行了“总额分成”或者“增长分成”，不再追求长期倡导的“财权与事权相匹配”，更加注重财力与事权相匹配。各地的这些探索，在一定程度上矫正了由于理论误导所造成的不良后果。在进一步完善中央与地方财政关系的同时，可以考虑就省以下财政体制继续给予各地因地制宜的权力，实行多样化的财政体制模式，以适应各地区的实际情况。

除了收入划分，省以下政府层级的设置，也可以多样化。例如，正在试点的省直管县，不应强求一律。有些决策权可以下放到省，让省因地制宜来考虑，同时赋予省一级政府更多的责任。鼓励多样化的体制模式，将会触发各地制度创新的积极性，有助于完善省以下体制。

Chapter 3

第三篇

“三农”与城市化

▶ 农村的土地被征用以后，差价一定要还给农民。我们从农民身上剥夺了很多，这些年来，剪刀差不用说，尽管农业税取消了，但是农业生产资料这方面减免了，那方面又增加了。农业生产资料涨价不得了。更主要的是土地，从农民手里低价买来，再高价卖出去，农民作了多少贡献？

——保育钧（国务院参事室特约研究员）

▶ 十七大中曾经提到过，要增加居民的资产性收入。要增加资产性收入首先要增加资产，否则哪里来资产性收入。增加资产的方法很多，把土地还给农民，农民的资产立即就有了，当农民自己掌握了土地的所有权的时候，强拆强迁的问题就会得到解决。

——许小年（中欧国际工商学院经济学和金融学教授）

第五章 | 农村往何处去

财新观察：城乡同权下一步

2010年3月14日上午，十一届全国人大第三次会议表决通过了《选举法（修正案）》。自此，“四个农民的选举权等于一个城市人”的格局成为历史，中国城乡居民的选举权“一步到位”，实现了法律上的平等。

对正在全面转型的中国而言，这不仅是人大选举制度的重大改进，也是公民政治权利的一大进步。同样是中国公民，不分城乡、无论出身，“一人一票，同票同权、同票同值”。其意义和影响，无论如何估计也不为过。

此前《选举法》规定，在各级选举中，“人大代表农村每一代表代表的人口数四倍于城市每一代表所代表的人口数”。这意味着，从选举权上，四个农民相当于一个市民——这被称做选举权的“四分之一”条款。

这个“四分之一”条款正是占中国总人口70%的农民群体权利残缺的例证，也是“一国两策、城乡分治”的传统体制在政治安排上的集中体现，随着中国工业化、城市化的快速推进，“四分之一”条款越发显得不合时宜。

多年来，尽快打破这一明显有违宪法精神的制度困局，一直是公众、学界和执政党致力的目标。2007年10月，中共十七大提出：“逐步实行城乡按相同人口比例选举人大代表”。此后，立法者经多方考量，终于把“一步到位”实现城乡选举同权定为修法核心目标。

此次《选举法》修改，回应了中国向现代化转型中各阶层的政治关切，为农民阶层更加广泛和深入地参与国家决策和县乡治理奠定了制度基础。尽管，这一进程没有想象得那么快，甚至距离理想之境尚远，但其历史进步的意义必须给予肯定。

在新《选举法》框架下，未来三至五年，中国各级人大代表选举有望出现新的变革。这不仅会发生在县区一级、一省内的各地市之间，更重要的是将对全国人大代表的分配产生实质性影响。

目前可以预计的是，在县级人大选举中，来自农村的人大代表数量将有较大的增加。而三年后的全国人大换届，一些人口大省和农村人口较多的省份，全国人大代表将明显增加，北京、上海等大城市的全国人大代表会相应减少。

按照新《选举法》，全国人大代表名额包括三大部分，一是每一省份相同的名额数；二是各省按人口数计算确定的名额数；三是其他应选名额数。今后全国人大代表的分配，各地都有相同的基数，在该基数上再按人口多少分配。

但是，也应该看到，新《选举法》只是影响全国、省级人大代表在各地区的分配，并不会导致各级人大中农民身份的代表大幅增加。对此，无论是民间还是官方，不管是学界还是草根，都应有清醒、平衡的认知。

在中国，人民代表大会共分全国、省级、市级、县级、乡镇等五级。除了县（区）、乡镇两级人大代表乃直接选举，全国、省级、设区的市，则是由下级人大代表间接选举。由于代表候选人源于主席团提名和代表联名提出，现实中为平衡各方利益预留了足够空间。

事实上，1995 年《选举法》修订，把全国人大代表和省级人大代表所代表的农村和城市人口比例分别由过去的 8：1、5：1 改为 4：1。但在全国人大和省级人大代表中，真正农民身份的代表不仅没有明显增加，反而还有所减少。

客观地说，城乡选举同权，开启了中国深层改革的大门。一是城乡公民在选举权这个最重要的政治权利上实行了法律的平等。这为今后农民与城市公民在教育、卫生、社保、住房等公共服务上的平等奠定了基础。城乡选举平权之后，公共服务的城乡平权更为紧迫。

二是选举权的城乡平等，作为政治体制改革的一部分，实际上开启了在确保政治稳定前提下推进政治改革的大门。这与中国实现中共十七大所要求的“扩大公民有序的政治参与”一脉相承，而且为务实推进政治体制改革提供了可资参照的“路线图”。

选举的平等和公正历来是民主的基石，也是法治社会的基础。选举制度的改革是中国人大制度改革的核心，而通过自由而公正的选举组成人民代表大会，实现人大对政府的实质性制衡和监督，无疑更接近政治体制改革的核心。

由此视之，中国下一步可做的事情很多。比如，如何改革选举制度，确保各级人大代表能真正代表选民的利益。这包括一系列制度安排，比如科学划分选区、提升人大代表直接选举的层级、逐步实现人大代表的职业化等。

当务之急是淡化目前按职业或身份选举人大代表的做法，按照科学原则划分规模适当的选区，综合平衡各选区、各选举单位的利益。

值得重视的是，中国目前流动就业的农民工达到 1.5 亿，而具有城镇户籍的流动人口可能也有 3000 万人。新《选举法》依然按户籍人口为主登记选民，这已影响近 2 亿人行使选举权和被选举权。切实保障流动人口的选举权，也应该尽快提上议事日程。

农村不能被边缘化

段应碧（中国农业经济学会会长、中国扶贫基金会会长）

统筹城乡发展、推进城乡一体化，是关系我国长远发展的重大战略任务。在“十一五”即将收官，“十二五”即将开启的背景下，围绕城乡一体化研究农村改革的重大问题，很必要，很有意义。就“十二五”农村改革，我主要想讲三个问题。

防止城镇化进程中农村被边缘化

中国已经进入工业化、城镇化快速发展的阶段，按照目前的发展趋势，再有20年左右，也就是到2030年前后，我们将基本完成工业化和城镇化，农业产值在GDP中的比重预计降至7%～8%，城市的人口比重将上升到70%左右。这是改革开放的伟大成就，意味着中华民族梦寐以求的梦想就要实现。

现在需要认真思考的是，我们的农村怎么走下去？怎么保证在工业化、城镇化的过程中农业不被边缘化，不出现所谓“城市欧洲化、农村非洲化”的状况。这几年现实告诉我们，这是有可能的。

工业化、城镇化的推进，给农业和农村的发展提供了很好的机遇。随着城镇人口的增加和城市的发展，农村人口会减少，农业规模会逐步扩大；而且，城市的发展、城镇人口的增加会对农产品的数量和质量提出新的需求，还会对农村的文化、环境提出新的需求。

但是农业有自身的特点，效率比较低，如果完全按照市场规律运行，生产要素必然是从农村流向城市，这已经是不争的事实。特别是在当前城乡二元结构下，推进城镇化必然会加快农村要素向城市的转移，有可能加剧农村被边缘化的可能性。

尽管中央早就提出了统筹城乡发展的战略方针，也提出了把解决“三农”问题作为全党工作的重中之重，而且采取了很多支农惠农的政策措施，但是近年来城乡差距一点都没有缩小，还在急剧扩大。

因此，在推进城镇化、工业化快速发展的过程中，必须特别重视农村被边缘化问题。在推进城镇化进程中，要保证城乡协调发展，从农村的角度看，要着重抓好三个方面的事。

一是要把大多数的农民转变为市民。城镇化就是把农民转为市民的过程，而这个“变”一定是要保证这些人在城市有稳定的就业，有稳定的收入，有相对固定的住房，同时还要保障他们与其他市民没有任何差别的社会保障和政治权利，而不是转变成现在的农民工，更不是转变成城市贫民。

二是要逐步地把传统农业改造成现代农业。现代农业不仅要高品质、高效益，而且要保障 13 亿人口的粮食安全，同时还要有相当的竞争力，在国际上占有一席之地。

三是要把落后的村庄改变成具有现代服务功能的新村。将来即使中国 70% 的人进了城，也还有 30% 的人留在农村。如果到时我国总人口达到 14.5 亿，还有四亿多人留在农村。他们总不能长期居住在没有卫生间、没有上下水、没有娱乐文化设施的衰败村庄。

因此，我们必须建设农民新村，使住在农村的人、继续从事农业的人，能够同样享受现代文明。

做好这三件事，需要一定的时间。但如果我们在基本完成城镇化后，这三件事还没有做好，那么城镇化就是失败的。

关键是建立“以工促农、以城带乡”的体制机制

无论是农民进城还是发展现代农业，或者改善农村居住环境，都有其自身的规律，绝对不能用行政命令的方式、用运动的方式去推进。当前，各地要防止违背民意去搞大拆大建。

未来五年，必须克服阻挡城乡协调发展的体制障碍，按照统筹城乡发展的要求，建立“以工促农、以城带乡”的体制和机制，真正形成城乡协调发展的新格局。

目前议论的焦点之一是如何解决农民工问题。很多人都说，解决农民工问题难，我看没有那么多困难。真要想解决问题，办法很多，关键就在想不想解决，这主要是认识问题。有些专家通过调查得出结论说，他们现在城市打工，大多数不想在城市永远待下去，而只是想回到老家开一个小商店。我想，那绝不是农民的意愿。他们那么说，只是出于现实的迫不得已的考虑。

其实，“让农民工成为历史”，并不需要很长时间。别说15年，我看5年都不需要。无论如何，我们不能让农民10年、15年地在城市打工，和孩子、老婆不在一起。农民工长期在城市就业，已经成为中国产业工人的主体，他们给城市创造了GDP和税收，城市怎么就没有钱给他们搞社会保障?

解决农民工社会保障问题，关键在于调整财政支出结构。目前的财政预算中，根本就没有这方面的安排。如果不调整财政的支出结构，政府永远都没有钱。调整了财政支出结构，“农民工”就可以很快“进入历史”。

至于住房问题，主要是由于目前城市房价太高，农民根本买不起。未来可考虑专门给农民工盖一些廉租房，以后这些人有了积累，再购买经济适用房。这个问题，关键依然在于市长们想不想解决。

或许，一些当政者会认为，现在的办法最好，农民工小的时候在农村上学，长大了到城市干活，老了又回农村养老，城市的劳动者永远都是年轻人。但这显然只是当政者一相情愿，并不现实。因此，解决农民工难题，首先要解决认识问题。

必须在体制改革上下工夫

我非常赞成建设农民新村，但不赞成搞那种大拆大建的运动式建设。改革开放以来，农民在原地建房子已经是第三次，有的是第四次了。一辈子盖几次房子，钱都花在房子上了，而且那么分散，什么配套设施（包括上下水）都没有。因此，必须要考虑到将来，70% 的人走了以后，这个村还在不在？

我觉得各级政府应该未雨绸缪，要提前全盘考虑好、规划好，应该有新村的规划。规划除了房子，各种功能都要齐全，医院、学校、超市、体育馆、游泳池、公共汽车站都得有。但是，不必急着去推进。

政府把新村规划好，把各项基础设施做好，农民要盖新房，就到规划的地方盖，原来的房子拆了，有些材料还可以用，今年来也行，明年来也行。在新村建设上，最不经济的就是三个月之内把一个村全拆了，全部搬过来，集中居住。有的农民，去年刚盖了新房又拆了，这造成了巨大的浪费，也会引发农村社会矛盾。应让农民有选择的机会。

"十二五"期间，为实现城乡一体化，我们需要在改革上下工夫，在体制机制创新上下工夫，特别是要在三大问题上下工夫。

一是土地制度。现在，中国的土地制度，主要有两个问题，第一是耕地红线守不住，第二是严重侵犯农民的利益。造成这种状况，根源就在于，地方政府既是土地的管理者，又是土地的经营者，政府经营土地就必然放松管理。

我认为，土地制度改革的方向是把两者分开，政府的职责就是管理土地，不能经营土地。政府的征地权应只限于公共利益，经营性土地就该让土地所有者和开发商去谈。在"土地财政"约束下，要把这两者彻底分开，确实很难，因此只能慢慢来，逐步减少政府和开发商的份额，给农民多一点。同时，还可考虑开征房产税，逐步减少财政对土地的依赖。

二是金融体制。其实，这么多年来，真正从农村抽取资源最多的就是金融。怎么把信贷资金引到农村去是一件很大的事情。现在农村资金非常紧缺，国家也想了很多的办法，但农村贷款难问题仍没有实质性突破。

农村的贷款主体有两类，一类是企业，一类是农户。企业有大中小之分，农户有大户、一般农户和贫困农户的区别。国有商业银行等金融机构主要为农村的大型龙头企业服务，信用社和这些年发展起来的村镇银行、贷款公司为中小企业和农村的大户服务，但数量太少了，应该多搞一点。

现在最应关注的就是一般农户，特别是贫困农户，谁去给他们提供金融服务？这种服务风险太大，成本太高。所谓风险大就是没有担保，没有抵押，也没有财务报表；所谓成本太高，就是翻山越岭才贷那么几百块、几千块钱。现有的商业银行没办法做，所以必须要有创新的方法。

三是农村社会化服务体系。重点应在社会保障等社会事业方面，建立农村公共服务的长效机制。最终目标应该是，城里有什么，农村就应该有什么；城里人有的，农民也应该有；城里人有多少，农民也应该有多少。我看，应该明确提出这个目标。虽然现在做不到，但可以慢慢来。

至于一些地方正在进行试验的“宅基地换住房”、“承包地换社保”，如果当地农民真心愿意，我也赞成。但是，从道理上讲不通。农民一旦进城，就要把土地和房子给政府。从几千年的城市发展史看，历朝历代、古今中外，都没有这种规定。对此必须有一个理论的解释。

农村改革三大问题

陈锡文（中央农村工作领导小组副组长、办公室主任）

在当前的农村改革实践中，有三个问题值得引起高度重视。

农村土地制度问题

农村土地制度是农村经济制度和社会组织结构的基础。土地是财富之母，通过土地尽快获取财富的“捷径”有两条：改变用途和改变所有权。但如果这两个改变不是按规划许可和法律规定进行，导致的后果就可想而知。因此，要清醒认识到，农村土地制度改革既可以成为推动农村发展的强大动力，也将决定农村发展的方向。

1. 改革农村土地制度不能动摇“用途管制”原则

当今世界各国对土地的管理都遵循“用途管制”的原则，即严格按规划来使用和管理土地。土地利用规划在任何国家都是超越所有制的，不管土地归谁所有，都必须按规划使用。我国的土地有两种所有制，但在使用上必须服从于统一的规划，因此“用途管制”也是我国土地管理制度的核心。一个时期以来，用途管制制度在我国不少地方受到挑战，违反规划使用土地的现象大量发生，这对实行最严格的耕地保护制度和最严格的节约用地制度都将造成极大的冲击。

不少地方的农村土地制度改革都是在统筹城乡发展的名义下推进的。改变城乡二元结构无疑是必须的，但把土地的用途管制看做城乡二元体制的产物，认为只有当农村、农民的土地可以被随意用于任何目的时，才是打破了土地管理上的城乡二元体制，那是一个极大的误解。因此，对当前有些很流行的观点就有必要商榷。

一是关于“土地资本化”。农业本身就是一大产业，对农业经营者来说，土地无疑是他们最重要的资本。对耕种着的土地还要“资本化”，实际上就是想把农地非农化，使农地成为其他产业的资本。

二是关于“土地市场化”。改革开放以来，我国一直在推进土地使用权的市场化，并正在形成农村土地承包经营权依法自愿有偿流转和城镇建设用地招拍挂等市场制度。但土地是必须按规划来使用的，所以土地市场是必须按用途来严格分类的。农地、工业用地、商业用地、住宅用地等，它们各有各的市场。不区分用途而笼统地讲土地的市场化，实际上是要通过市场交易来改变规划确定的土地用途，尤其是农地的用途，这是在世界各国都不可能找得到的“土地市场”。

三是关于级差地租问题。级差地租是指同类用途的土地由于位置、肥力等方面的差异而产生的不同收益。把农地和建设用地作所谓的级差地租比较是不科学的，因为它们的用途不同。决定农地级差地租的主要因素是土壤肥力。但土壤肥力对建设用地显然毫无意义。因此，不以土地的用途管制为前提而只讲土地的级差地租，客观上是在鼓励土地改变用途，把农地转为建设用地。

显然，农村土地制度需要改革的地方很多，但用途管制的原则不能改，否则一定会造成农地的大量流失。

2. 改革农村土地制度不能损害农民的权益

我国宪法规定，城市土地属于国家所有；农村土地除法律规定外，属于农民集体所有。在这样的制度框架下，农村土地转为城市土地，就只能通过政府的征收。政府行使公权力去征地，按法律规定只能用于社会公益性目的。但实际上，不管用于何种目的，只要是非农民自用的建设项目，目前政府都在行使土地征收权。同时，在理论上有一个误区：认为凡用于公益性目的的土地征收，土地的原所有者或使用者就应当在利益上吃亏。这显然毫无道理。中共十六届三中全会的决定已经明确了征地制度改革的基本方向，就是缩小征地范围，规范征地程序，提高补偿标准，落实安置政策。目前正在推进的征地制度改革也在朝着这个方向努力。

中共十七届三中全会的决定提出：城镇规划区以外的非公益性建设项目，如符合规划、经批准立项，其使用的农村土地可以不征收为国有，允许农民以多种方式参与开发和经营。但目前不少地方的改革并没有循此方向推进，而是以“土地资本化”、“土地市场化”和“城乡建设用地增减挂钩、指标置换”等名义，把更多的农村土地征收为国有，这对农民的土地权益到底是保护还是损害，值得认真斟酌。

3. 土地利用必须服从国家宏观调控的目标

农村土地用途的改变，不仅关系到农业发展和农民长久生计，而且关系到国家的宏观调控。建设用地不仅要符合规划，而且必须按年度计划安排。

只有把握了每年建设用地的总规模，才能知道每年大体需要发放多少贷款，需要拥有多大的钢材、水泥等产能，需要安排多少水、电、路、气等公用基础设施的建设。因此，农村土地转为城市建设用地的总规模，实际上是国家实现宏观调控目标的一道重要闸门，突破了这道闸门，就很难谈得上宏观调控的有效性。

农村村庄拆并问题

随着国家保护耕地力度的加大，原来那种以滥占耕地来扩大建设规模的现象得到了遏制。但不少地方现在却通过“城乡建设用地增减挂钩”，找到了擅自增加建设用地的“新途径”。

1. 正确理解“城乡建设用地增减挂钩”的内涵

《土地管理法》规定：农村集体建设用地只能由农民和农村集体组织自用；农民集体的土地不得出让、转让或出租用于非农业建设。国务院2004年28号文件提出“城乡建设用地增减挂钩”的本意，是为了促进乡（镇）土地利用总体规划、村庄和集镇规划的编制，通过“增减挂钩”，使农村节约的建设用地用于发展小城镇和县域经济。

国土部门在随后开展的“增减挂钩”试点工作中，始终强调要遵循以下原则：一是村庄整治要经国土部门批准并获得周转建设用地指标；二是增减挂钩的建设用地指标只能在县域内置换；三是置换进城使用的建设用地要纳入年度用地计划指标；四是指标置换进城后增值的土地收益必须全部返还农村。对照这几条原则，不难看出目前许多地方推行的“增减挂钩”实际上不符合法律和政策的规定。

2. “增减挂钩”已成为城市扩张和谋取土地财政的捷径

实施“城乡建设用地增减挂钩”，大多是在统筹城乡发展和建设新农村的名义下进行的。将农村村庄整理后（拆并村庄）后，农村节约了大量的建设用地。按国家规定，节约的这部分农村建设用地，首先要复垦为耕地，其次要优先考虑农村新增集体建设用地的需要，还有节余的，可调剂为城镇建设用地，但必须符合规划并纳入年度建设用地计划。

但不少地方把拆并村庄后节约的农村建设用地基本都置换到城市使用，这不仅擅自扩大了城镇建设总规模，而且利用城乡建设用地的价差还可获取巨额土地收益。正是由于“增减挂钩”能有如此好处，于是它就在不少地方迅速蔓延，导致了史无前例的拆村造城运动。

3. 要高度重视村庄拆并带来的长期社会问题

农村村庄的兴衰是经济社会长期发展变迁的自然结果。目前一些地方正在进行的大规模村庄拆并，虽然建成了一个个类似城镇居民小区的农村新社区，但如果居住其中的农民没能改变生产方式，其生活方式的改变就将面临很大困难。

传统农村的宅院、村边、地头，都是农民创造收入的场所，甚至大部分的日常生活消费都来自于此。进入新社区，这部分收入没有了，而生活费用的开支却明显增加，“连喝口水都要花钱”了。如没有新的就业机会和新的收入来源，能否长期维持就是个大问题。有些人说，建了农村新社区，农民可以不进城而过上城里人的生活了，可实际并不尽然。因为村庄拆并后节约的土地指标都置换进城了。人留下了，地拿走了，于是要找新的就业机会还得打起铺盖进城，于是家里的新房就又成了空房。而从社会学的角度分析，拆并村庄后面临的问题可能更为复杂，不确定性更大。

因此，村庄的兴衰还是应当遵循经济社会发展的规律，切不可为了获得些建设用地的置换指标和土地的价差收益就去大拆大建。应当说，就目前的国情国力而言，除了城市规划区范围内，除了农村劳动力绝大多数已转移到城镇和非农产业就业的发达地区，真正具备村庄拆并条件的地方相当有限。真心要统筹城乡发展，建设新农村，还是应在建立以工促农、以城带乡的长效机制上下更大工夫。

农业的经营主体问题

改革以来，我国农村确立了以家庭承包经营为基础、统分结合的双层经营体制，这是宪法的规定，也是当今各项农村政策的基石。但 30 余年来，关于农业的经营主体问题始终存在着争论，焦点主要集中在两方面：一是家庭经营的农业是否能够现代化，二是小规模经营的农业是否有出路。

1. 关于农业的家庭经营

只要稍微了解历史就不难发现：自奴隶社会结束以来，家庭经营就始终在人类农业史上占据着主导地位，古今中外概莫能外，而非家庭经营的农业却只是短暂和个别的例外。农业适合家庭经营，是其产业自身特点和家庭特殊功能相吻合的结果。因此，农业家庭经营是全球性的普遍现象。我国农村改革废除人民公社体制，使农业重归家庭经营，是顺应了客观规律。家庭经营的农业能否现代化，这其实早已不是一个问题，实践已经给出了明确的答案：所有实现了农业现代化的国家，无一例外都实行农业的家庭经营。

2. 关于农业的经营规模

如按土地面积来衡量，各国农业的经营规模有着巨大的差异。这是由各国不同的资源禀赋、开发历史所决定的。在城市化水平大体相当的工业化国家中，它们的农业经营规模仍然有着巨大差异。这说明，农业经营的土地规模基本是由国情决定的。

世界上的农业类型大体可分为两种，一是人多地少的传统国家农业，其代表是亚洲和西欧；另一类是人少地多的新大陆国家农业，其代表是南北美洲和澳洲。要求这两类国家农业在经营的土地规模上趋于接近，大概是很难实现的目标，但这并不妨碍它们各自走出具有自身特点的农业现代化道路。

决定农业现代化的基本要素，除了土地的经营规模，还有组织的规模、市场的规模、社会化服务的规模、先进技术应用的规模，以及政府对农业支持保护的规模等，不能一讲农业的规模就只想到土地。只要扬长避短、发挥自身优势，人多地少的国家照样也能实现农业现代化。

3. 农地的流转、集中与规模经营

近两年社会上有一种误解：似乎农村土地承包经营权的流转是在十七届三中全会的决定中（2008 年 10 月）才被允许的。事实上，早在 1984 年明确延长农村土地承包期的中共中央一号文件就提出：鼓励土地逐步向种田能手集中。此后，凡涉及农村土地的国家法律和中央文件，都总是在强调稳定农村土地承包关系的同时，允许农民依法自愿有偿流转土地承包经营权。

农地流转与集中的前提条件，是工业化、城镇化发展对农业劳动力和农村人口的吸纳。如缺乏这样的条件，不顾农民的意愿强制流转和集中土地，这样的所谓土地规模经营，便与历史上的土地兼没什么两样了。

因此，一要抓紧完成农村土地承包经营权的确权、登记、颁证，二要使工业化、城镇化能够稳定转移、吸纳农村人口，三要坚持依法自愿有偿的原则。如此，土地的流转、集中和规模经营就自会水到渠成、瓜熟蒂落地健康发展。

4. 关键是提高农业的组织化程度和社会化服务水平

近年来，一些地方出现了鼓励工商企业、社会资本长时间、大规模租赁和经营农户承包土地的现象。这固然为农业发展带来了资金、技术等稀缺要素，但由此引发的问题也不可忽视：如导致农地非粮化、非农化利用的加剧，相当部分农业劳动力改变了自身的业主地位成为雇工，或是不得不离开自己的承包土地外出打工等。更突出的是，农村改革成功的精髓在于使农民生产属于他们自己的农产品，而以资本为主导的雇工农业则使农民重新回到为他人生产农产品的境地。这样的变化对农业、农村的长期发展究竟意味着什么，显然并不是在短时期内就能看得很清楚。

问题的实质在于：中国农业已经到了必须更换经营主体的时候吗？日本从“二战”后的土改到 2009 年的 60 多年时间中，始终不允许非农民（包括市民和工商企业）租赁农地从事农业；但 2009 年修改的农业法对此作了许可。我曾当面咨询时任日本农林水产大臣：为何对法律作出如此修改？答案是“因日本农民的数量已降到不足国民总数的 5%”。我国要达到这样的发展阶段，显然还需要相当长的时间，因此就不能不把农户的自主经营权和农村的社会稳定放在更为优先的地位。

对工商企业和社会资本下乡，当然应该予以鼓励，但现阶段主要是鼓励其到农业产前、产中、产后的各环节为农民提供服务，鼓励其从事农产品的加工和营销，鼓励其去开发那些农村集体组织和农户无力开发的闲置资源，而不鼓励它们去与农民竞争现有耕地的经营权。

中共中央 2001 年 18 号文件曾明确提出：“不提倡工商企业长时间、大面积租赁和经营农户承包地”，但为什么一些地方还是热衷于此？就是因为短期见效快，比与千家万户的农民打交道来得省事。

但要引导数以亿计规模细小、经营分散的农户走上现代化之路，靠企业去替代它们作为经营主体显然并不现实。因此，必须按十七届三中全会决定的要求，下决心发展农民自己的合作组织，下决心完善农业的社会化服务体系，提高农业生产的组织化程度，把一家一户办不了、办不好、办起来不经济的事情办好，舍此没有别的捷径可走。

当务之急是保障农民土地权益

蒂姆 · 汉斯坦（美国农村发展研究所总裁兼CEO）
朱可亮（美国农村发展研究所律师）

土地是中国7.5亿农村人口最为重要的财产。国际经验表明，一个“人人有地、地权稳定”的农村土地产权制度，是实现长期繁荣与稳定的关键。

在中国，保障农民的土地权利对提高农业生产效率尤为关键，同时也能增强农村的消费能力，并最终缩小城乡差距。与过去相比，当前农村土地权利问题更显重要。眼下中国“土地紧缺”问题日趋严重，同时城市化过程中农民土地权益受到侵害的现象也日渐普遍。

事关农村土地权利的国际比较经验值得中国借鉴。尽管土地制度必须与各个国家的国情相适应，但根据国际惯例，一个“好”的土地制度应包括四大关键要素：农民普遍地获得土地；长期、稳定的土地权利；健全的土地市场以及有效的土地管理机构。

其一,一个好的土地制度应该为绝大多数农村人口提供土地。20世纪80年代初，中国对农村土地的“去集体化”过程，几乎使所有农户都拥有了土地。

其二，这样的土地制度应确保农民对土地长期而稳定的产权，使土地不受随意和无偿的征用。土地权利的稳定往往会给农民更大的信心，继而加大对土地的长期投资，并最终增加农业产出的数量和价值。

其三，土地制度必须允许土地使用权的适当市场转让，这将有利于农民实现投资的价值，并促使许多农户逐步向非农产业转移。

其四，政府应该设置相应土地管理机构，有效保护私有财产权利（包括对最弱势的群体），同时通过土地使用条例、税收以及有限征用来保障公共利益。这四个要素，适用于多种土地所有制结构，无论是国有、集体所有还是私人所有。

在许多方面，中国围绕土地权利的改革都是一个成功的案例，彻底改变了亿万农民的生活。20世纪70年代末、80年代初，家庭联产承包责任制使农业产量和农民收入显著增长。中国在第一个关键问题上取得了卓绝成就。在其余三个相关问题上，中国亦取得了实质性进步，但仍有待继续努力。

然而，从20世纪80年代中期开始，由于农村频繁的土地调整（主要发生在20世纪80年代和90年代），加之受到土地征用以及拆迁等威胁（主要发生在过去十年），致使农民的土地权益保障没有法律界定，最初由家庭联产承包责任制带来的成果也逐渐被侵蚀。

针对这些问题，中国政府已颁行了一系列法律法规来保障农民的土地权益。关键原则包括农地使用权“三十年不变”，全面禁止农地再调整，允许限于农业用途的土地流转。尽管如此，中国政府仍须进一步完善农村土地使用权的基本法律和政策框架，并予以全面实施。

值得注意的有以下几个方面。

对农民土地权益的非法任意征用——大多由地方政府所为——必须加以限制，使法律和公平的基本原则得以贯彻。近年来在城乡一体化的大背景下，这种非法的土地征占常常以不同的名称出现，例如“双置换”、“建设用地指标置换”或“农业规模经营”。

许多拉美国家的教训是有借鉴意义的。在这些国家，由于滥征土地和其他政府项目，大量的农村人口被排挤出去。这些失去土地的农民无法维持生计，被迫流入城市，沦落到社会的底层。贫民窟和城市犯罪就是农民“被迫”城市化后的两种必然后果。

与此相关，中国政府应该防止歧视小规模家庭农场以及补贴规模经营，特别是所谓公司化农业。“做大做强”的口号经常被政府官员引用，但是更大并不一定意味着更强或更有效。

国际经验和研究表明，规模经济在农业生产中甚为少见。世界银行的一项研究指出，“所有文献表明，家庭农场拥有中型拖拉机后，农业生产的规模效应便不复存在。”

当然，当越来越多的农户逐渐富裕而放弃农耕，并迁移到城市，农场的规模最终将变大。但是这个过程通常是通过市场（而非强迫）的交易，并经过持续数十年的不断努力才能实现。日本、韩国和中国、台湾地区在“二战”后的历史经验是很好的范例。在这些国家和地区，高效率的小农随着城市化水平不断提升，变成中产阶级，并逐步出售他们掌握的土地，进而从农业转向其他职业。

为确保中国农民土地权利在承包期内的长期稳定，还需要在法律和政策框架上作出如下调整。

目前中国正在修改《土地管理法》，可能会提供一个巨大的机会窗口。修订后的法律应限制政府征用农村土地的范围，并规定在适当的条件下利用市场机制，以满足城市或商业用地的需求。应提高征地补偿标准，补偿的大部分应该直接给那些受征地影响的农民。应赋予农民更大的程序性权利，让农民有效获知征地信息，表达诉求，影响政府决策，确保他们的诉求和不满能得到公正解决。此外，中央政府应该考虑制定严厉的法规来遏制地方滥占土地的行为。不应强迫农民放弃土地——无论是耕地还是宅基地——来交换城市身份或社会保障。本着同样的精神，不应向农民施加压力，以所谓“土地流转”或“规模经营”的名义，强迫农民把自己耕种的土地租出去。

最后，有必要出台相关规则，在法律上澄清农地承包权“长久不变”的内涵，同时消除农村土地30年承包期届满后的不确定性。在农地承包合同期满后，农民的土地权利理应自动、无限期延长，甚至可考虑给农民“永久性的”土地权利。

同样重要的是，中国应该加大力度，全面落实现行法律。国内生产总值不能成为考量地方政府绩效的唯一标准。发展和公平应该做到平衡，经济发展的同时，公平性应被优先考虑。

中央政府应给所有的农户发放农地承包经营合同和证书，确认他们的土地权利。目前，据我们调查，仅有 58% 的中国农民拥有土地承包合同或承包经营权证书。另外，中国政府应按 2010 年“一号文件”要求，优先考虑扩大农村土地确权、登记的试点范围。

土地问题是中国改革和发展议程的核心。保障农民的土地财产权利应变成中央政府的中心要务，这不仅有利于农村经济社会的发展，而且从长远看，整个中国社会都将由此变得更加公平和繁荣。

注：本文由林倩娅翻译

第六章｜城市化路径

财新观察：正确城市化

全球金融危机使中国经济转型更为紧迫。面对外需大幅减少、产能过剩、流动性过剩，中国高层终于达成共识，决定加快城市化进程，并把放开中小城市户籍限制、加速农民工“市民化”，作为2010年宏观经济政策的重要支点。

这是一项正确的决策。在中国当前，加快推进城市化，可创造巨大的内需，消化过剩的产能，使产业结构调整方向更为明确。由此而来的公共建设和实体经济发展，有利于吸收金融体系巨大的流动性，防止资产泡沫膨胀。

在权威人士看来，中国城市化稳步推进，可以创造巨大的全球市场；中国城市化和发达国家的高技术扩张是未来20年世界经济增长的两大驱动力。

城市化、工业化是现代化的两大核心。迄今为止，在世界范围内看，还难以找到一个国家，不经由工业化、城市化而能“现代化”。尽管国内外对“大城市病”有诸多批评，但城市化、工业化依然被认为是改善人类福祉的路径，也是1912年以来中国的核心问题之一。

衡量城市化的指标是城市人口占一国总人口的比重，而工业化的指标则是工业产值占国内生产总值的比重。据国家统计局2008年度统计公报，中国城市化比率为45.68%，而工业化比率则为48.6%。如果考虑到2001年后，国家统计局把每年在城市生活六个月以上的农民工也统计为城镇人口，事实就更明显：本就滞后于工业化的城市化比率被夸大了。1亿多被统计为城市人口的农民工，并不能享有城市的公共服务，更难以在城市定居。

与国际同等收入水平的国家相比，中国的城市化水平也明显偏低。以2004年为例，中国当年的城镇化比同等收入的七国平均56.2%的水平低约17个百分点。如果按购买力平价（PPP）方法计算，则低27个百分点。

2010年，中国高达30多万亿的经济总量中，农业总产值目前只占11%，但中国农村户口的居民还有9.7亿，占全国人口的70%左右。这意味着必须有更多的劳动力从农村转入城市，从事二三产业，才能有效缩小城乡差距。

城市化的本质是农业人口的城市化。人口向城市积聚，可提高土地和水等资源的利用效率，可共享基础设施和公用事业，这比政府分散提供交通、通信、水电气供应等更为经济，具有规模经济的特征。大幅度降低交易费用，这是城市化的基本动因。

1949年以来，中国长期实行“城市偏向”的发展战略，其本质是“反城市化”战略，严格控制农村劳动力向城市和工业部门转移，农民则被迫为城市和工业“牺牲”。这种情况无疑和当前社会进步的潮流相悖。

1978年后，随着市场化改革，中国城市化进入“加速期”。20多年来，城市化几乎是以每年1%的速度在提升。这无疑是必要的，但中国要实现健康的城市化，必须把“农业劳动力转移”作为核心，谨防两大误区：一是以“土地的城市化”替代“人口的城市化”；二是人口“落地”，公共服务“不落地”。

从以往的教训中，我们已经看到，如果不能改变现有土地管理体制，不能改变现有决策和政绩考核机制，地方政府主导的城市化很可能演变成新一轮“圈地”热。这意味着，更多的农民将失去土地，而地方政府通过征地将获得巨额“级差地租”。

在中国特殊的政治约束下，由于土地和城市规划缺乏刚性，由于农民土地产权的残缺和司法保障不力，农民难以享有自主改变土地用途的权利，在与地方政府的博弈中始终处于弱势。在新一轮城市化中，必须改变地方政府主导城市化的惯性，加快土地产权制度改革，确保农民转为市民后依然享有土地财产权利。

另一个要避免的误区是，农民工进城，但城市公共服务却不“落地”。这种把农民工视为过客的做法，在近20年来一直少有制度性突破。在新一轮城市化推进中，必须把户籍制度改革、公共服务全覆盖作为重点。

目前，中国共有农民工2.2亿人。这些人大多已脱离农业，多从事二三产业。除了东南沿海地区“离土不离乡”的8000万农民工，中国“离土又离乡”的流动就业农民工已超过1.4亿。但这个庞大群体至今仍难以享有城市公民的权利，在子女受教育、工伤和医疗保险、养老保险、住房保障、选举权等问题上困难重重。要解决这些问题，必须尽快推进配套的制度性改革，加快公共服务向农民工的全覆盖。

应该说，推进城市化是中国可持续发展的战略课题。决策者和社会各界对此早有共识，也一直在稳步推进。

面对这一史无前例的历史契机，决策者必须破除各种干扰，加快土地、就业、社保、住房等宏观体制的改革，力争通过数十年的努力，把中国由落后的农业国变成现代化的工业国。未来数十年，如能实现这一历史性转变，则13.4亿民众幸甚，中华民族幸甚。

人口城市化的路径

刘守英（国务院发展研究中心研究员）

20 世纪末以来，中国进入城市化快车道。城市化已经和正在矫正中国现代转型的诸多结构性问题交织在一起。但是，不容忽视的是，城市化推进的重点和方向也存在重大的偏差。其中，最大的问题是亿万进入城市的人口难以落地，矛盾突出，代价凸显，亟待解决。

“人口不落地”的城市化

近年来，“土地城市化”突飞猛进，而“人口城市化”滞后，其弊端日益显现。本地原住农民在城市化中被边缘化，“城中村”治安和社会矛盾高发，新生代农民工对城市的疏离与不满，外地人口与本地人口难融合，不仅给城市治理带来空前难度，也对城市的可持续、健康发展带来巨大挑战。

所谓“没有人的城市化”，主要是针对两大群体而言。

一类是被划入城市的原住农民。随着城市的外扩，原来的农村被纳入城市版图。这些区域的农民，土地基本被征占完毕，继续保留着农民身份。他们主要靠原来宅基地、留用地、剩余的集体建设用地，或发展乡镇企业，或租用土地，或出租房屋，在城市化带来的巨大土地级差收益中分一杯羹，并以此维生。于是形成具有中国特色的“城中村”或“城乡接合部”。

在规模不等的各类城市，我们看到，几乎每个城市都保留着几百个“城中村”，遗留着几十万到几百万的原住农民。他们为城市发展贡献出自己的土地，却无法享受与市民同等的权利和公共服务。

另一类是自发进城、到城市谋生的外来人口。随着城市的发展，非本地人口源源不断地进入城市非农产业，汇成城市就业大军，其主体是“农民工”。他们已经渗入城市的各个行业，成为名副其实的“产业工人”；他们已经在城市工作和生活多年，对维持城市正常生活而言，不可或缺。但是，因为是外来者，就无法享有与城里人一样的公共服务，反被城市政府以“流动人口”视之待之。

大量农业劳动力进入城市就业、生活，这才是城市化的本质。如何让人口真正融入城市，是对决策者和各级政府的巨大挑战。近年来，学术界、理论界对解决该问题的紧迫性屡有呼吁，在一些地方，政府也渐次出台了相应的政策措施。

但从目前看，地方政府在探索解决“人口城市化”问题时，有几种倾向值得关注。

一是政策只针对原住农民，漠视外地人口的存在。

近年来，政府主导的城市化与农民利用剩余土地的城市化（“城中村”）形成鲜明反差。“城中村”不仅在景观上呈现出“脏、乱、差”，而且成为治安和社会问题的高发地带，这是城市政府纷纷开展“城中村”整治、改造、或启动城乡接合部建设的直接诱因。

但是，从各地的做法看，城乡接合部建设基本是以这些区域的原住农民为出发点的，即推动这些“城中村”的剩余土地进入市场，利用所获资金解决原住农民的居住、社会保障和基础设施建设投入。原来的“城中村”纳入城市一体化发展空间，原村集体组织变为城市社区，原住农民变为城市市民。但是，这种城中村改造，并没有顾及在城中村居住的外来人口，随着一个个“城中村”被改造、一片片城乡接合部消失，外来人口只能拥向其他村落，造成了新的“城中村”或城乡接合部。

二是“把农民规划进城”的倾向明显。

"人口的城市化"理应是农民根据自己的意愿，从农业转向非农产业、谋求城市生活方式的过程。也就是说，农民是到城市就业还是选择继续留在农村，是保持农村的生活方式还是追求城市生活方式，是以选择权为基础的。但是，我们发觉，一些地方政府在操作中，往往忽略市场经济的规律，单纯强调通过多少年把多少农民转为城市人口作为目标。

其计算方法非常简单：我这座城市未来会有多高的经济增长率，第二产业和第三产业的发展将分别需要多少劳动力，因此，就算出需要把多少本地农民转为城市市民。如此一来，城市化就变成了人口"被规划的城市化"。

这种基于对未来产业发展乐观预测的计算是否能变成现实，有待检验。或许只有等到某一天所有指标都"灵验"了才能评判，但是，问题是靠政府规划的人口大规模进城试验，在这些乐观预期获得验证前就已轰轰烈烈地展开。那些"被城市化的人"，其进城后就业机会几何，生活能否持续，并不在地方政府规划之内。

三是把农民进城与"退地"挂钩。

近年来，一些地方在推进城市化中，不约而同、或明或暗地提出，农民应退出承包地和宅基地，并把其作为农民户口进城并享有城市公共服务的前提。这是近来政府主导的城市化的重要特征。

政府为了发展城市，让农民交出手中的土地，以土地"招拍挂"获得的出让收益的一部分来解决农民上楼、农民社保和提供基础设施服务。这种"人口城市化"的过程，实质上仍然是政府利用土地级差收益来扩展城市发展空间，依然是城市本位的政策导向，与此前"要地不要人"的城市化相比，只不过稍有妥协而已。

正是由于上述倾向，十多年来，中国的城市化主要表现为城市的外延扩张。其机制非常简单：政府通过征地，将农民集体所有土地变成国有土地，通过土地"招拍挂"获得出让收入、基于土地抵押从银行获得巨额融资，主要用于城市建设。

在城市化初期，城市外扩有其合理性。但从长期看，这必然导致土地利用不集约、配置结构不合理、土地城市化与人口的不匹配等问题。而且，这种政府主导的、城市偏向的城市化，其政治和社会代价也不容忽视。

城市化与政府定位

反思20世纪90年代末以来的城市化进程，“人口城市化”大幕早已拉开：本地原住农民利用土地参与城市化，外地人前赴后继地、顽强地拥入城市谋生。但是，由于政策偏向和制度缺陷，这一进程呈现出悲壮的一面。

在“十二五”期间，为了促进“人口的城市化”，政府在其中必须有清楚的目标定位，并扮演好自己的角色。

首先，政府应从制度的限制者变为制度的供给者。

无论是本地人还是外地人，之所以不能顺利融入城市，在于现行的城乡二元体制扎了太深的篱笆。

你想利用土地发展非农产业？不行！国土部门回复：只有土地变成国有、由政府出让才合法。你要参与城市建设？不行！建设部门回复：那是城市的事，与你农民无关。你要旧村改造？不行！发改委回复：你要搞的这个建设项目，无法列入发展计划。你要申请基础设施建设？不行！财政部门和发改委回复：这条路的资金在财政收支中无法列支。你要加强警力管理流动人口？不行！公安部门回复：抱歉，我们的警力是按城市常住人口配备的，诸如此类，不胜枚举。

因此，政府要真心推进“人口城市化”，就必须从扎篱笆的人变成拆篱笆的人，将一道道妨碍“人口城市化”的体制藩篱拆除。规划上，应在统一城市功能规划前提下，赋予城乡接合部区域农民平等的发展空间，不是挤压或剥夺农民的发展空间，而是将其纳入合法发展区域。土地制度上，应改变农村土地一旦被划入城市规划区就必须变成国有的格局，在规划和用途管制下，应赋予农民集体土地与国有土地平等参与非农建设的权利。项目和财政体制上，应按照城市发展规划，将农民发展区域纳入与城市区域同等的基础设施投入体系。

必须改变目前城市化进程中原住农民和外来人口发展空间反而缩小的格局，让他们在平等的制度平台下，享有平等的发展机遇和空间。只要拔除妨碍“人口城市化”的体制藩篱，中国下一轮城市化就能步入正规，回归城市化的本质。

其次，政府应定位于城市的管理者和公共服务提供者。

正在急速推进的城市化，对城市政府的职能定位和管理能力提出了前所未有的挑战。目前，城市政府往往将更多精力放在“经营城市”上，还顾不上承担好自己应当扮演的城市管理者的职能。

比如，城市政府更加关注历史遗留问题的处理，而如何利用规划合法约束城市发展，并没有提上议事日程；对人口数倍于本地的城乡接合部，无论是人口管理还是治安管理，都缺乏有效的应对；以政治控制为主的户口管理体制如何过渡到有效的人口管理体制，城市政府还缺乏应有的知识积累。

但是，面对世界上空前的人口城市化浪潮，中国的城市政府必须在短时间内适应，并尽快实现转型。这是迫在眉睫、亟待解决的问题，不可拖延，更不容懈怠。

与此同时，逐步实现公共服务的均等化也应作为城市政府的职责。随着“人口的城市化”，为不同类型人口提供公平的公共服务，是城市政府分内的责任。这不仅包括为本地原住民提供与市民同等的公共服务，也包括对外地人口提供有效的公共服务。

“人口城市化”之道

城市就是为正在和将要到这个地方工作和生活的人口，提供一个公平发展机会的平台。“人口的城市化”，应以不同人口群体的选择权为基础，按他们融入城市的迫切程度来分类设计。从历史、现状和将来面临的问题紧迫性看，中国“人口城市化”应分类推进。

第一，土地被政府征占、处在城乡接合部的原住民。对这类群体，基本政策取向应是，由城市政府提供与原住市民同等的公共服务和社会保障。

道理很简单，这些人的土地已被政府征占，他们提供的土地为城市发展作出了巨大贡献。这个群体理应享受与城里人同等的待遇。配套的政策组合还应包括：继续保留原住民的发展空间。把城中村农民集体原来自发的发展空间纳入城市总体规划，在保留集体所有前提下，发展与城市相关的产业，保障农民集体长久收入。对农民宅基地置换成商品房，保留一定比例出租房，保障农民租金收入。在城乡接合部地区，应允许农民用集体建设用地建设廉租房，分享城市化的收益。

第二，已经长期在城市工作和生活但没有享受城市服务的农民工群体。基本政策取向是，由中央和地方两级政府协同解决其城市化问题。

道理也不言自明，这些人长期在城市工作，为城市发展作出了巨大贡献，成为城市不可或缺的产业大军。城市政府重点应为这些人口的子女教育提供同等的服务。可以考虑按照贡献大小出台相关政策，将一定比例的劳动者转化为产业工人，向他们提供与城里人同等的公共服务和社会保障。

中央政府对城市政府吸纳农民工群体成为产业工人、成为当地市民的做法，可以采取奖励做法，比如用地指标的奖励、财政转移的奖励、教育经费的转移。中央政府更重要的工作是制订产业工人培训计划，以保持中国制造业的长期优势。中央还应出台政策，建立地方政府之间关于流动人口社保、医疗，养老的可转移的制度体系。

第三，试点探索新生代农民工群体直接融入城市化的政策。

目前，新生代农民工已经约有一亿人。这些以80后、90后为主的农民工进入产业大军，将成为矫正中国传统城市化政策的分水岭。他们与老一代农民工具有完全不同的特征、价值取向和对城市生活的态度。他们接受过比较完整的基础教育，甚至高等教育；没有务农经历，对土地具有不同的态度；在从事农业还是到城市就业的抉择中，他们几乎排他性地选择了后者；向往城市生活并很快适应了这种生活方式；对社会公平的更加敏感与追求，等等。

当这个群体一进入城市从事非农就业，他们就把自己当做城市的一分子，成为产业工人的一部分，完全有别于传统意义的农民工。如何正视和应对这一变化，是中央政府和城市政府面对的巨大挑战。

我们建议，在“十二五”时期，中央政府应出台专门针对新生代农民工群体直接落地城市的政策，包括如何与现有城市市民享有同等的就业、户籍、社保、医疗、培训、选举等政策，将新生代农民工群体变成产业工人，使其真正融入城市。

浦东城市化镜鉴

叶兴庆（国务院研究室农村司巡视员）

中国城镇化正在快速推进。随着城镇化的发展，大量农地逐步“被征收”，农民因整体性“农转非”而“被居民”，作为集体经济组织的小组(队)、村、镇则因集体土地和农业人口消失而逐步“被撤销”。

在村庄城市化的过程中，如何妥善处置农村集体资产、保障农民的财产权利，吃好“散伙饭”，既是农民最终脱离对社区集体的人身依附、尽快融入城市市民社会的关键所在，也是在征地拆迁、补偿分配中减少矛盾和冲突的核心所在。

目前，一些地方的被征地农民虽然转为城镇居民、享受城镇居民社保和就业服务，但由于集体产权制度改革滞后，仍难以脱离原村社共同体、最终实现市民化。“十二五”期间，中国将有大量城郊农民“被城市化”。如何使其更加顺利地融入城市，值得高度关注。

上海浦东新区在处置撤制村、队集体资产，促进被征地农民市民化方面有系统的探索，既有成功经验，也有遗留问题。本文将以浦东新区的村庄城市化调查为基础，探讨村庄整体消失后农村集体资产的处置及其原则问题。

浦东的集体资产处置

1990年，国务院批准设立上海浦东新区。此后浦东新区步入快速城市化进程，大量农民、农村、农地“被城市化”。“被城市化”泛指农民因土地被征收而被迫接受城镇居民身份、纳入城市社会管理体系，主要是指处于城乡接合部和产业园区的大量被征地农民。

根据浦东开发规划，1991年到2000年，集中城市化地区从38平方公里增加至90平方公里；2001年到2020年，集中城市化地区从90平方公里增加到200平方公里。浦东新区原来的农民大半已成为市民，占上海市农转非人口的2／3。

城市化的快速推进导致行政区划不断调整。1995年浦东新区经撤乡建镇、调整街道后，共设11个街道、30个镇；后经多次调整，2008年年底共设12个街道、11个镇。村民委员会和居民委员会的个数也发生了较大变动。

以浦东新区为代表的村庄城市化，其主要特征有三。

一是被动性。城市利用公权征收农村承包地和宅基地，拆迁农民住房，失地农民被转为城镇居民、纳入城镇社会保障体系（小城镇社保）。这种转移进城，主要是从农民到市民的身份转换，在回迁安置时甚至没有空间上的迁移。

二是整体性。在城市化进程中，城市政府的土地整理储备中心作为征地主体，为实施城市建设规划，习惯于将一个村的土地全部征收，将该村农民全部转为城镇居民。例如，深圳市甚至一次性将全市农村集体土地全部征为国有、农民全部转为城镇居民。

三是彻底性。在上海，城市边界扩展到哪里，土地就连片征收到哪里，被征地农民全部加入小城镇社会保障体系。土地被征完后，组、村、镇的农村建制被撤销，集体经济组织的资产全部以股权形式量化到人，或以现金方式分配到人，农民全部纳入城市管理体系。

根据2010年2月4日发布的《浦东新区撤制村、队（组）集体资产处置的若干规定》。浦东新区在村庄整体撤销后，集体资产处置上主要有以下做法。

首先是界定集体产权。

在处置撤制村、队集体资产前，先做清产核资、资产评估和产权界定。对经评估确认的撤制村、队净资产，分三种情况予以产权界定。

一是明确规定，撤制队依法取得的土地补偿费，40% 划归队集体经济组织所有，30% 上缴村集体经济组织，30% 上缴镇集体经济组织；撤制村依法取得的土地补偿费，50% 划归村集体经济组织所有，50% 上缴镇集体经济组织；而划归撤制队或村集体所有的土地补偿费，可以股权或货币形式全部量化到个人。而队集体经济组织上缴村、镇集体经济组织的土地补偿费，则作为村、镇集体经济组织的公积金收入。

二是按投资来源分割。主要包括：对撤制村、队集资兴办的农田基本设施、自来水管线、照明广播线路等资产，按出资方和出资额实行产权界定，已获补偿的，按实际补偿价值和各出资方的出资比例分割；对撤制村、队集体经济组织集体土地上开发的工业和商业，及由此投资形成的资产，还有在返征地上投资的工业、商业等建筑物及地下设施，实行“谁投资、谁所有”。而属于村、队集体经济组织投资的，纳入撤制村、队分配。

三是明确界定以下资产非村、队集体所有。主要包括：

1. 由自然人与撤制村、队以外的单位投入的资本金及相应经营收益（含收益性补偿），界定为外来投资者资产；

2. 撤制村、队集体经济组织及其所属企业中历年来由镇扶持用于农业基本建设的款项、实物等所形成的资产，界定为镇级资产；

3. 因开发建设等原因处置、占用农用设施而取得的补偿费中，属于国家、市、区扶持、投资的农业基本建设款项，界定为国有资产，上交浦东新区财政专项资金专户，但可由新区政府统筹，继续用于农业基础设施建设。

4. 撤制村、队因集体土地非农化的增值资金和因享受国家特定优惠政策（税前还贷、以税还贷等）形成的集体资产，是非劳动积累的集体资产，界定为非村、队集体资产，并应按规定上缴镇集体经济组织。

其次是确定持有方式。

对这些可分配的集体净资产，是彻底清盘，全部以现金方式分配给个人，还是继续保留统一经营的外壳，仅将股权量化到人？农民获得的股权到底有多大权能，只是分红依据，还是完整的财产权利？

浦东新区规定，对撤制村、队集体资产，有规模、有效益并有条件继续经营的集体经济组织，主要应以股权形式量化到人；对规模小、效益差并无条件继续经营的集体经济组织，在清算债权债务的前提下，可采用现金分配。

对撤制村、队撤销后，界定为镇集体资产的，由镇集体资产管理部门以股权形式代为持有；村、队撤销建制后，原集体经济组织所属经济实体，在明确权属关系和依法改制为新的独立经济实体后，继续存在。

处置集体资产的原则

城市化过程中如何处置撤制村、队的集体资产，现有法律并没有系统、完整的规定。对比 1996 年上海市和 2010 年浦东新区关于撤制村、队集体资产处置的相关规定，参考全国其他一些地方的做法，我认为，今后应该明确以下原则。

1. 土地补偿费应归集体土地所有者

无论是 1996 年上海市政府出台的暂行办法，还是 2010 年浦东新区政府出台的若干规定，对撤制队所获土地补偿费，均按 40：30：30 的比例，由队、村、镇三级集体经济组织分享；对撤制村的土地补偿费，按 50：50 的比例，由村、镇两级集体经济组织分享。

这种分配办法在全国绝无仅有。其法理依据据称是基于人民公社时期“三级所有、队为基础”的所有制结构。由此认为，组（生产队，相对于自然村）、村（生产大队）、镇（公社）三级集体经济组织共享集体土地等所有权。

事实上，1962 年“人民公社六十条”所构造的“三级所有、队为基础”，是一种“自下而上”的共有制，即生产队的土地等财产，归生产队成员集体所有；生产大队的土地等财产，归全大队成员集体所有；公社的土地等财产，归全公社社员集体所有。

改革开放后，人民公社体制消亡，公社一级转为乡镇政府，生产大队则转为行政村，而生产队则基本上等同于自然村。由此看，不能把“三级所有、队为基础”理解为，生产队的土地等财产归全大队成员共有，生产大队的土地等财产归全公社社员共同所有。

按《土地管理法》第十条和《物权法》第六十条的规定，农村土地的所有权主体，要么是村集体，要么是组集体，要么是乡镇集体，不存在一块土地有两个或三个所有权主体，更不能认为农村土地所有权，由队（组）、村、乡（镇）三级集体经济组织分享。

同时，根据现行《土地管理法》，土地补偿费是对农民失去土地所有权的补偿，主要用于补偿被征地农民。而“农村集体经济组织撤销建制的，土地补偿费应全部用于被征地农民生产生活安置”。显然，浦东新区的土地补偿费分配，既不符合农村集体所有制的内涵，也有违国家有关土地的法律法规。

我的建议是修改浦东上述规定，把撤制村、队的土地补偿费全部界定为该村、队集体资产。在土地由队集体所有的地方，村、镇集体经济组织不能分享土地补偿费；在土地由村集体所有的地方，镇集体经济组织不能分享土地补偿费。

2. 不必刻意保留集体股

在处置撤制村、队集体资产上，浦东新区有两个不同于其他一些地方的显著特征。

一是对确股到人还是分钱到人更加灵活。实际执行中，农民绝大多数主张分钱到人，而不愿确股到人。二是对是否设集体股更加灵活。即便在确股到人的情况下，依然存在是否把可分配集体资产全部量化到人、是否保留一定比例的集体股的问题。

上海市和浦东新区的政策，都没有强制要求保留集体股，也没有明确要求实行股份合作制。这也是符合实际的制度安排。但是浦东新区政府依然针对某些情形规定，撤制村、队集体资产主要应以股权量化到人，不能采用现金分配。

这实际上属于程序违法。建议对撤制村、队的集体资产是否分割，是以股权形式量化到人还是以现金方式分配到人，应由作为共有人的农民自主决定，而不是由政府决定。

很多实行社区股份合作制改革的地方称，保留一定比例的集体股，是体现集体经济性质的需要，是开展集体公益事业的需要。实际上，这是改制不彻底的表现，集体股权利的行使会带来很多负面问题，比如城郊农村集体资产管理问题丛生，村干部贪污腐败突出。

3. 尽可能扩大个人股权能

浦东新区2010年的若干规定要求，撤制村、队集体经济组织成员个人获得的股权，依法享有收益权，可以继承，也可以在本集体经济组织内部依法转让。

如何看待这一权能范围？

（1）与其他地方的做法相比，目前实行集体经济产权制度改革的地方，多数对个人股的权利范围限制较多。有些地方个人股只是分红的依据，没有投票权，也没有继承、处分的权利。比较而言，浦东新区赋予个人股的权利是比较大的。

（2）与上海市1996年的暂行办法规定相比，浦东新区对股权转让的限制更多。限制在本集体经济组织成员内部转让，这使集体经济更趋于封闭，不利于建立现代产权制度；减少了潜在竞购者，不利于股权转让的竞争，从而人为压制了转让价格。

（3）与《物权法》的规定比较，把集体资产以股权形式全部量化到集体经济组织成员，完成了从“共同共有”到“按份共有”的重大转变。农民获得的个人股份，是作为共有人对共有的不动产或动产享有的份额。

但是，浦东新区规定，农民个人股权转让只能限于本集体经济组织内部，这有失偏颇。建议按照国家相关法律法规，依法赋予农民获得的股权更大的权能，包括依法享有占有、使用、收益和处分的权利，以及转让、抵押、担保等其他派生权利。

4. 应及早妥善处理后续问题

从浦东新区处置撤制村、队集体资产的具体做法看，还有一系列问题未能妥善解决。

一是统筹基金问题。上海市 1996 年暂行规定和浦东新区 2010 年若干规定，都明确要求从撤制村、队净资产中提取 5% ~ 10% 的资产作为资产处置统筹基金，上交镇政府指定部门管理。二是资产划转问题。浦东新区 2010 年的若干规定，将一些应归村、队集体所有的资产，划归镇所有。三是遗留资产问题。撤制队集体资产处置完毕后，如何保障和体现队集体经济组织成员在村集体资产、镇集体资产中的权益；撤制村集体资产处置完毕后，如何保障和体现村集体经济组织成员在镇集体资产中的权益；建制镇撤销后，镇集体资产如何处置。

对这些悬而未决的问题，宜趁村、队集体成员多数健在、历史事实清楚的有利条件，早作决断。我建议：

一是资产处置统筹基金是撤制村、队农民的共有资产，应全部用于解决各村、队的遗留问题，而不应“被统筹”用于其他村、队农民；

二是集体土地所有权和使用权、返征地使用权是原村、队的集体资产，应尽量评估作价、纳入分配范围，无法评估作价的，也应锁定原村、队受益成员范围，待以后作价变现后再分配，镇集体经济组织只能受托管理；

三是集体土地非农化增值资金，虽不是劳动积累，但是农民土地财产的增值收益，应归农民集体所有；同时，国家对农村集体实行特定优惠政策，并不是一种投资行为，因此形成的资产仍是农村集体资产，不能界定为国有资产。

5. 保障失地农民的土地财产权利

“被城市化”农民是城市常住人口中的特殊群体。与进城农民工相比，他们享受的公共服务和社会保障待遇更高、在城市安居的实力更强，但退路更少；与城镇一般居民相比，他们的财产性收入更多，但职业技能和就业竞争力明显偏低。

面对这些“新市民”，城市人主流的心态极为矛盾：一方面，由于他们是“失地农民”，为城市建设作出了贡献和牺牲，认为应当善待；另一方面，对其因拆迁而获得大面积住房和巨额货币补偿、“一夜暴富”，也会愤愤不平。

而掌握城市政策话语权的政策制定者也同样如此：一方面为被征地农民单独设计一套“小城镇社会保障”，其保障待遇明显低于城市居民，人为造成城市社会保障体系的“碎片化”；一方面，层层截留土地补偿费，在界定村、组集体资产权属时，明显倾向于将村庄集体资产界定给镇政府或由镇政府主导的“镇集体经济组织”所有。

对此，首先，应尽快启动征地制度改革，从严界定公益性建设用地范围，对其他建设项目用地尽快废除按“统一年产值标准和区片综合地价”补偿的做法，改为按市价进行补偿；其次，不能要求失地农民用土地财产权利去换社会保障；最后，各地政府应引导被征地农民理性对待所获巨额土地补偿收入，但是不能因担心农民不善理财、非理性消费而不把土地补偿费分配到人。

外来农民工调查

刘开明（深圳当代社会观察研究所所长）

工资不平等和农民工（外来工）是理解最近30年来的中国发展历史与现状的关键。中国巨大的经济成就很大程度上是依赖出口导向型发展战略，以外来投资和出口参与经济全球化，用国内廉价劳动力优势换取稀缺的国际资金、技术、市场、自然资源，实现了国家经济的振兴。可以说，以外来工为主体的廉价劳动力创造了中国的经济奇迹。

2008年2月至2009年8月，深圳当代社会观察研究所（ICO）在“珠三角”和“长三角”210家出口加工企业做了调查，笔者运用这些内部搜集的工资和工作时间数据，来测量这两个地区外来工的实际工资水平，并以此比较外来工与其他社会群体的工资差距。

汗水撑起经济奇迹

2008年，“长三角”和“珠三角”两个地区以中国1.29%的国土面积，创造了全国28%的国内生产总值，40%的政府财政收入，以及56.45%的货物出口额。在2008年全球金融危机的大环境下，这两个三角洲的经济增长率仍然高达12.6%。如此高的经济增长主要得益于“中间加工”环节的廉价劳动力，因为这里集中了来自全国各地8500万左右外来工（其中包括5900万跨省外来工和2500万省内外来工），占全国外来工总数的60%。

但是，这些外来工，其工资不仅远远低于当地城镇在岗职工和农村居民，甚至低于全国外出农民工的平均工资水平。

“外来工”是农村劳动力向非农产业转移的一种模式，这是跨县域外出打工的农村劳动力，即官方称之为外出务工经商或“离土又离乡”的农村劳动力，城镇市民和雇佣者一般称之为“外来工”。“农民工”（简称“民工”）是将人的社会身份和职业结合起来的名词，指的是户籍还是农民、有承包土地，但主要从事非农产业、以工资为主要收入来源的人员。

国家人力资源和社会保障部、国家统计局《2008年度中国人力资源和社会保障事业发展统计公报》显示，到2008年底，包括外来工和“离土不离乡”的本地农民工在内的中国农民工总数为22542万人，其中，外出农民工数量为14041万人，占中国非农业就业人口的48.15%。到2009年9月，全国外来工总人数达到15097万人，他们主要来自贫穷的中西部地区（达70.4%）。2008年各省统计数据显示，外出农民工当年数量较多的省份为：河南2100万人、四川2023万人、江苏1700万人、湖南1200万人、安徽1100万人、湖北1036万人、江西1000万人、广西790万人、重庆700万人、陕西643万人、贵州560万人。这些农民工绝大部分流向东部沿海地区（66.7%），分布于制造业（37.9%）、建筑业（18.3%）、居民服务和其他服务业（11.7%）、住宿和餐饮业（8.1%）、批发和零售贸易业（7.5%）、交通运输仓储和邮政业（5.6%）等国民经济的主干行业。

挣扎在最低工资线上

深圳当代社会观察研究所此次调查的工厂全部是出口加工企业，其中，81家位于“珠三角”，129家位于“长三角”，分布的城市有“珠三角”的广州（10家）、深圳（17家）、东莞（30家）、中山（9家）、佛山（7家）、惠州（6家）、肇庆（2家）；“长三角”的上海（15家）、南京（5家）、苏州（15

家）、无锡（14 家）、常州（7 家）、镇江（2 家）、扬州（6 家）、南通（6 家）、泰州（2 家）、杭州（19 家）、宁波（9 家）、台州（3 家）、嘉兴（18 家）、湖州（2 家）、绍兴（6 家）；涉及纺织服装（133 家）、鞋类（19 家）、箱包（10 家）、珠宝（10 家）、眼镜和化妆品（6 家）、皮革制品（6 家）、电子（6 家）、塑料制品（5 家）、印刷和造纸（3 家）、陶瓷（3 家）、家具（3 家）、其他产品（6 家）等十多个主要出口产品制造行业；投资来源包括中国私营及国有企业 128 家、香港投资企业 47 家、台湾投资企业 15 家、中外合资企业 10 家、日资企业 5 家、英美投资企业 3 家、澳门投资企业 2 家。企业规模为 2000 名员工以上的 2 家、1001 ~ 2000 名员工的 17 家、501 ~ 1000 名员工的 36 家、100 ~ 500 名员工的 133 家，100 名员工以下的微型工厂 22 家。这些企业雇佣的工人总数为 87269 人，其中，女工 58102 人、男工 29167 人，81% 为外来工，另外，15% 为本地农民工，4% 为城镇户籍居民。这些工厂均是外来工密集的行业，具有较强的代表性。

对调查数据的分析发现，这 210 家企业的工人平均月工资为 1145.55 元，其中“长三角”地区为 1196.39 元、“珠三角”地区为 1094.71 元。虽然多数工人的工资水平略高于当地的最低工资标准，但是，这是因为其中包括了工人加班时间的收入。工人的平均工作时间为每天 10.67 小时、每周 66.41 小时，每周 6.62 天，每月加班 120.49 小时，每月仅休息 2.19 天。只有 28 家工厂按照中国法律规定支付了加班费，而另外的工厂没有加班费或加班费无法达到中国《劳动法》规定的标准。所有工厂的外来女工没有法定的带薪产假，其中，99% 的女工在怀孕 7 个月之内辞职返乡生产。

这些数据还反映出，“珠三角”地区的月工资比“长三角”地区低 101.68 元，但工作时间却每天长 0.16 小时、每周多 2.46 小时、每月加班时间高出 16.29 小时。而在“长三角”内部，工资水平也不均衡，上海达 1235 元、浙江为 1206.98 元，江苏仅 1147.18 元；各个城市之间的差距就更大一些，“珠三角”地区工资最高的深圳是 1247.06 元，最低的东莞是 971.43 元，“长三角”地区工资最高的江苏南通是 1266.67 元，最低的南京是 1065 元。而按工作时间和工资比率来计算，“长三角”地区无锡的工资水平最低，其平均月工资为 1178.57 元，有 46.43% 的工人工资无法达到当地的最低工资标准——850 元，平均每天工作 11.29 小时、每周工作 6.86 天（70.64 小时）、每月加班 128.21 小时、每月仅休息 1.36 天。

在这些企业内部，城镇户籍劳动力绝大多数是管理人员、办公室文员或技术工人，属于工厂内部工资较高、工作岗位较好且有社会保险及休假的群体。本地农村户籍劳动力则主要分布于“长三角”的县域企业和“珠三角”边缘地区的企业里面，有较长的工作经验且工资较高，其中，80% 的人参加了当地的农村社会保险或城镇社会保险。

三个外来工 顶个城里人

对比这些企业工人与其他社会阶层的工资差距，可以看到，在深圳、东莞、广州、上海、南京、苏州、无锡、杭州、宁波等大城市，外来工的月工资仅为当地城镇在岗职工（根据现行统计制度，城镇单位在岗职工工资统计范围包括国有单位、城镇集体单位，以及联营经济、股份制经济、外商投资经济、港澳台投资经济单位里具有城镇非农业户籍的正式员工，尚未包括城镇的私营企业和个体工商户的雇员，也不包括农民工）平均工资的 30% ~ 40% 之间。经济越发达、外来工越多的城市，这种差距就越巨大。

例如，珠江三角洲城市广州、深圳、东莞、佛山的城镇在岗职工 2008 年月均工资为 3320 元，外来工月均工资为 1090 元；长江三角洲城市上海、南京、苏州、杭州、宁波的城镇在岗职工 2008 年月均工资为 3189 元，外来工的月均工资为 1155 元。平均来说，“长三角”和“珠三角”出口企业的工人月平均工资只有全国城镇在岗职工平均工资的 47%，其中，“长三角”出口工厂工人月工资只有当地城镇在岗职工平均工资的 43.17%，而“珠三角”出口工厂的工人月平均工资仅为当地城镇在岗职工平均工资的 41.34%。这些城市的物价涨幅和生活成本均大大高于其他普通城市，外来工的低廉工资只能勉强支撑他们自己的最低生活需求，导致他们与所生活城市的其他社会阶层的收入差距越来越大。

其实，这种差距自1992年以来即开始存在，且呈不断拉大趋势。在20世纪80年代，出口加工区的工人工资每月高达200元～600元，而当年一般工人工资不过几十元。到1992年，深圳外来工的月工资甚至达到了1500元。但此后到2008年的17年间，两个三角洲的主要城市——上海、南京、苏州、杭州、广州、深圳、东莞等城镇在岗职工的平均工资增幅为15.71%，而当地外来农民工工资增速却十分缓慢。2004年8月，国家劳动和社会保障部发表的《关于民工短缺的调查报告》称："珠三角"地区12年来月工资只提高了68元。"珠三角"地区外来工月工资绝大多数在600元左右。而"长三角"外来工工资略高于"珠三角"，达到每月650元～750元左右。这样的工资水平，还是以长时间加班获得的。

2004年开始，从"珠三角"到"长三角"，陆续出现"民工荒"等劳动力短缺问题，加上2006年5月的"最低工资标准偏低"争论，促进政府提高了最低工资的标准。在市场和政府的双重压力下，外来工工资有了明显上升。国家劳动和社会保障部的调查显示，2006年，全国农民工的平均工资为1020元/月，70%以上集中在500元～1200元之间，其中，"珠三角"外来工的平均工资达到1226元每月，比2005年提高了17.3%；而浙江农民工达到1217元，约45.55%的农民工月收入在1000元以上，月收入在800元～1000元的农民工约占29.24%，还有25.21%左右的农民工月收入在800元以下。另据学者研究数据显示，2007年，"珠三角"农民工的工资平均达到1298元/月，"长三角"农民工则为1296元/月。

在这十多年里，衡量外来工与本地城镇在岗职工工资差距的重要参数——最低工资标准与城镇在岗职工平均工资的比率，一直在持续下降。例如，"长三角"的上海从1993年44.59%下降到2008年29.16%，南京从1994年的43.37%下降到2008年的23.38%，苏州从1995年的36.27%下降到2008年的28.27%，杭州从1995年的38.59%下降到2008年的28.67%，宁波从1995年的36.8%下降到2008年的28.47%；而"珠三角"城市的降幅更大，广州从1994年的44.51%下降到2008年的22.71%（其中，2004年为17.53%），深圳从1992年的49.6%下降到2008年的27.61%（其中，2003年仅为18.03%），东莞从1994年的50.22%下降到2008年的23.28%。我们的调查还发现，90% 以上的企业以最低工资标准为上限设定工资水平，有大约 25% 的外来工工资低于当地的最低工资标准，外来工工资呈现“向下竞争”的严酷现实。

另外，由于城镇在岗职工拥有稳定住房、较好的社会保障，以及享受政府的一系列物价补贴，他们的生活成本一般低于外来工，而生活水平则高于外来工。同时，多数城镇居民拥有更好的社会关系网络、信息资源，更高的教育水平，其收入的来源也更多元化。本地农村居民也因大量外来工流入而获得利益，收入增长水平也高于全国平均水平；而且，由于本地农村居民拥有土地和更多私有住房用于出租，外来工密集地区本地农村居民的隐性收入一般要高于本地城镇居民。有关研究显示，两个三角洲地区的本地城镇居民家庭人均全年可支配收入都高于全国平均水平。其中 2005 年“长三角”为 15607 元，比全国高出 48.7%；“珠三角”为 17477 元，比全国高出 66.6%。两个三角洲地区本地农村居民人均纯收入，也比全国平均水平高出近一倍，其中，“长三角”为 7109 元，是全国的 2.2 倍；“珠三角”为 6331 元，是全国的 1.9 倍。

计件成为减薪魔术

计件工资是按照工人生产的合格品之数量（或作业量）和预先规定的计件单价，来计算报酬的一种工资形式。它不是直接用劳动时间来计量，而是用一定时间内的劳动成果——产品数量或作业量来计算。这种工资计算办法被广泛应用于出口制造业的生产流水线上。本文分析的 210 家出口工厂的流水线工人全部实行计件工资或日薪制。

然而，在实际运作中，计件工资并不能增加工人的收入水平，反而是雇主降低工人工资和其他法定福利的有效办法。由于工人缺乏集体谈判的能力和参与工厂管理的机会，计件的生产额度和生产单价是由雇主单方面决定的，而且缺乏透明度，雇主总是有各种理由任意改变生产单价，降低工人的实际收入。工人告诉我们，增加工作时间或提高生产效率并不一定带来收入的增加，工人每月的工资大体上没有太多变化，反而是因为计件增加了工人的心理压力。

计件工资也是雇主拒绝给非熟练工人或无法满足一定生产额度的工人最低工资的最好借口。同时，由于实行计件工资，工人和管理人员都认为，无法根据不同工作时间段来区分生产单价，使之成为雇主拒绝支付法定加班费的主要理由。而且，来自市场的压力也可以通过计件工资的单价分拆办法转嫁到工人身上。

对雇主而言，计件工资能够把工人收入与工作时间、产量紧密挂钩，并让工人内心形成没有工作或者产量就没有工资的深刻烙印，不仅可以增加工人的工作时间、提高生产率、降低工厂的生产成本和提高其产品的价格竞争力，而且可以减少工人因为工资浮动或偏低而产生的抱怨。

但是，对工人来说，这种计酬办法容易使工人简单地把工作与挣钱挂钩，降低了他们对工作的认同和对企业的归属感，增加了流动的意愿，提高了员工流动率。这样，工厂总是被高企的员工流失率和非熟练工人的问题折磨，工人则被低工资和工作不稳定困扰。

由于生产线工人均实行计件工资，没有产量就没有工资，所以，任何形式的休假就意味着没有工资。虽然法律规定女工在怀孕、生产、哺乳期间享受特殊保护，雇主不能单方面解雇特殊保护期内的女工，同时规定，女工生产期间有不少于三个月的带薪产假，而且产假工资不能比平时工资少。但是，在实际操作中，绝大多数的企业拒绝为怀孕女工提供特殊保护，而且，为了胎儿的健康发育，也为了节省生产期间的经济开支，女工一般会在怀孕之后选择辞职，返回家乡生育和哺乳婴儿。本文分析的 210 家工厂的女工没有产假工资，只有一家工厂为女工提供了产假，以及 30% 的产假工资。

根据中国法律的规定，企业必须为受雇时间在一年以上的员工提供带薪年假，依照员工的服务年限获得从 5 天到 14 天不等的带薪休假权利。然而，由于普遍实施的计件工资制度和劳动合同的短期化，所有被调查企业均没有向外来工提供实际的带薪休假福利。

由于绝大多数外来工每年只有春节一次返乡与家人团聚的机会，每年春节前后，工厂会放假10天～20天，加上平时的病假和偶尔的请假，很多工人每年实际上只有11个月能够拿到薪水。所以，本文210家"珠三角"和"长三角"的出口加工工厂的工人平均年收入约为12601元，是全国城镇在岗职工年均工资（29229元）的43.11%，仅为这两个地区城镇在岗职工年均工资（33312元）的37.82%。

社会保障缺失原由

虽然1995年1月1日开始实施的《劳动法》以及国家与地方的相关法规明确规定，企业要为包括外来工在内的员工支付法定的养老、医疗、工伤、失业保险，有的省份要求企业为未孕妇女（包括女性外来工）购买生育保险，但本文分析的210家工厂，除了上海的15家企业为90%的外来工购买了低水平的外来工综合保险外，"长三角"的江苏工厂社会保险覆盖率为29.09%、浙江工厂的覆盖率为29.44%，"珠三角"工厂的社会保险覆盖率为30%。

然而，中国的社会保障制度是为城市居民设计的。养老、失业、工伤、医疗等四大主要法定险种，除了工伤保险能够直接使投保人受益之外，其他三种保险的利益几乎被地方政府"明火盗窃"。以接纳外来工最多的广东省养老保险为例，目前的社会保险制度有三大弊端。

第一，外来工参加养老保险的比例非常低：截至2007年12月，全国参加基本养老保险的农民工为1846万人，约占全国农民工总数的8%。广东省在1994年实行基本养老保险制度，即开始将外来工纳入城镇职工社会养老保险体系，到2007年12月参加基本养老保险参保的外来工约800万人，约为全省外来工的15%。

第二，养老保险关系无法转移：由于受到现行政策和地方办法的限制，直至2007年12月，广东地区没有外来工成功办理养老保险的关系转移。

第三，养老保险"退保"问题突出：在2002年以前，广东地区的外来工如果中断缴纳养老保险，养老保险基金就全部"贡献"给了地方政府。

从2002年起，广东开始办理外来工退保业务。根据国家和广东省规定，外来工在终止或解除劳动合同后，如本人申请，可将其养老保险个人账户存储额中个人缴费的部分一次性退给本人（简称“退保”），同时终结养老保险关系。2002年到2006年间，广东共办理外来工退保7845335人次，退保人数呈逐年上升的趋势，五年的平均增长率为16.95%（该比率为退保农民工与全部参加基本养老保险总人数的比率）。2006年退保外来工人数是同期参加养老保险外来工人数的31.25%。

据广东省公布的2005年缴费工资下限测算：深圳是1591元／人／月，单位缴费费率是8%，以一名参保时间一年的外来工计算，如果他退保，其单位就向深圳政府养老保险基金缴纳1527元。东莞是1261元／人／月，养老保险单位缴费费率是10%，一名参保时间一年的外来工退保，他／她所在的单位就向东莞市养老保险基金“贡献”了1513元。广州是1551元／人／月，单位缴费费率是20%（私营企业12%），一名参保时间一年的外来工退保，他／她所在的单位就向广州市养老统筹基金“贡献”3722元。2005年深圳转退保人数总计达到65万人，估计当年为深圳政府养老保险基金“贡献”了104315万元，这一数据还在逐年增加。由此推算，2002年到2008年间，广东从退保外来工那里“窃取”的养老保险金至少在300亿元以上。

失业保险则几乎完全为地方政府作“贡献”。2007年12月，广东有450万外来工参加失业保险，但只有少数广东本地户籍农民工或没有领到工资的失业外来工得到过失业生活救济。由于有众多外来工的“贡献”，广东成为中国极少数社会保险基金有结余的省份，2007年全省社会保险五项基金的结余高达1919亿元。

公共服务遗忘的角落

在现有政治和社会制度里，城市政府完全不必为外来工提供本地户籍居民所享有的公共服务，例如，住房、卫生、教育和物价补助，使外来工必须用自己微薄的收入支付城市高昂生活开销。本文分析的工厂，虽然有53%的工厂提供了员工宿舍，主要分布于“珠三角”，但其中有61%的工厂向工人收取每月10元～50元不等的宿舍费、水电费，17%的工厂为少数熟练工人提供简陋的夫妻房。61%的“长三角”工厂没有为工人提供宿舍，工人只能租住在工厂附近的民房中。工人租房的开支每月50元～500元不等，多数工人选择与其他工友共同合租住房的方式降低租房费用，但租房仍然是他们日常开支的大头。在我们的所有访问中，没有员工居住在政府提供的廉租房里，也没有从当地政府获得任何公共服务。

国家统计局、国家人力资源和社会保障部于2009年6月进行的联合调查发现，外来工在城市维持最低生活开支的费用人均达到766元，其中，82.7%用于住宿和食品开支。如果按照最低生活工资的标准衡量，中国工人月工资至少要在1638元以上，才能维持他们及其家庭成员最基本的生活需求；在上海、南京、杭州、宁波、深圳、广州等大城市，工人的最低生活工资标准应在2000元以上。然而，2009年中国政府制定的最低工资标准平均水平仅为687元/月，即使在经济发达的深圳、上海、广州、南京、杭州、宁波等大城市，最低工资标准也仍停留在850元～1000元之间的低水平，只达到最低生活工资标准的一半左右。本文分析的210家出口工厂的工人，少数超过2000元工资的员工是以超长的工作时间换取的。

在2007年，笔者曾调查了深圳和东莞的300名外来工，这些受访工人年均收入为18260元（按当年汇率折合为2282美元），他们全年开支的用途如下：返乡一次，用于路途的开支平均531元、春节家庭团聚和探亲访友的开销平均费用2587元、子女教育费（义务教育阶段）1825元、子女生活费4169元、老人生活费509元、住宿费920元、伙食费2392元、其他生活开支1962元，年储蓄3365元，其中，80%以上没有任何社会保险。

以一名外来工每年支付5000元额外生活成本计算，全国1.4亿外来工每年额外支付的生活成本高达12000亿元，过去20年耗费的总成本估计可能高达10万亿元。

2007年，中国人均国民收入为2360美元，农村人均年收入为518美元，也就是说，这些工人的工资不仅大大超过同期农村人口的收入，而且已经接近中国人均国民收入的水平。在世界上任何一个国家，如果一个劳动者的收入接近或者达到该国人均国民收入的水平，就不应该存在生活困难的问题。然而，从这些外来工的实际情况来看，虽然他们的收入已经接近甚至达到全国人均收入的水平，仍然无法摆脱经济贫困的窘迫，其根本的原因在于现存的户籍制度导致他们被迫在城市与乡村间“钟摆式流动”，增加了他们的生活成本，降低了他们的生活质量，从而压缩了他们的发展机会。

出路在于制度变革

外出打工本可以成为中国农民改变贫穷命运的一个重要机会。然而，制度性地压低工人工资，导致外来工尽管已经两代人进城打工且十分节俭，但是，他们的收入仍难以支持其家庭走出贫穷，出现了贫困的代际转移。这导致数以千万计的中国人只能维持最简单的生存而无力购买耐用消费品，以及其他改善生活质量的产品和服务，导致中国国内消费市场长期疲软。而且，出口工厂的明显季节性特征和低工资、长时间工作，增加了外来工的就业不稳定性。高流失率是中国出口工厂面临的严峻问题。

2005 年 3 月，东莞人力资源经理俱乐部的调查发现，参与调查企业的雇员年度整体流失率为 80%。90% 的企业以生产部门流失率最高，其中，以生产工人的流失率最高，年流失率最高达 108%。招聘网站前程无忧 2007 年 12 月初发布的《2007 年中国企业员工离职率调查报告》显示，2007 年传统制造业中的操作人员类离职率最高，达到 31.5%。

就我们所调查的“珠三角”和“长三角”的工厂，51% 的员工为厂龄不到一年的非熟练工人，21% 的员工为厂龄在一年到三年之间的半熟练工人，厂龄三年以上的熟练工人仅为员工总数的 28%。员工的频繁流动导致企业缺乏熟练工人，进而影响产品质量和生产效率，更导致把“中国制造业”定格在国际生产分工体系最低端的加工环节，难有向上提升的机会。

从国际经验看，日本可以，韩国、新加坡，中国台湾和香港可以做到的以出口导向型战略发展工业化、城市化，实现民富国强的社会发展目标，而中国“尚不可以”的原因，并不在出口导向型发展战略本身，而在于国家是否让民众分享经济发展的果实，是否为民众提供了平等的发展机会，是否为民众的发展提供了制度性的支持资源和保障基础。

导致工资不平等的问题症结也同样不在于出口导向型发展战略本身，而在于其背后的一系列压低工人的利益保护和发展能力的制度性弊端。所以，赋权工人、消除歧视才是解决工资不平等、消除贫困的关键所在。而要达此目标，中国就必须转变以廉价劳动力和牺牲环境获得暂时经济利益的发展路径，并对现有政治和社会制度进行适当改革。

地方政府为何难以践行科学发展观

刘守英（国务院发展研究中心研究员）

2010 年 10 月 12 日，财新网刊发了一位宜黄官员写来的文章。从作者表达的内容和评论的反应来看，所有卷入的人，事实上不自觉地陷入两极：一极是在阐明地方政府作为城市化的操盘手的行为合理性；另一极是从道义上谴责操盘手的无理。这两者其实不是在一个讨论平台上，无助于问题的解决。

本文无意加入对宜黄拆迁自焚事件的讨论，更不愿意卷入“以动机为评判是非标准”的抨击。因为一旦陷入这个层次，就失去了理性讨论的基础。

我更感兴趣的是，宜黄这位官员对地方政府主导发展亮明的观点，事关中国发展理念和如何转变增长方式的深层次问题，值得反思。

地方为什么不与中央保持一致

中国到底应该用什么模式发展？现在形成一个十分有趣的现象。

中央政府一直在讲要转变发展方式，要科学发展，且理念越来越明确，调子越来越高。理论界对传统增长模式的抨击几乎到了口诛笔伐的程度，对新发展方式的理论支撑也越来越充分。

可是，具体到推动发展的地方政府，继续沿用传统增长方式的热情却不减，且颇有心得，尤其是在中西部地区表现更为明显。难道能简单地将其归结于地方政府不与中央政府保持一致吗？非也！

地方政府之所以在追求增长上，跟中央政府的发展观产生这么大的分歧，既有上面的原因，也有下面的原因，但更深层的是制度的原因。中央强调要实行科学发展，要转变发展方式，但是，新发展模式的体制机制尚未建立。对于地方政府来讲，就只好开会讲话时跟着喊要贯彻“科学发展观”，在具体工作中还是用原有的体制机制谋发展。

理论界对传统增长模式的概括是：依靠高要素投入（主要是劳动和土地），支撑高投资和高出口。给出的药方是：将投资、出口拉动为主转向以内需为主，从依靠以劳动和土地投入为主转向以全要素生产率的提高为主。

但是，到了推动经济增长的操盘手地方政府那里，他们感到十分茫然：内需起不来，怎么办？还是靠投资和出口吧！至于要素生产率提高，对于以政绩为导向的地方官员来说，还是让未来的继任者来干吧！而且，在宜黄这样的中部待发展地区，尽管劳动成本在上升，低廉的劳动投入还是支撑快速增长最便捷的要素。

那么，土地呢？在中国，土地本来是一个极其稀缺的要素，但是，由于现行的土地制度是一套城乡二元、政府垄断、非市场配置的制度，法律赋予地方政府以土地的农业用途的倍数低价强制征用，转为非农用途，政府再作为独家供应者以“招拍挂”的市场化方式出让——这一进一出两个通道、一低一高两个价格，全由政府主导，他们怎么会没有强征农民土地、强征农民财产的动力呢？

因此，地方政府通过土地征用，创办园区，土地这个要素的稀缺性被压制，保证了以低土地成本来推动快速的工业化。不仅如此，土地还是银行最信赖的抵押品，这更提高了地方政府强拆、强征的动力。因为只要政府使征用来的土地进入土地储备中心，就能以土地抵押获得巨额城市建设资金，土地也便成为地方政府快速推进城市化的工具。

因此，在传统增长模式下，地方政府推进快速发展的机制不改变，尤其是这种压低土地稀缺性和助推卖得机制的土地制度不改变，地方政府就不会转变发展方式，强拆、强征就仍是地方政府不惜使用的手段，宜黄悲剧就不可能仅成一个历史个案。

发展的成本能否只算有形的物质成本

长期以来，有一种观点认为，要缩短与发达国家的差距，必须快速推进工业化、城市化。由于资本不足，不得不继续牺牲农民，继续低价征用农民的土地；如果过于尊重农民的发展权、过于讲究发展的机会，城市化、工业化的速度就放慢了。

这种论调有一定的道理。这一轮发展确实是利用了征地制度，靠牺牲农民的利益来支撑的。或者说，我们是靠牺牲农民利益保证了发展的低成本。但是，近年出现大量的征地、拆迁事件，包括宜黄事件表明，继续利用牺牲农民、以不公平来快速推进工业化、城市化的负面效应在不断显现。随着工业化、城市化进程的速度越来越快，面越来越大，受损的群体面也不断加大。这也是我们城市化过程中已经付出和即将付出的巨大成本。

从此次宜黄事件来看，中西部地区在快速推进工业化城市化进程中，社会成本将会更高。过去 20 年，东部沿海地区实现了高速的工业化城市化，但在发展中引发的征地、拆迁恶性事件和群体性不满相对少一些，主要是因为东部地区的产业发展，解决了受损者的就业和收入保障问题；同时，东部沿海地区也通过许多妥协性制度和政策安排，缓解了发展中的官民冲突。

在宜黄这类后发地区的工业化城市化进程中，其产业发展没有那么兴旺，地方政府财力不足，建设对土地的依赖更强，对农民妥协的能力不足，因而，更容易采取强制性手段，如此，就会出现更多的正面冲突。

在整个中西部地区，政府主导的工业化城市化，会形成更多的不满和冲突。尽管物质成本更低，但是，支付社会不满的成本更高。政府在评估城市化成本的时候，不能仅仅看到一个有形的成本，更应该看到无形的社会成本。城市化的全过程，不是只有高楼大厦。如果这部分群体不能好好地融入城市化进程，他们的不满就会延缓城市化进程。

城市化有它自身的规律，我们可以用政府行为快速建立起一座座城市，但是，能否找到化解矛盾的捷径，将是对各级政府的严峻考验。否则，必然会加大城市化的社会成本，甚至还难以解决。

什么是可持续的根本的城市化

宜黄官员来信中，引发情绪型爆发的是他的“强拆—快速城市化—新中国”逻辑。

通过强拆建立的城市是我们需要的全部吗？事实上，国际上关于城市化的反思从来就没有停止过。

城市化应包括四个方面：一是土地的城市化，原来用于农业的土地转向用于发展城市、工业；二是就业的非农化，原来劳动者以从事农业为主，转向以非农为主；三是人口的城市化，从原来的农业居民变成住在城市的市民；四是生活方式的城市化，原来以农耕为主的生活方式，转向以城市生活为主的生活方式。

从现阶段大多数人对城市化的理解来看，土地的城市化、物质的城市化已经被大家所认识，被城市化的推进者所崇尚。我们看到了大量的土地转向城市用地，城市外延不断扩张；整个城市建筑越来越高密度，越来越现代。但是，城市化的后三个部分却大打折扣。

就业这一块，尽管有大量的人口到城市去谋生，但也出现了发展中国家城市化类似的问题，非正规部门的就业比例越来越高，存在就业不稳定、收入不稳定，容易带来社会不稳定。

人口城市化大大滞后于土地城市化。城市化的统计是以常住人口统计的，仍然低于土地城市化率。而且统计到城市化率的人口中，将近 1.5 亿是不享受公共服务的。每个城市还有数目不等的城乡接合部原住民，土地完全被国有化，但是，这些人仍然保持原有的户籍，人口没有城市化。

生活方式的城市化，是可持续的城市化的本质。现在进城的人生活方式没有改变，不能在城市落户，不能享受城市的公共服务和教育文化。他们大部分是“两栖人口”，在城市从事城里的工作，但是，在城市不能得到体面的居住，到一定年龄后，只能回到原来的农村。未来城市化的核心，就是要回归城市化的本质。从土地的城市化转向就业、人口和生活方式的城市化。

能否找到城市化的“第三条道路”

在整个城市化过程中，对政府角色的认识走向两个极端：一个极端是政府应该是城市化的主体。理由是中国应该快速推进城市化，像西方那样花几百年来自然实现城市化速度太慢，必须由政府来主导推进城市化。

问题是，这种城市化是以政府征用农民土地、出让土地、抵押融资来推动城市建设，卖地让房地产商进行住房建设。这套模式见效很快，但是带来的问题也很多。政府成了投资的主体、利益的主体，也成了建设的主体。结果就是整个城市化，有城市没有人，有物质没精神，有政府没市场，制度性腐败，农民利益受损，社会不公平加剧。

另一个极端是认为政府完全当“守夜人”，完全由农民自发、自主推动城市化。这套模式现在从全国来看，有搞得好的，也有搞得不好的。更大的问题是，它与政府主导的城市化相对立。在现行二元体制下，农民无法市民化，包括规划、土地、社保、基础设施的投资、治安管理、资金的立项等，都得不到政府认可，是一种“法外的城市化”，发展的可持续性受阻，农民权利缺乏法律保障。

能否找到第三条道路？从北京等地的实践来看，在城市化进程中，如果将政府职能很好地定位，就能够促进城市更健康、和谐发展。

那就是，政府作为城市建设的组织者、服务者，制度的提供者，主动破解城乡二元体制的藩篱，对规划、土地、资金、基础设施、社保、人口管理等主动改革，将城乡接合部纳入城市发展区域，将城乡接合部农民的土地在城市一体化规划下完全用于解决农民的居住、产业发展、基础设施建设和社会保障，促进农民的市民化进程。

“宜黄来函”主要观点摘录

● 强拆并非地方政府所愿。这里涉及一个很关键的问题，这就是发展成本的问题。中西部欠发达地区与沿海发达地区相比落后至少20年，中西部地区财政困难，又普遍存在冗官、冗员、冗费等问题，“吃饭”与“建设”的矛盾十分突出。

搞城市建设需要进行大量的拆迁，如果迁就被拆迁户的利益诉求，大幅度提高拆迁补偿标准，政府肯定吃不消。

而与此同时，被高涨的地价和房价吊足了胃口的农民，做梦都想依靠政府征地实现一夜暴富的梦想。这种情况，要政府与被拆迁户就补偿问题达成一致意见，可以说难于上青天，于是被征地户、被拆迁户越级上访告状便成为常态。而地方政府为实施地方发展战略，强拆更在所难免，或者说不得已为之。否则，一切发展免谈。

● 强拆容易出问题这是肯定的，但政府不能因为容易出问题就放弃不做。因此，剩下的就只是问题出的大小和是否可控，而会不会出大事、出了大事是不是控制得住，实在说，就要靠运气了。

● 当大家都在对强拆政策口诛笔伐的时候，大家似乎都罔顾了这样一个基本事实，那就是每一个人其实都是强拆政策的受益者。当您安住在宽敞舒适的房子里，当您行走在宽阔明亮的大街上，当记者住在高级宾馆挥笔写就痛斥强拆政策文章的时候，您是否想过，您脚下的土地可能就是政府用强拆手段征来的？因此，从某种程度上说，没有强拆就没有我国的城市化，没有城市化就没有一个个“崭新的中国”，是不是因此可以说没有强拆就没有“新中国”？

● 如果中国地方政府能像西方成熟市场经济国家那样，只充当“守夜人”的角色，即所谓的消极政府，不去积极干预经济和经济生活，就可以当太平官了，就不必去搞强拆了。但在中国这是不可能的，因为中国作为后发型现代化国家，要实现民族复兴、要赶上西方发达国家，这就决定了积极政府是当代中国现实和必然的选择，尽管它非理想模式。

注：“来函”作者慧昌为宜黄县官员

第四篇
民生与收入分配

▶ 即使不陷入中等收入陷阱，我们也必须面对一个基本的经济发展规律，就是在经济达到中等收入之后，也就是在按购买力平价13500美元左右的时候，经济增长的速度会下降、会放慢。经济增长速度在这时候放慢，是经济变得成熟的标志，正是因为成熟，人口红利将消失，资本回报将下降，这就是经济增长到了中等收入之后下降的根本原因。

——钱颖一（清华大学经济管理学院院长）

▶ 中国的发展阶段变了，公平可持续发展是优先目标，而在经济增长优先的情况下，把劳动者的工资压得低低的，一切优惠给了投资者，这个时代过去了，也走不下去了。如果收入分配改革没有实质性进展的话，无论是消费水平、消费结构、消费预期还是消费环境，恐怕都难以有一个大的个突破。衡量收入分配改革的标准，在于能不能通过收入分配制度改革形成民富优先的基本制度。

——迟福林[中国（海南）改革发展研究院院长]

▶ 在市场经济条件下，应当说是企业是整个市场经济最基础，最重要的力量，我们还是要不断巩固和壮大企业，所以我不主张切企业的蛋糕。切谁的？切政府。也会出现问题，切了政府这一块，势必影响政府的支出，政府的摊子铺得这么大，要是收入减少了怎么办？就是要转变政府的职能。

——姚景源（国家统计局总经济师）

第七章 | 劳资新关系

财新观察：救助第一

5 月 26 日深夜，第 12 位富士康员工再度选择以坠楼这一极端方式结束了自己的生命，令人痛心和惊悚。

短短五个月，同一家企业，12 个人以同一方式自杀，一次比一次间隔更短。公众忧心如焚，媒体指责连篇。当此之时，我们主张冷静理性，呼吁关爱同情。我们呼吁，传媒与网民不再用“N 连跳”说法，减少刺激，更多地展示对生命的关切；我们主张，专家学者集中自己的专业知识救助富士康员工，避免事态恶化蔓延——救人第一，此时需要的不是血脉贲张的激评，而是实实在在的救助。

诚然，自杀现象不仅有心理原因，更有深刻广泛的社会现实原因；自杀现象在富士康连连发生，轻生者如此之多之密，企业管理及运营模式万难辞其咎。但也必须看到，如此反常的极端行为频繁发生，其体现的心理传导效应是显见的，也是可怕的。自杀本是概率事件，不约而同地选择跳楼为自杀手段又有一重概率；系列跳楼自杀表明，彼此为孤立事件的可能性小到可以忽略，再次验证了自杀事件之间的传染性，自杀者之间存在着暗示和传导效应。

数十年前，多位西方心理学家提出“模仿效应学说”（the copycat effect），更通俗的表述为“维特效应”，意指一些内心痛苦的人，看到别人自杀身亡消息后，便产生了自杀念头，并加以效仿，形成“自杀串”（suicide cluster）。他们认为，大众传媒和影视作品在传导此种效应上扮演了重要角色。社会心理学家菲利普斯通过对 1947 年到 1968 年之间美国自杀事件的统计发现，每次轰动性自杀新闻报道后的两个月内，自杀的平均人数比平时多了 58 个。学界对这种理论仍存争议，也有实证研究表明，无法证实常阅读或观看此类作品的人显示出更高的自杀倾向。还有学者指出，“维特效应”并不能使一个正常人产生自杀念头，但对于万念俱灰者，在自杀手段选择上则有传导效应。应当承认，在富士康员工连续自杀事件中，“维特效应”得到了证明。当此之时，以社会关爱与切实行动实施心理救助便格外重要。

富士康事件发生以来，传统媒体和新型媒体都对其作了充分报道。就新闻自由和公众知情权而言，这自然是正当的。然而，不可否认，有些报道存在着煽情倾向，表述有欠客观，观点片面极端。“N 连跳”的提法，客观上隐示了打破纪录的期待，忽略了富士康员工的感受。

大众传播媒介应在报道自杀事件时持谨慎态度，在报道自由与社会责任间求得平衡。这是一种可贵的自律，而非来自权力的强行剥夺。正如哈钦斯委员会在《一个自由而负责的新闻界》中所说，传媒有责任“呈现和阐明社会的目标和价值”。

在自杀势头遏止之后，全社会必须对这一悲剧加以反思。我们有如下主张。

中国企业应广泛实施“企业员工心理援助计划”（EAP），由企业出资为员工及其家属加以心理辅导；全社会应关注进城务工人员的心理和生活问题，预防他们中的一些人通过欺弱和自残的方式寻求自身的权利以及社会的承认；全社会改变对自杀所持的普遍冷漠态度，即认为自杀不是社会的责任，而是个人的缺陷。

更重要的是，这一系列事件，以放弃生命这一最惨烈的方式，再次证实了中国现有发展模式的不可持续，低工资、低附加值之不可恃；证实了珠三角 30 多年的代工文化已过巅峰，走向没落；它呼唤各级政府正视中国工业化和城市化特定阶段出现的问题，合理界定劳资权利，倾听新一代农民工的正当诉求，切实提高工人的待遇和权益。

转型之路漫长而苦痛。多年以后，当中国经济社会已度过工业化过程中“目前社会一切灾难最尖锐最露骨的表现”，中国工人成为“统一而不可分的人类大家庭的成员”（恩格斯《英国工人阶级状况》语）的时候，人们依然会为 2010 年富士康自杀事件或类似事件感到悲痛。希望我们有机会庆幸，由于始自今日的深厚同情，由于适时而有力的社会心理救助，由于中国传媒对“自由而负责任的新闻界”的领悟，减少了更多更大的悲剧发生。而更深层次地触及悲剧根源、推动中国走向健康社会的努力，更多地降低转型代价的博弈，存在于未来持之以恒的社会改革实践之中。

赋权新工人

常凯（中国人民大学劳动关系研究所所长、教授）

在我国高层不断发出“体面劳动”、“有尊严地活着”等声音之时，发生在五、六月的本田南海职工罢工事件与富士康跳楼事件，再次引发当局对劳资纠纷和劳动者集体争议问题的高度重视。这两起事件最后都以工人加薪而告终，但是，两起事件中，为何工人选择截然不同的方式来表达自己的诉求？如何看待新一代产业工人？在处理劳资集体争议事件上，劳方、资方、政府和社会各界应该采取怎样的态度，如何妥善解决？此类事件给我们哪些启示？我们需要认真思考这些问题。

新生代产业工人

最近发生的劳资矛盾事件，其深层原因都是劳工权益问题。富士康和本田的工人同样是20世纪80、90年代出生的，但是对待遇不满的表达方式却完全不同。这种差别，与劳动者所处的工作环境和管理制度不同，以及文化和地方差异等直接有关。

富士康是一个高密度、半隔绝、半军事化管理的企业社会。工人的基本工资是以当地最低工资为参照确定的，工人要提高收入只能是通过加班。

超时加班是富士康的一大特点，工人已经异化为生产线上机器的附庸。同时，原子化和碎片化管理也是一大特点。工人之间互相没有联系，也没有自己的组织。同乡、同学到了富士康立刻就被分散开来，住在一个宿舍的工人都互不认识。这样会抑制工人的团结并防止工人集体行动，所以罢工在富士康难以发生。但在这种紧张压抑的环境下，工人们缺乏群体之间的联络沟通，没有组织依赖和寄托，在心理上是孤独的，精神上缺乏社会力量的支撑。当个别工人遇到问题排遣不开，对于前途失去信心，就会选择一种极端的方式。而这种极端的方式在高密度同时又高分化的人群中，更容易产生也容易传染，而且一旦产生也难以控制。

南海本田的情况跟富士康不一样，本田企业有 2000 多人，工人大多数是职业中专毕业的学生经过实习生阶段后留在企业的，共同的求学经历和实习经历，使得工人之间有着较为密切的联系，也有着更为接近的思想基础。除了人际关系和富士康不一样，本田的生产和住宿不在一起，工人有自己的活动空间。而且本田的加班很少，工资标准也比富士康相对高一些，工人有自己的闲暇时间，可以思考问题。由于工人有互相沟通交往的机会，因此，本田工人容易形成共同的意识，并由个别意识发展为集体意识。加之个别工人领袖的作用，所以本田的工人能够形成一种集体的力量，并发起一场自发性的工人罢工。

南海本田事件以及此后一系列罢工所形成的罢工潮，表明了中国的劳动关系正在逐步由个别劳动关系向集体劳动关系转化。而促成这种转化的一个非常重要的原因，就是以 80 后、90 后这代工人为主体，已经开始形成一个市场化条件下的新生代产业工人。

和他们直接接触后，我为他们的素质和能力感到很震惊。就其社会定位而言，这些人并不仅仅是“新生代农民工”，更主要的社会特质是“新生代产业工人”。这批年轻人是在市场化的工作环境和社会环境中成长起来的一代人，他们是非公企业特别是出口型企业中基本的构成和主体力量。他们的成长、发展和农民基本上没有联系。这是一代有文化、有理想，特别是具有法律意识和权利意识的一代新人。他们不同于上一代国企工人，也不同于作为他们上一辈的第一代的农民工。他们并不像一些国企工人那样要求“主人翁”的权利，也不像第一代农民工那样能够逆来顺受。

作为新生代产业工人，其最重要的特点，是开始逐步形成了作为一个阶级形成标志的集体意识和行动意识。他们明确主张要实现自己的劳动者的权利，而且他们知道如何在法律的框架中来争取自己的权利。他们的选择是积极的、向上的，他们处理劳资争议的方式也是理性的、节制的。理性有序，和平罢工，没有过激的行为，运用法律手段来解决问题，表现出的觉悟程度和处理问题的能力，让人佩服。尽管他们还并不成熟，也缺乏经验，但这是一个有希望有未来的新一代——新生代产业工人。他们也代表了中国工人的未来和希望。

这一劳动关系主体构成的新特点，是我们把握劳动关系发展、完善政府劳工政策中一个重要的出发点。

工资增长机制与“劳工三权”

引发劳资冲突特别是集体冲突的核心问题是工人权利受损，特别是工资问题。为保障劳动者的这一权利，我国的劳动法律规定了最低工资标准。但对此一直有人反对，认为规定最低工资会影响就业，他们主张市场调节工人工资，国家不要干预，认为这才叫市场化。但我认为，市场化条件下的工资必须要有法律法规来干涉，完全任由市场调节，在最发达的市场经济国家都不可能。如美国在 2007 年，国会批准将联邦最低工资标准由每小时 5.15 美元提高到 7.25 美元，增幅达 40%。而在劳资力量对比悬殊的情况下，政府更有责任通过公权介入来实现劳资双方力量的相对平衡。如果劳动者的权利长期得不到有效保障，最终会引发更激烈的劳资冲突。

但是，工资问题仅靠法律解决还不够，国家法律只能解决最低工资的问题。市场条件下工资决定的机制主要有两种手段，第一种是企业的人力资源管理部门主动制定的工资调整增长机制。这是一种成本最低的方法，但是企业必须要有工资成本和企业发展相互关系的正确认识，必须摒弃那种仅仅靠压低劳动力成本来发展企业的思路。遗憾的是，能够具有劳动关系战略眼光、主动持续提高员工工资待遇的企业所占比例甚少，大部分企业仍然是以压低劳动成本作为企业竞争的基本手段。第二种手段，就是通过劳资集体谈判机制来解决工资问题。由于在一般的情况下很难实现企业主动提高工资，所以市场经济条件下，工资提高主要是通过集体谈判的机制来解决，或者说是通过工人的力量和工人的争取来解决。

工资集体谈判的核心是工人享有集体谈判权。从理论上讲，作为劳动力市场上的劳动力出卖者，他们有权利介入劳动力价格的决定过程。但是，集体谈判权不是一个单独孤立的权利，这一权利是与劳动者的另外两个权利相辅相成而成为劳动者的集体权利或称集体劳权。

“劳动三权”即团结权、谈判权、集体争议权，是市场化条件下劳动者所享有的最基本的权利。所谓团结权即工人参加和组织工会的权利，没有一个代表劳动者的真正的工会，就不可能有真正的工资集体谈判。集体争议权主要是指工人罢工的权利。这是工人保障集体谈判成功的最主要的压力手段。团结权是集体谈判的前提，集体争议权是集体谈判的保障。南海工人最终通过谈判获得了劳动条件的改善，这次谈判是一次完整意义上的集体谈判。之所以成功，首先是工人有一个独立于雇主的团结的力量；其次，这次谈判是以工人的罢工为后盾的。而目前国内绝大多数的集体谈判是走过场和形式主义，重要的原因就是这些谈判缺乏团结权的前提和争议权的保障，致使集体谈判缺乏实效。

由此可见，工资增长机制与实现市场化下的“劳工三权”是密切相关的。而目前我国劳动者集体权利的明确和保障，在立法层面、制度层面和实施层面，都还非常薄弱。加强和完善劳动者集体权利的实施和保障机制，是完善我国劳动法治体系的一个重要内容。

政府：“理性对待、法治解决”

政府如何对待和处理罢工等劳资集体争议？政府应当“理性对待、法治解决”。作为南海本田事件中劳资谈判的法律顾问，我认为，当地政府在南海本田罢工事件的处理中，采取了一种恰当的处置方式。

首先，地方政府并没有将此次罢工简单地作为“突发性事件”或“不稳定事件”而以国家机器强力介入，也没有简单宣布“工人违法”而直接干涉工人的行动，而只是将这一事件作为一种因工资问题引发的劳资纠纷，政府站在第三方的中立立场，调解斡旋，敦促劳资双方坐下谈判，通过谈判来解决问题，并最终达成了双方都能接受的集体协议，使得这次集体劳动争议得以顺利解决。

理性对待最重要的是要正确判断劳动者罢工行为的性质。就目前我国出现的罢工行为来看，绝大多数属于经济性质的劳资纠纷，其中原国有改制企业的集体争议多由于改制中国有资产流失和工人权益受损所引发，而非公企业的集体争议则基本上都是由于劳工标准问题所致，或者标准过低，或者待遇不公。如果说，改制企业的罢工还涉及以往政府的相关政策因而事件所涉及的问题还比较复杂，而非公企业的罢工性质一般更加简单，就是工人要求改善待遇、提高劳工标准。

其次，对于工人罢工的性质判断，还需要具体分析工人为何选择罢工。对于工人而言，发起罢工或者参加罢工，绝不是一种轻率的举动，而是反复斟酌痛下决心才决定的。罢工对于工人而言，是一个风险成本非常高的举动。在目前我国法制建设很不健全的情况下，罢工的最后结局谁也无法预料。参与罢工将会面临多重风险，这些风险包括经济风险，可能会停发工资、解除合同；政治风险，可能会被冠以“不安定因素”、“破坏稳定”等罪名；刑事风险，可能会被以“聚众扰乱社会秩序”追究刑事责任。因此，如果工人发起和参加罢工，一定是一种迫不得已的最后的抉择。就是说，这是在其实现合理要求的所有救济途径都已经被堵死的情况下的选择，如果有其他途径可以解决问题，绝不会出此下策。而且 ，几十人、数百人甚至上千人参与的行动，也不是个别人能够“煽动”起来的。当然，我们并不希望工人用这种方式来实现自己的诉求，而一旦工人选择了这种方式，则说明工人已经没有其他路径可选。对此，我们更应该给予深深的同情，并希望能够在法治的框架内尽快解决。

因此，政府在处理此类事件时，不应该强制雇主必须要答应工人的要求，也不应该强制工人必须无条件复工，而是应该站在公正的和中立的第三方立场，具体分析事件发生的原因，在劳资之间斡旋调解，促进和主持劳资双方通过集体谈判来解决争议。

关于法治解决，是指在罢工事件的处理上，要依据相关的法律规定来解决问题。对于如何处理罢工事件，我国法律是有具体规定的。《工会法》第27条规定："企业、事业单位发生停工、怠工事件，工会应当代表职工同企业、事业单位或者有关方面协商，反映职工的意见和要求并提出解决意见。对于职工的合理要求，企业、事业单位应当予以解决。工会协助企业、事业单位做好工作，尽快恢复生产、工作秩序。"这一法律规定明确要求，要恢复发生停工怠工事件的企业事业单位的生产工作秩序，必须做好两个"应当"：其一是工会"应当"代表职工同企业协商，反映职工的意见和要求并提出解决意见；其二是企业"应当"解决工人的合理要求。很显然，解决罢工工人的合理要求是恢复生产工作秩序的前提条件。而解决的途径，就是通过劳资双方的集体谈判。本田罢工，正是在解决了工人合理要求的基础上实现了复工。

坚持罢工事件的法治解决，需要防止将劳资纠纷政治化，防止将劳资纠纷简单当成突发性事件和社会稳定问题而予以强力压制，或动用警力强制工人复工。这种做法从表面看罢工被强制结束，实际上却使得问题更加复杂化。结果不仅会使劳资关系更加紧张，尤其会令心理上和感情上的疏离和对立更加严重，而且会使本来属于劳资之间的冲突，由于政府的这种做法而转变为工人与政府之间的矛盾和冲突。政府冲到前面替老板埋单，工人将更多的怨恨转向了政府。对于执政党而言，这是一种极为得不偿失的短视行为。

从各国劳工政策的发展历史来看，只是在资本主义制度尚未确立的资本原始积累时期，资本家政府才对工人罢工采用这种强力压制的手段，而今这种手段早已被市场经济国家所摒弃。我国在宪法上仍然明确规定"工人阶级领导的社会主义国家"，如果沿袭早期资本主义国家劳工政策来应对劳资冲突和工人罢工，是一种极不明智的政治选择。

南海本田事件的处理，即是当地政府对于事件"理性对待、法治解决"

的结果，是政府处于公正的第三方立场，促进并主持劳资双方诚意谈判的结果。这对于今后此类事件的处理具有积极的借鉴意义。

尽管本田罢工事件的解决在表面上看起来比较圆满，但潜在的、关键性的问题还远未触及。其中一个制度性的问题是，我国目前还没有一个比较系统的集体劳动争议处理体制。《劳动争议调解仲裁法》所调解仲裁的对象，只是限于个别劳动争议。集体劳动争议的处理，法律还只是就集体合同履行的争议有所规定，但对集体谈判争议和集体行动争议（罢工争议）只有一些原则性的规定。而这些原则如何具体实施则缺乏制度和机制的安排。所以，各地对于集体争议和集体行动事件的处理和解决，往往无所遵循。因此，构建一个完整的集体劳动争议的处理机制，已是目前完善劳动法治的急迫问题。

工会作用：集体劳动争议处理的关键

在南海这起集体劳资争议的发生和处理中，工会的表现令人失望。中国的《劳动法》和《工会法》中明确规定，工会“代表和维护劳动者合法权益”。遗憾的是，工会并没有履行自己的法律职责。首先，罢工事件的发生与南海本田企业工会在平常不能代表工人解决问题有直接关系。而罢工发生后，当地工会竟然与罢工工人发生冲突，更进一步加剧了劳资矛盾，使得冲突升级。

企业如果发生罢工事件，一个重要原因就是企业工会没有发挥作用。对此，广东省工会主席邓维龙先生有着深刻的分析：“这样的工会主席根本不是民主选举的。很多企业工会在工人心目中只是老板的附属机构，工会在平常就做些困难员工帮扶、主持活动竞赛的事，调动员工的积极性，使他们能够更好地为老板创造价值。”工会不代表工人，工人的利益诉求无法通过正常的组织和渠道反映和解决，问题越积越多最终必然会在一定时机爆发。南海本田罢工事件即是这样发生的。因为企业工会不但没有站在工人的立场上代表和维护工人的合法权益，反而站在企业一方来压制工人，所以工人提出的谈判条件中就有一条：整改工会。

而罢工发生后工会应该如何处置，法律是有具体规定的，这就是“工会应当代表职工同企业、事业单位或者有关方面协商，反映职工的意见和要求并提出解决意见”。这里所讲的工会，在现实中更多的是地方工会介入罢工，代表罢工工人来解决问题。如广州市工会、深圳市工会、大连市开发区工会等，都有很好的在处理罢工过程中履行法律职责的作为。但在此次南海罢工事件的处理过程中，当地工会，不仅没有代表职工与雇主交涉并提出解决方案，反而公开站在雇主一边，要求工人立即复工并因此与工人发生冲突。如果是代表雇主一方的劳资部门或保安人员与罢工工人发生冲突，倒还在情理之中。而工人在罢工中被工会的人打伤，在国际工会运动史上也鲜有先例。尽管这只是个别工会的行为，但这一事件使得本来在社会上和职工中信誉度就很低的中国工会更加蒙羞。这一行为不仅遭到了社会和员工的谴责，而且许多工会干部也痛心疾首。尽管当地工会对于这一行为公开道歉，然而其恶劣影响已经难以挽回。

工会与罢工工人冲突是一罕见的案例，但工会在罢工之前和罢工发生后不能发挥作用和不能履行职责，则是一个普遍的现象。这种情况的发生，如广东省工会主席邓维龙先生所分析的：“现在的企业工会和工会主席，很少是职工民主选举产生的，基本上是企业老板内定。一旦出现劳资纠纷，工会就成了企业老板的代言人，根本不会站在职工的利益角度说话。”

南海本田事件中工会的表现，将中国工会如何在劳动关系调整中发挥作用、履行职责的问题，提到了一个非常紧迫的位置。而且也表明，工会问题已经成为中国劳动关系中的核心和关键问题。目前这种状况不改变，不仅工会组织有被工人抛弃的危险，而且中国劳动关系的集体调整也无法实现。而工会要发挥作用，必须要由工人选举，并要在制度和机制上能够促进和保障工会代表工人利益。

化解劳动社会问题的社会化方式

冯同庆（中国劳动关系学院教授、中国社会学会劳动社会学专业委员会理事长）

近期，深圳市的富士康集团连续发生员工跳楼自杀的严重的劳动社会事件。这让我想起了十年前发生在浙江的大规模、群体性的以死相拼的自殉事件。

2001年7月和10月，诸暨市李字集团的1000多名安徽籍民工和数千名当地群众先后两次扑倒在浙赣线上卧轨拦车，使列车累计中断运行数小时。事件发生的主要原因是，李字集团实行原始的“工头管理”，工头殴打工人，克扣工资，欺上瞒下，限制工人出入自由。事后，被称为现代包身工制的工头管理被完全取缔，来自不同省籍的民工陆续加入了工会，劳动权益诉求有了表达的渠道，原来相当紧张的劳资关系有了转机。

现在，富士康面临的问题已经与十年前有所不同。就事件的主体看，新一代制造业的工人有着更多的权利和利益诉求，其表达也更具直接、开放、公开、多样等特征。就事件社会背景看，多年来，劳动者劳动收入在国民收入中占比的下降，特别是民工在就业中受到的身份歧视，已发展成全社会热议的问题。如何认识和处理相关的事态，将会导致大相径庭的社会后果。

行政化方式需与社会化方式结合

相沿成习的行政主导方式，在事实上大多限制乃至排斥其他方式的介入，已经明显不适用。发挥社会化的方式来应对劳动社会问题，使二者相辅相成，可能是更好的选择。

在工业化的历史中，自杀一般是个体或部分群体的行为，但一定也是劳动社会问题。在西方，向工业社会的转型中，曾经屡屡陷入危机。有经济的、社会的，还有精神的，而精神方面的危机尤其严重。当人们对社会现实感到失望而充满悲观情绪时，自杀者数量就会增加。工业化早期的相关研究认为，当个体同社会团体或整个社会之间的联系发生障碍或产生离异时，便会发生自杀现象。

对自杀的社会统计表明，有多种社会原因会对自杀行为造成影响。即便是看起来完全属于个人意志的自杀，在某种程度上也是社会的产物。而且，个体的自杀行为与集体的自杀倾向直接相关。因为，每个社会群体都可能存在自杀的集体倾向，个人的倾向由此而来，而不是集体倾向来自个人倾向。所以，没有什么情况不能成为自杀的偶然原因。一切取决于引起自杀的原因作用于个人的强度。可以这么判断，工业化在给人们带来自由劳动的同时也带来未曾有过的压力，乃至于集体性的身心受损可能传导到个体而产生自贱、自残、自戕等，这是现代社会应当明了而又不容回避和轻视的劳动问题。

那么，如何避免自杀呢？对早期工业化的社会学研究认为，法律禁止、政治团体、宗教团体、家庭、教育等，都可能有作用，但都不能有效地起到预防的作用。他们寄希望于同类劳动者、履行同样职责的合作者联合起来形成的职业团体。中国的一些相关研究认为，对企业中的非正式组织、社会中的自治组织，如果正式的组织能够与之彼此尊重和相互配合，可能是预防自杀现象的更好选择。

概括而言，无论是国家的劳动立法，还是政府的劳动管理，抑或是企业的劳动控制，都要考虑劳动者的自主权益和社会的自治功能，在上述两方面的互动和平衡中才可能求得劳动社会问题的化解。也就是说，劳动管理的行政化方式需要与社会化方式结合。具体而言，起码可以包括珍爱劳动者自身的主体精神，认同劳动过程中的原生态社会关系，正视劳动关系协调中的非契约合作性，等等。

珍爱劳动者自身的主体精神

工业工人在面对可能的身心伤害时，自身会本能地产生自我保护的主体精神。例如，对工时的掌握。欧洲的劳动社会学研究认为，虽然绝大多数劳动部门的时间是按照正规的活动程序组织起来的，但雇员们却通过非正式的活动发现了时间的意义，在硬性规定的、漫长的时间里如何使劳动变得自在一些。因此，劳动的社会时间不仅是一种量的规定，同时也是一种质的体验。传统上认为工会和政府在工作时间的下降方面起到了很大的作用，但是19世纪周工作时间的减少是劳资双方互动和平衡的结果。我们可以说，这种互动和平衡的重要基础之一，是劳动者自身的主体精神的生长。如果没有对这种主体精神生长的积极回应，甚至贬斥其为不守规矩，要么企业的效率提升不会得到工人的理解，要么就可能酿成工人自残等悲剧甚而激化为严重的冲突。

其实，在中国的工业发展史上，不乏劳动者主体精神转化为企业效率提升的案例。1930年的塘沽工人调查表明，借口中国工人效率低而延长工作时间是错误判断，一些工厂的经验说明，8小时工时制不仅工人有余暇而且工作效率提升；同时，工人对假期另有见解，他们希望平时不休息而告假需灵活，工厂亦对此限制不严且婚丧伤病假不扣工资；由此，生产成绩反能得到满意的结果。

劳动者自身的主体精神，往往通过组织工会得到更充分的体现。1940年的中国惠工（工人福利）调查表明，作为工会主席的工人领袖如果了解工人的实际需要，又能够经过训练而与资方有效交涉，有利于养成工人自助自治的精神并且促进真正之劳资合作。我们过去对赤色工会、黄色工会及其相互之间的斗争比较熟悉。其实，那时还有大量的中间工会，会员们凭借自己的智慧和策略，往往能够赢得自己的权益且与企业合作。

工会如何承担起体现劳动者自身主体精神的功效，其产生和活动的方式十分重要。中华全国总工会的领导若干年前就提出，工会的领导者应该成为社会活动家和协调劳动关系的专家。作为社会活动家和协调劳动关系专家的工会领导者，一定应该是依法（《工会法》）依章（工会章程）通过民主程序产生的。这就要改变工会领导者产生的事实上存在着的委派制。

近年来，我国东南沿海的企业里出现了真实的民主选举产生的工会领导者。我们曾经跟踪多年的福州一台资企业，就是通过真实的工会民主选举，改变了员工的精神面貌，解决了多年的劳动争议积案，稳定和促进了企业的发展。当地工会的领导曾经说，如果有三分之一工会能够这样做，中国工会的形象就会大大改观。特别可喜的是，在这个过程中，多数员工不但学会了表达自己的权益诉求而且懂得了承担应负的责任。事实说明，担心劳动者自身主体精神生长会带来社会风险，虽可理解却无实据。恰恰是漠视这种主体精神的生长，可能使社会失序而诱发社会风险生成。

认同劳动过程中的原生态社会关系

由富士康事件，我想起了自己第一次直面他者自杀的经历。40余年前，我在内蒙古农村插队务农的时候，老乡称我们是从北京来的“京娃娃”，对我们有着一份特殊的信任。一天晚上，突然有老乡来报告，某某某在村南自杀了。我们闻讯赶去，情况已经相当危急，但实施救助后避免了一次死亡事件。村民之间关注可能发生的事件，发生后能够及时求助，这都得益于乡村社会淳朴而无间的人际关系，可以称之为原生态社会关系。工业劳动过程中的业缘关系改变了前述地缘、乡缘、血缘等原生态社会关系，却不可能消灭这些关系。

理性的工业劳动过程控制，应该有区别地认识和对待原生态社会关系，择善而从。比如，所谓工头，前述浙江省诸暨市曾经出现过坏工头，其实也有好工头。对中国20世纪初期工头的研究，对现今中国企业中工头的调查和研究，表明工头们存在着一些相似性。由于企业直接招收工人受环境限制，而工头掌握着劳动力信息，他们便成了企业与工人的中介。工头基于原生态社会关系的权威能够借助工人的集体力量在解决劳资纠纷中发挥作用，乃至于能够避免过激的劳资冲突。当然，工头在面临具体的劳资纠纷时会倒向何方可能会是不同的。但是，如果工头倒向资方而欺辱工人，通过等级权力行使的制度化方式可以遏制这种现象。欧美学者和中国学者的相关实证调查和理论研究，都对此作过说明和论证。

除所谓工头之外，目前我国制造业工人中地缘、乡缘、血缘等社会关系大量存在，除去对其不必要的干预而善意施援，会大大缓解劳资关系的紧张。中共中央总书记胡锦涛批示推广的浙江省义乌市总工会社会化维权的经验，其中之一就是接纳同乡会头头而实行制度化和组织化的维权。可惜的是，这个经验在义乌所在的地区都没有得到推广，其他地方的推广就更为有限。

多国学者的研究表明，包括中国在内的东亚，在近代创造了能够与西方“工业革命”比肩的“勤劳革命”。西方的“工业革命”是资本和自然资源密集型的，东亚的“勤劳革命”是劳动力密集型的。“勤劳革命”成功的关键在于找到了一个适合东亚的正确的应对之路。在“勤劳革命”的历史中，中国孕育了适应市场而又有特点的劳资关系。商人和手工业群体对商业的控制，向前延伸到生产领域。随着生产向家庭作坊的集中，血缘和裙带关系成为劳资关系的主流。在进一步的发展中，包括一些大型企业中的劳资关系，虽存矛盾乃至冲突而合作是基本面。劳工自治、与工会合作、劳资座谈、劳资协商等，都是那时的创造。这并不代表一种进步或倒退，也不能证明某种主义的好坏。相反，它告诉我们，如果不能很好地了解一定地域经济组织的历史沿革，就不能更好地理解和解释它的现实。迄今为止，我们对现今中国劳资关系的认识和规制，还没有深入到这个层次，这是需要补课的。

正视非契约性因素

市场化劳资关系在本质上是一种契约关系，契约性要素是“唯利益”的，“唯利益”可能实现合作也可能伤害合作。其实，实际劳资关系的运行，还包含相互默契、相互容忍、相互承诺、相互信任等非契约性要素。非契约性要素如被正确运用，有助于实现制度性合作。通常契约性要素是被法律规定的，但法律规定的实施不能不考虑与非契约性要素的契合，否则契约性规定就会被规避、搁置、突破。

中国历史上国民政府时期的劳工立法，就是典型的案例。有研究者认为，那时形成了比较完备的劳工法体系，但实施的效果总体上并不理想。当时的立法委员们多数具有在西方留学的背景，有较深的法学知识和理论素养，但另一方面又使劳工法脱离实际而成为书本上的法。其中的关键性缺失是，忽视相互默契、相互容忍、相互承诺、相互信任等非契约性要素的弹性，一味凭借“唯利益”计算的契约性要素的刚性。

中国改革开放这么多年了，其实劳动者与企业之间协调矛盾的弹性应该是增加了。就台商而言，20 世纪 80 年代包括 90 年代，其投资动机存在投机性，数额少、期限短、配套差，因此导致劳资关系恶化。

比如，1993 年就发生过两起台商企业的重大案件。一起是制鞋企业，经理把工人与狗关在一个笼子里惩戒。事情被曝光后，这个经理跑回台湾，内地没有办法追诉他的刑事责任。另一起是纺织企业，一把火烧死 61 名、烧伤 7 名女工。劳资关系紧张是案件发生的诱因。一名女工被企业开除后心里不平衡且无处申诉，在离开企业时往材料库扔了一个点燃的纸团。事后，这名女工供认不讳。而现在，台商在内地的投资，数量大、期限长、配套好，应该说为劳资关系的协调提供了比原来好得多的条件。或者说，如果劳资关系协调不好，他们就别想希图有效的投资回报。

就劳动者而言，有研究认为，当下中国非公制造业中的就业者对企业的认识发生了历史性变化。他们的前辈在国有企业改革中，是希望守护原有的权益。当下这辈人，其行为大多是争取未来的权益。前者是在传统发生变化的背景下出现的行为，后者是在一种起始的全新的背景下发生的行为。就不公正感而言，前者一直维持在一个比较高的水平上，而后者则具有较大的弹性。

这样，就需要检讨协调劳资关系的规范了。为什么有弹性的关系得不到有效协调？审视我国近年来的劳动法律，基本是行政权力导向的，对劳资关系基本当事人——企业与劳动者源自权利层面的支撑缺失。在实际的运作中，反倒是辅助当事人——立法机关、司法机关和政府及其相关部门甚至寄望于刑法，自上而下的作用取代或超越基本当事人的作用。因此，需要建立协调劳资关系的社会程序和社会权利的基础。

总是有人强调中国劳动者、工会、用人单位等发展水平低、相关素质差等，因而需要国家实体的介入。然而，国家实体的介入，应该是劳资关系基本当事人权利及其互动的培育过程，而不应该是取代或超越的过程。否则的话，基本当事人权利和互动被遮蔽、被挤出，有益的非契约性合作不能达成，不可能建立有效解决问题的机制。相关的法律被规避、相关的法律施行难、盲目的仲裁或诉讼增加、自协和自洽的机会或过程被弃置等，其结果是劳动者权利得到的保护有限而因此受到的损害却增加。而富士康工人殉难则是典型的惨烈案例。

与苏联和东欧的社会变迁比较，我们延续了制度性合作而避免了制度性危机。这源于“文革”后人们对改革开放达成了广泛的共识，被一些学者称为集体理性。对近来连续发生的富士康等多起劳动社会事件，我们需要提起巨大的警觉和自觉，在接纳社会化方式化解劳动社会问题上达成新的共识和集体理性。延续制度性合作而避免制度性危机，应该成为我们共同的选择。

劳动者群体性事件的发展和特点

乔健（中国劳动关系学院劳动关系系主任）

从2008年10月下旬以来，各地出租车罢驶事件频传，从湖南凤凰到重庆，再从海南三亚到广东，一连串“的哥”罢驶和劳动者群体性事件，在近年风起云涌的维权运动中异军突起，大有星火燎原之势。2009年的通钢事件则使抗争蒙上了一层暴力和非理性色彩。2010年的南海本田罢工凸现出工人的社会政治诉求。一时间，罢工，这一古老的维权行动广受社会瞩目，也成为当前影响经济社会协调发展的一个重大课题。

连绵不断的罢工潮唤起了社会对劳动者群体性事件的关注。有必要通过梳理劳动者群体性事件的发展和性质，探讨其起因和特点，进而探求治理劳动者群体性事件的思路和对策。

劳动者群体性事件的发展和性质

劳动者群体性事件也称突发性事件，与之相近的概念还有“罢工”、“怠工”、“工潮”、“产业行动”、“劳工抗争”等。一般是指集体争议中，劳动者不经过我国现行的劳动争议处理程序，而直接采取罢工、上访、游行、示威、静坐、请愿等集体行动，以期达到维护自己切身利益目标的行为。

改革开放以来，中国发生的劳动者群体性事件与市场化进程和经济结构的调整密切相关，大致可以分为两个阶段。

第一个阶段是1997年以前。这一阶段劳动者群体性事件出现的原因，主要是由于国有企业转换经营机制及就业、分配和社会保障等“三项制度改革”所引起的劳动者利益受损。此外，所有制结构的变动和私营企业、外资企业的快速发展，在这些企业中的劳动者权益被侵害而引起的群体性事件也有迅速上升。另一方面，由于1995年《劳动法》的实施，劳动者权益保障被社会广为关注，使群体性事件的上升势头得到了暂时的遏制。

第二个阶段是从1997年至今。中共十五大之后，公有制企业推行产权制度改革和以“减人增效”为标志的人力资源制度改革。国企改制使劳动者大量下岗失业，其劳动权益和产权权益均受到严重侵害，导致群体性事件增多，这在2001年中国入世后的结构调整中表现得有增无减。而在使用农民工为主的私营和外资企业中，《劳动法》无法得到有效贯彻，劳资冲突日益加剧。其中，国有企业工人的群体性事件主要是上访、请愿、游行和示威，私营和外资企业劳资冲突的形式主要是罢工。2004年到2007年，群体性事件的上升势头一度受到遏制，2008年以来，伴随着“劳动三法”的实施和金融危机的影响，群体性事件又呈急剧跃升之势。

到目前为止，中国尚未建立一套公开的劳动者群体性事件的统计指针体系，并且，出于维护社会稳定的需要，这方面的有关统计数字也处于不公开的状态。研究者只能从某一时期、某一地区前后统计资料的比较分析和个案研究，对劳动者群体性事件的性质、规模和数量作出推测。例如，2002年上半年，全国共发生百人以上企业职工及退休人员群体性事件280起，同比增长53%；涉及16.2万人，是上年同期的2.6倍。其中，1000人以上群体性事件39起，是上年同期的3.9倍；涉及10.2万人，是上年同期的4.4倍。2003年，全国在岗职工、下岗职工及离退休人员参与群体性事件为140多万人次，占全国各类群体性事件参与人次总数的46.9%，位居第一。2006年，全国百人以上企业职工及退休人员群体性事件为516起。

此外，近年进入劳动争议法定处理程序的集体争议，也呈现出持续攀升、高位运行的态势，因此，我们可以作出大致的判断：近年来，我国劳动者群体性事件呈急剧增加的态势，并已成为影响经济社会协调发展的重大社会问题，是困扰当前社会稳定的第一位的重要因素。随着2008年下半年经济衰退和《劳动合同法》施行面临的新问题，劳动者群体性事件有进一步加剧的趋向。

劳动者群体性事件的起因和特点

概括起来，近年劳动者群体性事件主要涉及以下事项：

其一，企业改制，特别是关闭破产企业的职工安置问题引发纠纷。主要表现在：一是政府多次强调，企业的改制方案要提交职工代表大会或者职工大会审议，充分听取职工意见，职工安置方案更要经过职工代表大会或者职工大会审议通过后方可实施改制，但这一规定在一部分国有企业的改制中没有得到执行；二是一些企业制定的经济补偿金标准过低；三是破产企业改制方案不完善或落实难，一些企业资产的出资购买人不履行合同的规定，损害职工权益。

其二，国企改制后，相当多的失业下岗工人要求重返原企业就业或者办理正式退休手续。近年来，一些特大型国有企业，如大庆油田、胜利油田、鞍山钢铁公司等相继发生大规模群体性上访事件。在集体行动中，职工们的要求通常有两种：一是年轻人声明当初是被骗解除劳动合同的，要求回厂继续上班；二是接近退休年龄的人要求办理正式的退休手续，享受退休待遇。

其三，非公有制企业拖欠员工工资严重和工资水平过低。如2005年夏发生在大连的日资企业大罢工，主要反映了劳务工的工资水平过低。而2008年金融海啸导致一些出口企业破产倒闭，使这一问题更为突出。

其四，一些民营企业的雇主在管理中违反劳动法律的规定，侵害工人的合法权益，引发员工的集体行动。例如，2005年3月，广东深圳宝吉工艺品有限公司逾百名工人包围宝吉总厂抗议，不满在假期后被厂方无故解雇及不获发遣散费。这些工人在2004年10月中旬接到厂方“提前放假”的通知，厂方承诺，他们可以在 2005 年 3 月初回厂工作。当工人在 3 月 2 日重返工厂时，被厂方拒绝入内，并被告知，他们已被解雇且无遣散费。

其五，一些企业的经营管理人员和一线员工的收入差距过大，引发员工不满。例如，从 2005 年 7 月开始，白银有色金属公司所属的厂坝铅锌矿（位于甘肃陇南县）3000 余名工人罢工，要求提高工资。该矿自 1999 年以来两次扩大生产规模，生产任务上涨 3.5 倍，而一线工人人数并未增加。厂方从 1995 年以来一直没有为工人们增加工资，却不断为科级以上管理人员增加福利待遇，包括每月 400 元左右的补助和报销 200 元电话费。

其六，退休职工要求提高养老保险待遇。近年来，伴随着经济高速增长，消费物价也逐年上涨，而退休职工的养老金标准过低，调整幅度有限，其生活境况日益艰难，因而矛盾不断加剧。主要表现在：一是企业退休人员要求提高基本养老保险标准。例如，2004 年 10 月，安徽蚌埠市纺织厂数千名退休工人连续三天占据市中心主干道，阻断交通，举行示威，要求提高养老金标准。二是一些企业退休人员集体上访，要求发放企业年金。三是大量集体所有制企业职工通过上访、围堵公路等方式要求参加养老保险统筹。但比较而言，这方面的群体性事件近年有所缓解。

从劳动者群体性事件的形式来看，主要有以下几种：

其一是原始反抗形式，诸如绝食、自杀或拘禁、杀害雇主等。这一阶段的劳动者并未形成一种自觉意识，即通过有组织的方式或诉诸法律来争取自己的权益。他们或者悲观失望，消极厌世。也有的职工在被裁员失业时，铤而走险，对其雇主进行人身伤害。2001 年，湖北省的三家国有企业厂长经理由于劳资纠纷，接连被其员工杀害，引发了社会的广泛关注。

其二，民营企业的工人开始通过停工、罢工的方式表达对资方的不满，这类集体行动的个案有所增加。但是，由工会组织的停工或罢工行为十分罕见。从这个意义上说，我国的停工、罢工行为具有自发性。此外，层出不穷的各地出租车司机的“罢驶”事件不仅将斗争矛头指向政府主管部门的相关产业政策，更有甚者，有些地方的罢驶司机还对那些不听招呼、正常运营的出租车实施了打砸行动，以保证罢驶的步调一致并使之取得预期效果。

其三，游行、示威、请愿、静坐、上访。这些行为是国有或城镇集体企业劳动者群体性事件的主要形式。通常面临改制的国企资产和经营状况不佳，自身无力解决职工的劳动关系问题，加之国企改制决策一般由政府主管部门制定，而由此引发的争议，仲裁机构和法院或者不予受理，或者久拖不决，故职工才采取上述集体行为来表达自己的意愿。

其四，跳楼秀、堵铁路、堵国道、堵桥梁等。这些做法是比上述行为更激烈的集体行动，意味着群体性事件的升级和劳资冲突的激化。工人们把主要力量用于威胁跳楼或阻塞交通，以期引起政府和社会的关注，促进利益问题的解决。

其五，集体行动开始出现联合的趋向。这是工人们意识到自身利益一致，希望通过团结协作、壮大力量来争取自己权益的结果，也是罢工行为的高级阶段。例如，2005 年 7 月至 9 月，大连开发区共有 18 家外商投资企业相继发生员工集体罢工事件，停工总人数超过 2 万人，罢工主体为生产一线员工，且有相当一部分为劳务工。据报道，大连开发区共有日资企业 529 家，这些企业厂房、宿舍相连，为各企业员工之间的沟通提供了方便，他们通过手机短信进行联系，使罢工浪潮呈现此起彼伏的态势。

以 2008 重庆出租车罢驶事件为例，它创造了一些新的维权形式。如司机们获得发起罢工的信息只有少部分是通过传单传播的，而大部分都通过司机之间的口口相传；罢工并没有车辆聚集示威，发起者只是敦促司机们不要将车开上公路，这让政府几乎没办法作出反制；由于同业人员利益高度一致，罢工其实无须组织，因为几乎所有司机都愿意参与行动。

总之，近年来我国的劳动者群体性事件呈较快的增长趋势。根据劳动科学研究所《劳动关系中突发事件的成因及其对策探讨》课题组进行的研究统计，在 17 个国家和地区中，中国罢工行为的增长率是最高的。这表明，我国已成为一个劳动者群体性事件频率最高、形式复杂多样，且发展渐趋深入的国家之一。

几点结论

从现阶段劳动者群体性事件的性质来看，主要是由于劳动者的基本经济权益被侵害，而又长期找不到适宜的渠道加以解决所导致，群体性行为的直接目的是为了维护劳动者自身的经济权益。

但是，近年也出现了劳工对社会和政治权利的诉求，而且行动者的组织能力正在加强，群体性事件越来越不受政府控制。例如，2010 年 5 月南海本田的罢工，不仅成功地促成了工资集体协商，也提出了改组和民主选举工会的要求。而且，得益于互联网技术的发展，信息、舆论以更加低成本和便捷的方式传播，弥补了维权运动组织资源不足的缺陷，极易将维权力量迅速聚合与发动。

劳动者群体性事件是工业化过程中的自然产物。罢工带来的经济效益损失，并不比工人请病假所带来的损失更多。它是一种工业化社会的常态，不必将其政治化。

当然，罢工是一把双刃剑。用得好，会保护工人的权益，带来更好的集体合同，从而有更多的利益；但是在这种集体行动中，也会因为群体冒险心理的作用，而出现一些非理性的行为，释放一些破坏性的能量。当前需要的是一个合法的轨道，来规范非理性的行为。比如，在广东省工会内部，就组织合法罢工，曾有过一个讨论意见：第一，企业违法，且证据确凿；第二，劳方屡次和资方交涉，资方置之不理；第三，将罢工限制在厂区范围内进行；第四，不破坏生产工具，以保证能很快恢复生产。以这四个为先决条件，由工会来决定是否组织罢工。工会的理性组织和参与，将可以避免非理性的行为。

劳资新世界

陈昌华（瑞信证券中国研究主管）

最近，本田与富士康的“劳资纠纷”都以大幅加薪而暂告段落。众所周知，中国经济过去 30 多年的腾飞，很大程度上是依靠低成本劳动力带动出口增长来实现的。这一模式是否已走到尽头，它该如何转型呢？

中国沿海地区在过去几年间已不断出现“民工荒”的情况，工资增长在 2005 年以后亦呈加速之势。国内不少学者都认为，中国经济已超越了经济发展学中的“刘易斯拐点”，而在这个拐点后，对劳动力的需求将会导致工资上升，这意味着中国经济已告别整体劳动力过剩的阶段。

工资上涨加速，对中国的竞争力会有什么影响呢？短期内纵使中国工资上升幅度高于 GDP 的增长，也很难动摇中国在全球主要代工生产基地上的优势地位。在过去十多年中，中国吸引外商的原因，主要得益于 20 世纪 90 年代时大部分加工型产业（以电子业为最突出）把它们的上下游工序转移到中国沿海地区，因此任何一个生产企业在沿海地区设厂都能享受到极大的协同效应。所以，若一个国家要全面取代中国的代工效应，前提是它必须能吸引到整个上下游产业的转移。长远来看，在全球新兴市场中，具备取代中国“全球制造业中心地位”的国家只有印度和印尼，但不论从经济还是政治发展的角度，它们目前都不具备条件。

尽管制造业大量转移出中国在短期内并不可能，但一个很可能的趋势是中国沿海的制造业将在工资压力下把部分工序转移到内陆城市；而留在沿海的工厂极可能需要进入“以机器代替人工”的时代；此外，将有一批企业因为没有能力把工序转移到内陆，亦不能把产业升级，而惨淡收场。对广东和江苏等主要沿海出口大省而言，工资成本的上升对它们在整体工业更新换代上提出了很大挑战。如果转型不成功，这些地方的经济增长将落后于全国。

另一方面，虽说制造业转移出中国的机会不大，但劳动成本上升仍会对中国的外贸前景造成一定影响。事实上，即使没有劳动成本上升的问题，中国在一些优势产业（如电子制造业）上的市场份额已相当之高，再想抢占更高的份额已十分困难。中国未来几年对美国、日本和欧洲等主要发达国家的出口增幅，将远低于以往的水平，可能每年只有 5% ~ 10% 的增长。

中国劳动力工资普遍上升的另一结果将导致全球消费品价格的上升。随着过去十年中代工企业的高度整合，再加上这次涨薪大潮已势不可挡，一些生产企业（如富士康等）明确表示会把部分成本上升转移给客户。如此一来，中国产品的价格将有一定提升，但由于工资占生产成本比例很低，因此短期内不足以成为引发全球通胀的主要因素。但从长期看，这是全球投资者必须考虑的一个问题。

除了生产成本上升，生产企业还将面对的另一个问题是劳工集体谈判力量上升和工会的出现。考虑中国目前的国情，这将引发各级政府更加积极地参与（包括调停或干预）劳资双方的谈判过程。这不是一件坏事，但在中国投资的企业将不能以过去 20 年中国劳动市场中资方所占的极优越地位视为将来的必然状况，因资方所占的优越地位将受到挑战。

除了工资偏低和涨幅缓慢，农民工一个很大的抱怨，在于他们的工资根本不可能让他们在城市中安居乐业。要解决这个问题，需要改变地方财政支出结构，譬如减少对产业发展的支持或基建项目的投入，而把支出转到民生公共服务中。这不可避免地将遭遇一些既得利益集团的阻挠。

第八章 | 收入分配迷局

财新观察：收入调整应着力“一次分配”

不久前闭幕的中央经济工作会议提出，“要加大国民收入分配调整力度，增强居民特别是低收入群众消费能力”。分配制度改革在经历了数年“合理调整”、“积极推进”之后，仍需“加大力度”，足见此项改革推进之难、意义之重。

如何在收入层面“分蛋糕”，事关社会公平，更关系到中国经济能否成功实现结构调整，由投资拉动转为内需特别是居民消费推动。这一点各方已有共识。然而，过去数年，居民收入在国民收入分配中的比重不断下降，劳动者报酬在初次分配中的比重持续下滑，这一势头不但未能扭转，还有愈演愈烈之势。

无论是扩大医保覆盖，还是提高离退休人员养老金水平，以往的分配制度改革多集中在“二次分配”领域。不可否认，这一系列措施取得了一定效果，起到了惠民生、促和谐的积极作用。然而，不得不承认，单靠这些措施，未能有效缩小收入差距，解决中低收入群体消费不足的问题。因此，在进一步完善“二次分配”的同时，有必要将分配制度改革引入利益格局调整力度更大、阻力也更强的“一次分配”领域。

应当看到，国民收入分配向城市集中、向政府和企业集中，是居民收入相对下降的主要症结。因此，当前的分配体制改革，应重点着眼于促进农村居民和普通劳动者收入合理增长。而这需要从根本上改变城乡分割的二元分配机制，同时建立切实有效的工资集体协商制度。

农村居民收入增长缓慢，是近年来农村消费增长滞后的主要原因。国务院发展研究中心一份报告显示，1983 年以来，我国农村居民人均收入占总体居民人均收入的比重呈逐年下降之势。城乡分割的二元分配机制，是造成这一现状的重要因素。相对于其他产业，当前农业生产收入依然偏低；而城镇居民享有的社会保障、公有住房以及其他公共服务、各类补贴与农村居民的差异仍在扩大。这种城乡割裂的二元分配体制，已成为缩小城乡居民收入的最大障碍。

正是意识到这一点，近年来，决策部门出台了一系列强农惠农措施，减轻农民负担，提高农业生产收入水平。同时，逐步加大农村公共产品的投入，进一步完善农村的教育、医疗卫生和社会保障体系。这些举措，对于促进农村居民收入增长、消除城乡差距，起到了积极作用，并且仍有必要加大实施力度。不过，仅仅围绕“农”字做文章来解决农民收入增长偏慢问题，并不现实。这些年的实践证明，加快城市化进程，鼓励农村劳动力向城市、城镇有序转移，向第二产业和第三产业转移，才是提高农村居民收入最有效的途径。

国家发改委主任张平坦言，要把缩小城乡、地区差距作为扩大内需特别是消费需求的着力点。同时，要积极稳妥地推进城镇户籍、住房、就业、教育、社会保障等制度改革。正如决策部门所言，城市化水平的提高，有不少体制性障碍亟待突破。首先是城乡分割的户籍制度。当前的户籍制度难以调动城市政府的积极性，接纳农民转变为新市民。与之相配套的保障住房、医疗社保等制度，也为农村居民在城市安居乐业设下重重障碍。因此，进一步改革户籍制度，推进城市化进程，令人期待。

普通劳动者收入增长落后于企业利润增速，是当前有待解决的另一问题。国家发改委《促进形成合理的居民收入分配机制》的报告显示，1995年到2007年之间，企业就业人员劳动报酬的年平均增长率为10.07%，而同期企业资本的年平均增长率为13.09%。两者增速差距之大，究其原因，除了我国劳动力相对过剩，关键还在于普通劳动者缺乏真正有效的利益协商机制。

其他国家的经验表明，唯有建立富有实效的劳资对话机制，才能改变个体劳动者的弱势地位。在中国，这意味着进一步完善工会制度，让工会在劳动者工资协商中真正发挥作用。进而，有必要从制度上完善劳资对话和劳工的利益表达机制，由企业和职工集体协商员工工资。

诚然，收入分配体制需要改革的领域还有很多。譬如，资源性商品价格改革仍需提速。当前要素价格体系改革滞后，要素价格不能真实反映市场供求和资源稀缺程度，实质上鼓励了低成本扩张，阻碍了产业和经济结构升级，进而影响劳动工资水平的提高。此外，垄断行业和公平准入改革滞后，部分国有企业管理人员和员工收入增长失控，也拉大了分配差距。长远来看，当前经济增长仍依赖低水平投资，而技术进步和效率提高不足，从根本上限制了中高收入专业技术人员群体的增长，从而阻碍了中间阶层这一消费主力的壮大。

以上种种表明，理顺收入分配关系，建立合理的收入分配制度，问题繁杂且极其敏感，不可能“毕其功于一役”。然而，当前中国经济转型的迫切，决定了分配体制进一步深化改革不容拖延。

工资－通胀螺旋上升期未到

汪涛（瑞银证券中国首席经济学家）

广东等地发生的劳资纠纷和富士康工人自杀事件，引发了一轮工资上涨，也引起了各种担忧。人们对于今年（指 2010 年——编者注）春节后有关“民工荒”的报道仍然记忆犹新。把二者联系起来，很容易引申出一个推断：中国人口和劳动力结构的变化，已经冲击到劳动力市场。

许多人认为，加入劳动力大军的年轻人在减少，因此工资上涨压力加大，将导致出口行业利润率下滑、通胀大幅攀升，甚至出现工资—通胀螺旋式上升的恶性循环。这些观点言过其实。

的确，中国经济目前正在减速，而通胀尚未见顶。但是，在目前的工资和劳动力问题上，人们混淆了周期性的劳动力需求上升和人口结构变化的影响，又往往没有把最近的加薪幅度，放在历史数据和劳动生产率及整体经济增长的大背景中来看。

最近工资上涨压力增大，主要是劳动力市场跟随经济回暖和生活成本的上升，政府的经济刺激计划和天量信贷正是主因之一。工资近期如果大幅上升，短期确实可能挤压企业利润率，但制造业工资上升带来的通胀压力有限。

随着信贷投放的放缓，经济增长减速，中国不会进入工资—通胀螺旋式上升的恶性循环。从正面的角度来看，逐步提高工资将有助于中国的经济增长模式向消费导向转变。从中长期来说，人口结构变化和剩余劳动力减少，将成为推动劳动力相对成本和通胀上升的一个重要因素，但现在并不是这一新趋势的开始。

中国多个城市最近宣布提高最低工资标准，一般幅度在 20% 左右。这一涨幅很大，但因为 2009 年全国最低工资标准都没有调整，所以实际上最低工资这两年平均上涨也不过 10%。而 2004 年到 2008 年深圳最低工资标准年均上涨幅度约为 13%。

我们预计，今年中国全国范围平均工资可能上调 15% 左右。

人力资源和社会保障部今年 2 月对农民工所做的年度调查发现，农民工对今年工资上涨幅度的预期是 14% 左右。

其实，两位数的工资增速并不奇怪——官方数据表明，2004 年到 2008 年，制造业工资平均每年上涨了 14.5%，而之前五年的涨幅为 13%。更好地反映整个私营部门工资水平(尤其是出口部门和建筑业)的农民工平均工资，也在过去五年间实现了年均两位数的增长。

经济快速增长时名义工资两位数增长是正常现象，因为同期劳动生产率也快速增长，而后者正是决定工人实际工资的最重要因素。2004 年至 2009 年，中国名义 GDP 年均增长 16%，之前五年为 12%。劳动生产率到底增长了多少?

事实上，工业行业的劳动生产率一直在快速增长——过去十年年均增长 10.5%。过去十年工业企业单位劳动成本年均上升 2.8%，过去五年加快至 4.6%，温和上涨。制造业的单位劳动力成本涨幅应该更小，更接近于通胀率。

单位劳动成本的上升与通胀基本一致，这意味着名义工资的增长率相当于实际劳动生产率的增幅加上通胀率。换言之，实际工资与实际劳动生产率（单位劳动力的实际产出）同步增长，劳动力成本的上升随着时间的推移被劳动力的更高产出完全抵消，因而工资和利润占总产出比例保持不变。也就是说，工资上涨没有造成通胀压力或挤压企业利润空间。

这还可以用其他方法来验证。除了 2008 年年底急剧下降并随后在 2009 年复苏以外，近十年来中国工业企业的平均利润率一直相当稳定。轻工业的整体利润率，包括电子行业的利润率走势也都如此：2008 年年底下跌，

2009年开始复苏。

此外，中国的核心通胀率和出口产品价格一直都增长缓慢，走势平缓，没有呈现趋势性的上升。事实上，几年前有国外学者曾攻击中国出口“通缩”，而国内近十年来CPI波动较为剧烈的主要因素是食品价格，而非制造业产品或工资上涨。

我们认为，近期的劳动力市场压力主要由周期性因素造成。劳动力需求在金融危机爆发后骤减，尤其是在外向型的珠三角地区，而后出现了反弹。2009年初，政府鼓励农民工返乡就业，并采取了相应的措施，包括增加中西部地区投资和为农民工提供培训，以使他们留在家乡工作。

这些措施取得了一些成效——今年的农民工年度调查显示，愿意再次前往东部沿海地区务工的农民工比例比往年下降了约6个百分点，原因是东部地区生活成本上升以及家乡的就业机会增加。换言之，是农民工就业倾向的转变，减少了沿海地区的农民工供给。

与此同时，企业订单（包括出口）的迅猛反弹使得劳动力需求回升，尤其是在珠三角地区。早在2010年年初，农民工的加薪预期（上涨14%）与雇主预期（上涨9%）就存在着很明显的差距，但各地方政府调整最低工资的步伐缓慢，一直到最近才陆续宣布。并且，一些企业对于经济周期中劳动力供求关系的变化也反应较慢。

短期内，如果工资全面上涨20%，实际工资的增速可能会高于劳动生产率的提高。对那些没有定价权的企业来说，利润率将受到挤压。尤其是出口和一些制造业，因为全球需求并不十分旺盛。这样，最近的加薪对利润率的影响要大于对价格（通胀）的影响。果真如此，企业将被迫作出调整，过去几个月利润率的上升可能会出现一定的逆转。当然，服务业是个例外——成本的上升会较快传递到价格。

从整体看，工资上涨将有助于提高居民整体收入并促进消费。这符合转变中国经济增长模式的目标。此外，出现一定的工资上涨压力，可以帮助收入较低的人群提高收入，有助于缩小收入差距，缓和社会矛盾。

也许有人会说，中国人口结构正在变化，每年加入劳动力大军的年轻人正在减少。的确，新增24岁以下劳动力数量已经见顶。但以前中国就出现过类似情况。20 世纪 90 年代，有一段时间新增年轻劳动力每年减少，但并没有造成劳动力短缺和通胀压力，反倒是就业压力巨大，"保八"也是那时候提出的。

如果认为新增劳动力的减少，就会立即导致劳动力短缺和工资上涨，那就得假设中国已经实现或接近充分就业，而这与现实不符。在深圳，一些按最低工资标准发放基本工资的工厂门前，每天都有数百名年轻人排队应聘，这说明劳动力并没有真正短缺。

当然，劳动年龄人口预计将在未来十年内到达峰值，年轻劳动力（15 岁～ 34 岁）人数见顶的时间更早，随后下降的速度也要快得多。随着经济继续增长，可向非农部门转移的农村劳动力也会减少。

这些变化将不可避免地带来结构性的工资上涨压力，这种压力进而会推动中期内通胀上升或实际汇率升值。如果出现这种情况，一些相对低端的工作将变得没有竞争力，从而会转移到劳动力成本更低的地区，而中国则需要提高劳动力素质，以确保他们能在附加值更高的行业中找到工作。

诊治中国“灰色收入”

讨论人：王小鲁 赵人伟 郑也夫 胡舒立 刘杉

收入差距到底有多大

王小鲁（中国改革基金会国民经济研究所副所长、研究员）：中国城镇居民收入到底有多高？收入差距到底有多大？国家统计局每年都有关于居民收入的统计数据公布，但根据居民购买商品房和家用汽车、出国出境旅游以及居民储蓄存款的增长等情况看，国家统计局关于居民收入的统计，并不能反映居民的实际收入现状，特别是大大低估了高收入组居民的真实收入。

为了推算城镇居民的真实收入，《灰色收入与国民收入分配》研究课题组 2009 年做了关于城镇居民真实收支的第二次调查，并做了一系列分析研究。课题组用调查样本的有关收入和支出的数据，以收入水平与恩格尔系数相关关系为基础，来推算居民真实收入与若干消费特征参数的关系，使用分组比较法和计量模型分析方法对研究结果互相校正，并据此对官方公布的城镇居民分组收入统计数据进行了重新推算。

调查样本分布在中国东部、中部、西部共 19 个省份的 64 个不同规模的城市，以及 14 个县的县城和建制镇，包括不同的职业、收入水平、年龄、教育程度的人群，有效样本量 4100 多个，调查了这些家庭 2008 年真实收入的情况。

我们发现，国家统计局可能大大低估了高收入组居民的真实收入。

就 2008 年城镇居民人均可支配收入而言，在最低收入组、低收入组、中低收入组，国家统计局的统计与我们推算的结果差异并不是很大。但是在最高收入组，情况完全不同。国家统计局公布的最高收入组人均收入为 4.3 万多元，我们推算的结果是 13.9 万元，是统计局数据的约 3.2 倍。真实收入越高的群体，统计局遗漏的程度就越大。这与我们此前对 2005 年城镇居民真实收入的调查分析结果基本一致。

我们把估计到的居民真实收入和官方数据之间的差称为“隐性收入”，即国家统计局没有调查到的收入。再把隐性收入按照不同的收入分组做分析，发现中国城镇 10% 最高收入家庭，“隐性收入”占全部城镇居民“隐性收入”总量的 63%。而 20% 的高收入家庭居民的“隐性收入”，占全部城镇居民“隐性收入”总量的 80% 以上。

那么，中国城镇居民的真实收入差距到底有多大？按城镇居民家庭 10% 分组，2008 年城镇最高收入与最低收入家庭的实际人均收入差距是 26 倍，而官方统计则只有 9 倍。按城乡居民家庭 10% 分组，最高 10% 与最低 10% 家庭的人均收入相差 65 倍，而官方统计却只有 23 倍。

胡舒立（财新传媒总编辑、《中国改革》执行总编辑）：从直觉上，你所说的低收入组、中等收入组、高收入组的实际收入可能都被低估了。就中等收入组来说，现在，IT、媒体、金融服务等行业的从业者中，据我们有限的观察，相当多 1972 年到 1985 年间出生的的大学或硕士毕业生，年均收入几乎都在 6 万元 ~ 10 万元，甚至以上。同时，你推算的城镇 10% 的高收入组，人均年收入为 13.9 万元，可能也被低估了。依我看，差不多要在 25 万元 ~ 40 万元。而最低收入组，目前的统计可能也低估了，比如被调查者只告诉你做一份工的钱，但实际上他可能会有四份工的钱，甚至老家还有房租收入。

赵人伟（中国社会科学研究院经济研究所研究员）：我同意你的判断，

不少高收入者并没有把他们的一些隐性收入说出来，这会造成调查的偏差。

我认为，小鲁他们的课题组对灰色收入、隐性收入的研究是很有意义的。自20世纪80年代末以来，我国学术界的一些同行对于因寻租活动和设租活动而形成的租金总量、对于非正常收入和非法收入的总量都曾经进行过估算；小鲁他们的研究可以说是上述研究的继续和发展，而且是对于官方统计数据的一种补充。尽管学术界对这一研究的方法和结果还有不同看法，但这一研究无疑能够推动中国收入分配研究的深化和细化。例如，假定这一研究成果比较准确，那么收入差距就要比现有的官方统计乃至民间统计高出一截，看来基尼系数就要超过0.5。进一步来说，我国的GDP总量和人均GDP也要比现有的统计高出一截。

王小鲁：统计局样本有两个偏差，一个偏差是遗漏了最高收入群体，再一个偏差是调查到的人“没说实话”。我的推算只是解决了“没说实话”的问题。所以，确实有可能还是低估了。但也有人说我估计过高了。我现在只能把这个结果拿出来，因为我不知道到底遗漏了多少人，没办法把那个遗漏加进去。至于中等收入居民的大部分收入是否也被遗漏了，我还没法下这个结论。

郑也夫（北京大学社会学系教授）：很高兴听到国家统计局之外的另一研究机构的收入调查结果。其实在民国时代，中国社会就拥有多个统计机构，独立地对社会事实做出各自的统计调查，有国家的，也有民间的。一些留洋回来的学者组成了调查机构。不同机构提供的数字不同，就有架吵了，就势必要给自己辩护，公布自己的统计方式，寻找对方的漏洞和误区。这就有望提升统计的质量，给社会提供更真实的数据。

“灰色收入”探源

王小鲁：据推算，2008年全国城乡居民可支配收入总额为23.2万亿元，这比按国家统计局住户收入统计调查结果高出 9.3 万亿元（这可称为“隐性收入”），比国家统计局“资金流量表”的住户可支配收入计算高出 5.4 万亿元。我们把这个 5.4 万亿元视为“灰色收入”。

大量“隐性收入”高度集中在高收入居民，不是平均分布。这不是一般意义上的统计遗漏。因此，对这种收入统计遗漏的主要部分，只有用“灰色收入”来解释。

什么是“灰色收入”？我认为最主要有两种情况，第一是法律法规没有明确界定其合法或非法的收入，也包括那些违规违纪但不违法的收入；第二是实际上非法，但没有明确证据证明属非法的收入。“灰色收入”的主要来源包括：围绕权力产生的腐败和寻租行为；公共资金、公共资源由于管理不严、不当造成的流失和不合理配置；土地收益分配不当；垄断性行业及其从业人员的超常收入。当然还有其他一些情况。

基于一定的假设条件进行估算，“灰色收入”占国民总收入的比重可能在 15% 左右。巨额“灰色收入”使得居民收入中，劳动报酬所占的份额比国家统计数更低，下降的速度更快。就居民劳动收入占国民总收入的比重而言，2005 年为 46.7%，2008 年则降至 42.3%；而非劳动收入占国民总收入的份额则更高。据我们测算，2008 年非劳动收入占国民总收入的比重为 24.4%，而如果按统计局的资金流量表数据推算，大约只有 9.9%。整个国民收入分配结构实际上比原来更不合理了。

胡舒立：简言之，你说的“灰色收入”包括四部分内容：一部分是没有被发现的腐败收益；一部分是没有明确界定、有可能非法的收入；一部分是经过严格界定可能是非法的；一部分是合理合法的，只不过没有严格界定的。比如，一些政府官员一次演讲费数万元，算“灰色收入”吗？

王小鲁：现在好像制度上也没界定。

胡舒立：对，应当明确合法与否的数额界限。比如，礼金或者演讲费，超过社会上正常平均数范围就是不合法和犯罪，等等。是不是应该这样区分？

王小鲁：还有一种情况也非常普遍，就是违规违纪但不违法。

赵人伟：违纪和违法的界限也不清楚。比如，审计署审计出某中央机关出租房子收入 4000 万，按理说，地是国家给，房子由国家投资，但该机关却说钱是用于该部门老干部的医疗费用。这算不算“灰色收入”？似乎是违纪而不违法，是否可以称为非“非法”？

刘杉（经济学者）：灰色收入的体现，不光是在权力部门和私有实体部分，其实体现在整个国民收入部分。比如，普通的专业技术人员和自由职业者等，如医生、学者，到各地的出诊费和讲课费，其实是合法合理的，但在统计中就体现不出来。现实生活中，专业技术人员的市场化收入、体制外收入的增长速度比体制内快得多。

胡舒立：中国人收入的增长是不是一定程度上来源于整个中国经济的增长？从 2005 年以后，觉得中国人手上的钱不是以前那个钱了。

郑也夫：大家都知道“灰色收入”的存在。小鲁课题组报告的贡献在于揭示出“灰色收入”的巨大规模和比重。接下来的问题是这些“灰色收入”主要的来源。大家说到了一些，但是个人的经验不等于全面深入的调查。如果收入分配制度要改革，就必须知道“灰色收入”的主要来源。清楚地知道了它们在哪里，根源搞清楚了，对策几乎就呼之欲出了。反之，就是闭门造车，不可能不失误。

收入悬殊解决之道

胡舒立：可不可以明确地说，只要没有比较坚决地实施“阳光法案”，“灰色收入”中的腐败收益部分就没有办法消除，反倒还会增加？

同时，从发展模式看，中国作为一个大国，是不是只能像英美现代化进程那样，选择一种更加盎格鲁——撒克逊式的发展模式，先拉开差距，再缩小差距，而非均衡发展的模式？

如果从国外经验看，日本明治维新后，贫富差距非常严重，日本后来走上军国主义道路与此不无关系。20 世纪 50 年代后，日本才得以走上了平衡发展之路。再看韩国，其 20 世纪 60 年代时，腐败、两极分化也很严重。反而，台湾地区的现代化，算是从一开始就走的是一条均衡发展之路，贫富分化并不严重。

台湾地区能走出一条均衡发展的道路，主要还是鼓励中小企业发展以及土地私有化，农民得以分享城市化收益。

我看，根源还是在关键时候，关键的改革没到位，才会出现寻租、不当管制以及要素价格的扭曲，包括行业垄断，造成收入差距不断拉大。行业垄断，在 2005 年前没有这么严重。我记得，当时财政部就明确提出（国有资本）应从所有的竞争性行业退出，但近些年却进展缓慢。

赵人伟：我一直不同意把收入差距的拉大归罪于市场取向的经济改革本身。从国际比较来看，许多发达的市场经济国家收入差距比我国要低。从根本上来说，我国收入差距过大是由于改革还没有到位。权钱交易问题、行政性垄断问题，都是改革未到位的表现。

当然，也还有经验问题。例如，20 世纪 90 年代有一个口号：遇到问题找市场，不要找市长。这种简单化的看法和做法，造成市场功能和政府功能的混淆，出现了一部分准公共产品（包括教育、医疗、低收入者的住房）过多地推给市场的现象，于是出现了过度市场化（不该市场化的已市场化）和市场化不足（该市场化的没有市场化）并存的复杂局面。因此，深化改革应该是解决收入分配失衡的根本出路。

如何深化改革的问题很大、很多，我在这里只讲一点，即实现相关信息的公开化和明细化。因为，这是对收入分配过程进行监督的前提。现在，中央下发副处级以上干部申报个人收入和财产的规定，这一步走得很好。不过，问题的另一面是国家也应该提高财政预算的透明度。预算透明度提高以后，长期存在的预算外开支就可以相应地消失；长期争论不休的所谓

“三公消费”问题也比较容易解决。进一步来说，“灰色收入”、“隐性收入”也可以减少。

王小鲁：为什么会产生这么大量的“灰色收入”？主要原因是现行的政府管理体制、财税体制等存在大量的弊端和漏洞。由于政治体制改革滞后，特别是政府管理体制、财税体制，漏洞很多，透明度很低，缺乏监督，越来越不适应经济发展的要求，所以导致大量的“灰色收入”出现，也导致了国民收入分配的恶化。我的结论是，不推进政府体制改革、财税体制改革，就难以解决收入分配问题。

刘杉：我同意王老师的结论，首先是要素定价机制过于扭曲，只有恢复到要素由市场定价，收入分配制度才能相对完善；其次，正因为政府管制过多，导致出现了寻租行为。税务问题就是例证。有些人通过向税务官员支付一些费用，就获得了更大的一笔“灰色收入”，而税务官员也获得了一部分非法的“灰色收入”。解决这个问题，最后还在于制度改革，特别是要素价格必须反映稀缺程度。

郑也夫：大家说得很对。确实，不搞清现实情况，不宜出台收入分配的全盘改革方案。因为你根本不知道着力点应该在哪里。但我觉得，即使不能出台整体改革的方案，并不意味着局部上也不能有所作为。比如，提高最低工资标准、体力劳动的行业最低工资标准，这是可以做的。

胡舒立：现在，解决收入差距过大的问题，显然不能仅仅靠收入分配制度改革，从根本上是要靠加快推进政府管理体制、财税体制、土地制度等改革。

王小鲁：解决收入分配的问题，不能简单用一个“收入分配体制”的概念来概括，也不能用一个“收入分配改革”来解决。如果收入分配问题出在哪都没讨论清楚，就去空谈收入分配制度改革，把这个理解为给大家涨工资，那就太简单了，并没有触及收入分配制度的实质。

在我看来，收入分配制度的改革，涉及整个政府管理体制，不是在两三年内就能解决的，而是一个漫长的过程。但关键还要看能否下决心推进这些改革。

社保逆向配置难题何解

《中国改革》杂志专访中国体改研究会会长
宋晓梧

差距扩大

《中国改革》：社会保障制度等再分配环节拉大收入差距的程度有多大，鲜见系统性的分析。你对此怎么看？

宋晓梧：对这一问题，我们从20世纪末就开始研究了。2001年，当时我还任职国务院体改办宏观体制司司长时，我们就发现：据国家统计局1995年对2.5万户的调查，城镇居民从国家和单位得到的各种保障和福利收入有逆向转移倾向，富裕户比贫困户多得87%，其中，养老保险待遇高低两组相差4.2倍，医疗保险相差62%。再加上住房补助和其他福利，经过二次分配，我国居民收入差距，包括地区差距和国有经济内不合理的行业差距、部门差距反而进一步扩大了。针对此，我发表了《解析社会保障制度面临的严峻形势》的文章，呼吁及时调整保障制度改革的着力点，注意向低收入者倾斜，通过保障和福利的转移支付缩小一次分配差距，同时避免重蹈“大锅饭”或陷入“福利病”。

但是，近十年来，这一逆向配置的现象不仅没有得到扭转，反呈扩大趋势。以养老和医疗这两个最重要的基本社会保险制度来说，不仅城镇居民之间的差距继续存在，城乡之间、地区之间，均存在差距。

在人均离退休退职费上，机关高于事业单位，事业单位高于企业，机关和事业单位均高于全国平均水平，企业则低于全国平均水平。在具体数额上，机关与企业之间的人均离退休退职费差距由 1990 年的 342 元 / 年，攀升到 2004 年的 8451 元 / 年，事业单位与企业之间的人均离退休退职费差距由 1990 年的 225 元 / 年攀升到 2004 年的 6830 元 / 年。在地区之间，全国人均养老金水平最高的西藏为 17818 元，最低的江西则为 6507 元。至于城乡之间，农村村民基本上没有养老金，他们的养老以土地保障和家庭保障为主。

在基本医疗保险方面，人均卫生费用城乡之间的差距从 1990 年的 120 元上升到 2004 年的 960.3 元；地区之间的差距，以人均基本医疗保险支出来算，2005 年时，全国最高的上海为 2009.9 元，最低的江西为 407.6 元。城镇居民之间，中央国家机关、大多数地方政府机关以及很多事业单位仍继续实行公费医疗，即使在已经参加基本医疗保险的政府机关和事业单位中，很多单位仍通过医疗补贴、医疗费用部分报销等形式来给予经济补偿，这在本质上与以前的公费医疗并无二致。参加基本医疗保险的企业职工，却只能按照基本医疗保险制度享受医疗保障待遇，没有其他任何形式的收入补偿。

《中国改革》：就政府和一些行政垄断行业职工福利待遇过高的问题，卫生部原副部长殷大奎头几年曾经披露过这么一些数据：政府投入的医疗费用，80% 是为 850 万以党政干部为主的群体服务的。另据政府有关部门披露，全国党政部门有 200 万名干部长期请病假，其中 40 万名长期占据干部病房、干部招待所、度假村，一年开支约 500 亿元。即使是以基本医疗保险报销额封顶线最高的北京来说，北京市市民也顶多报销 30 万。两者差距之大，可见一斑。难怪，近些年公务员热度一直不退。

宋晓梧：这是必然造成的现象。由于机关事业单位职工在基本社会保障领域能够享受一系列的优惠待遇，远非企业职工所能企及，使得越来越多的劳动力倾向于选择机关事业单位就业。此外，由于北京、上海等城市能够在基本社会保障领域提供优惠于其他城市的待遇，比如，他们能够做到基本医疗保险最高封顶额为30万，其他城市只能达到6万~8万，这使得越来越多大学生倾向于到大城市就业。可以说，制度分割不仅导致企业和机关事业单位在基本社会保障上的待遇差距，而且，引发社会公众对基本社会保障制度的公平性和保障功能产生质疑，同时也构成制约劳动力自由流动的重大障碍。

更要引起重视的是，现行制度模式下增长速度快、幅度大的公务员养老费用已经给公共财政带来了沉重的负担。

制度根源

《中国改革》：看来，差距无处不在。那么，是什么原因造成的？

宋晓梧：原因是多方面的，不仅有制度性差异，也与经济社会发展水平高度相关，同时还有具体政策实施过程中其他因素的影响。

城乡差距主要在于基本社会保障的制度设计不同，地区差距主要在于"分灶吃饭"财政下地区经济社会发展水平的差异，企业和机关事业单位之间的差距主要在于制度分割。

《中国改革》：就城乡差距来说，城乡二元格局使得社会保障体系的重心一直放在城镇地区，农村则一直处于边缘地带。这一点基本已成共识。问题是，这种二元格局是如何通过制度设计造成了城镇和乡村之间的差距？

宋晓梧：城乡差距主要在于社会保险制度的建构理念和制度模式的设计完全不同。各级政府分担城镇居民的社会保障制度转型的改革成本，而农村却实行自我负担原则。农村沿袭土地与家庭保障模式，农民的生老病死完全依赖自身及其家庭。

在制度模式上，城镇职工参加基本医疗保险，农民参加新型农村合作医疗制度。在筹资来源上，城镇职工基本医疗保险由用人单位和个人共同缴费，具有强制性；新型农村合作医疗制度由个人、集体和国家三方出资，属自愿行为。前者以工资额为基数按比例缴费，实行社会统筹和个人账户相结合的管理模式；后者则采用定额缴费方式，对基金实行统筹管理。前者以个人为单位，后者则主要以家庭为单位。在待遇提供上，城镇职工基本医疗保险设定了起付线和封顶线，按医疗费用所处的不同区间分别给予经济补偿；新型农村合作医疗制度则以大病统筹为主，重点帮助农民提高抵御大病经济风险的能力。当然，对不属于城镇职工基本医疗保险制度覆盖范围的中小学阶段的学生（包括职业高中、中专、技校学生）、少年儿童和其他非从业城镇居民，实行的基本医疗保险模式类似于农民的新型农村合作医疗制度，以家庭缴费为主，政府给予适当补助。

其实，城乡之间在基本医疗保障上一直实行二元模式。从制度沿革来看，城镇职工基本医疗保险制度的前身是公费医疗和劳保医疗，经历了由单位保障向单位与个人共同保障的转变；新型农村合作医疗制度则是在传统农村合作医疗制度走向瓦解后的重建。

《中国改革》：就城镇市民之间的差距来说，我们注意到，1998 年《关于建立城镇职工基本医疗保险制度的决定》要求机关事业单位与企业一样，全部实行城镇职工基本医疗保险制度。

宋晓梧：我们当年搞医疗保险改革的时候，就有人大常委会委员提出来，厂长的退休金还没有在医院打杂的爱人的退休金高，你们这个制度是怎么设计的？为了力求避免这个问题，当时就将机关企事业单位的所有人员纳入一个统一的制度来考虑。1998 年《关于建立城镇职工基本医疗保险制度的决定》就规定，城镇职工基本医疗保险制度的覆盖范围为城镇所有用人单位及其职工，包括各类企业、机关事业单位、社会团体和民办非企业单位，并逐步扩大到混合所有制企业和非公有制经济组织从业人员以及灵活就业人员。

根据这个制度设计，基本医疗保险基金实行社会统筹和个人账户相结合，职工个人交纳的基本医疗保险费全部计入个人账户，用人单位交纳的基本医疗保险费分为两部分：一部分用于建立统筹基金，一部分划入个人账户，划入个人账户的比例一般为用人单位缴费的 30% 左右。统筹基金和个人账户分别对应各自的支付范围，并对统筹基金设定起付标准和最高支付限额。起付标准以下的医疗费用从个人账户中支付或由个人支付，起付标准以上、最高支付限额以下的医疗费用主要从统筹基金中支付，个人也要负担一定比例。

制度是这样设计了，然而，就像前面所说的中央国家机关、大多数地方政府机关以及很多事业单位仍继续实行公费医疗，即使在已经参加基本医疗保险的政府机关和事业单位中，很多单位仍通过医疗补贴、医疗费用部分报销等形式来给予经济补偿，这在本质上与以前的公费医疗并无二致。这就是特权在作怪。

在医疗保险层面是设计了统一的制度，可机关事业单位就是不执行，而在养老保险层面，连统一的制度都没有设计，实行的还是城镇企业职工与机关事业单位人员分割的制度。这样，城镇各类企业职工、实行企业化管理的事业单位职工、个体工商户和灵活就业人员，实行社会保险制度，机关事业单位实行福利性质的养老金制度。前者需要企业和个人共同缴费，后者则是机关事业单位及其工作人员均无须缴费；前者要分别建立社会统筹账户和个人账户，后者既不实行社会统筹也不建立个人账户；前者的养老金待遇与社会平均工资水平、个人退休前工资水平以及个人账户积累额相关，后者则与本人退休前的工资收入挂钩。

具体来说，工作年满 20 年的机关退休人员的退休金、基础工资和工龄工资按照本人原标准全额计发，职务工资和级别工资按本人原标准的一定比例计发，其中，35 年及以上、30 年至 35 年、20 年至 30 年的计发比例分别为 88%、82% 和 75%；工作年限在 10 至 20 年的机关退休人员的基础工资和工龄工资全额计发，职务工资和级别工资按 60% 计发；工作年限不满 10 年的机关退休人员的基础工资和工龄工资全额计发，职务工资和级别工资按 40% 计发。工作年满 20 年的事业单位退休人员的退休金按本人职务工资和津贴之和的一定比例计发，其中，35 年及以上、30 至 35 年、20 至 30 年的计发比例分别为 90%、85% 和 80%；工作年限在 10 年至 20 年的事业单位退休人员的退职生活费按本人原工资的 70% 计发；工作年限不满 10 年的事业单位退休人员的退职生活费按本人原工资的 50% 计发。

在养老金待遇调整上，企业职工主要根据物价水平、社会平均工资等因素来综合调整，调整幅度较小；机关事业单位职工则与在职职工的工资收入水平实行联动，调整幅度较大。以安徽省为例，其机关和事业单位退休人员在2000—2002年五次调整退休金，人均共增加了620元，而企业的退休人员同期只增加了70元，增幅相差9倍。

《中国改革》：就地区之间的差距来说，不同地区由于不同经济发展水平，其民众享有的基本社会保险也是不同的。在一定程度上，这是一种客观原因造成的差距吧？

宋晓梧：其实，在这个层面上的差距，首先不是地区经济发展水平不同造成的，而是中国“分灶吃饭”的财政体制以及社会保障交由地方具体实施的制度导致的。这样的制度背景决定了各统筹区社会保险的保障任务主要由地方财政负责兜底。这使得基本社会保险制度的完善、覆盖面以及民众享受到的待遇水平很大程度上受到当地经济发展水平的影响。经济越发达地区的民众，其所享受到的待遇水平就越高于经济不发达地区的民众。

中国是单一制国家，应当比联邦制国家更能提供均等化的基本社会保险。均等化不是绝对数量上的相同，而是能够享受到均等的待遇，即公平的待遇。

历史溯源

《中国改革》：为什么中国的社会保障制度设计成这种碎片化的状态？

宋晓梧：这有历史的原因。中国现在的社会保障制度改革自20世纪80年代城市改革开始起步，是作为国有企业配套改革措施推行的。其后20多年，国有企业改革中心论一直左右我国的改革路径，对于应当面向全体国民的社会保障体系建设产生了一些负面影响，再加上社会保障改革的理论准备严重不足，这种状态的出现就更难幸免了。不论是在1985年著名的“巴山轮”会议文件中，还是在20世纪80年代末社科院、国务院发展研究中心等8家单位提出的8种总体改革方案中，或者是在总结改革10周年的理论文献综述中，都很难找到社会保障制度这一词汇，更不用说深入系统的论述了。

结果，政府以及各方面的注意力主要集中在国有企业职工身上，对城镇其他人员顾及不够，造成城市中不同人群基本医疗保障待遇不平等。同时，农村的医疗问题长时期难以得到各级政府的高度重视。

其实，这种碎片化的制度设计自20世纪50年代就已经存在了。当时，机关事业单位、企业、农村实行的就是不同的制度模式。以医疗保险为例，机关事业单位实行公费医疗，企业实行劳保医疗，农村则实行合作医疗。只是由于由国家出资、单位管理为特色的劳保和公费医疗不适应职工从"单位人"到"社会人"的转变，由集体提留支持的农村合作医疗不适应家庭承包制的实施，根据中国渐进式改革不同阶段的改革任务要求，而分别进行了不同的改革设计。一直到今天，机关事业单位依然延续计划经济时代的养老模式，改革尚未破题。

最难是破特权

《中国改革》：中共十六届三中全会之后，社会保险体系建设突破了长期以来作为国有企业改革配套措施的局限，进入以政府基本公共服务均等化为主线的全面建设新阶段。那么，如何实现社会保障均等化？

宋晓梧：建立均等化的社会保障体系，并不意味着社会不同群体都必须享有整齐划一的制度，可以而且也应当针对城乡经济社会发展的具体情况分别制定相应的制度。国际经验说明，城乡社会保障的制度差异和水平差异，是随着工业化过程和城市化进程逐步消除的。目前，我国还不具备统一城乡社会保障制度的条件，但是，应当把农村社会保障提到重要议事日程上来，与城镇社会保障统筹规划，并在基本社会保障服务方面向农村倾斜。一些经济比较发达的地区，可以率先探索城乡社会保障制度的衔接。

在我看来，眼下可行的改革步骤是，第一是要推动城市企业和机关事业单位职工的养老保险以及医疗保险的制度衔接，第二是要推动区域协调，第三是消除特权。就这三个层面来说，制度衔接、区域协调都相对容易一些，最难的是消除党政特权。

《中国改革》：2009 年，中国曾经推动事业单位养老保险改革，旨在使事业单位人员养老金大幅下降至企业水平，以平衡事业单位人员和企业间的差距。但是，这种“拉高就低”，且撇开机关单位的改革，在民众质疑声中至今依然踯躅难行。

宋晓梧：这个改革的根本方向就有问题。国有企业事业单位和国家机关有着千丝万缕的联系，高层领导间流动还是很大的。这样改，势必造成流动障碍。这就是典型的特权作怪。为什么独独机关这一块动不得？

国家机关公务员和事业单位的养老保险制度改革必须统一推进，不能再一块块分开考虑，十年前，机关事业单位和企业之间的差距不过一倍，目前达到了三四倍。是拉高就低，还是拉低就高？现在进退两难，但越拖越难！

要消除特权对社会保障均等化的阻力，加大反特权力度，一是要充分发扬党内民主，二是从透明公开做起。

第九章｜“土地财政”与房地产税

财新观察：房产税利害观

面对再度趋热的房地产市场，种种迹象显示，踌躇多年的房产税改革试点大有可能在近期推出。这无疑是一项关乎优化土地管理、改善城市公共财政的重大改革。但正因其重大，是项改革必须准备充分，精心操作，与相应改革配套推出，绝不可简单视为给房市降温的权宜之计，草率出台。

一些多年呼吁房地产税改革的识者，目前同样在担心“播下的是龙种，收获的是跳蚤”。我们对这种忧患之情深以为然。

中国热议房地产税，始于 2003 年 10 月中共十六届三中全会提出“对不动产开征统一规范的物业税，相应取消有关收费”的改革目标。此后，学界曾探索各国经验，对是项改革及操作展开研究讨论。显然，在高速城市化过程中，土地溢价过快会带来大量负效应，而征收物业税有助于减少农地和非农地差价，也可减少由此产生的腐败与不公；此税还可成为地方政府长期稳定的财政收入来源，减少和避免短期行为。

此项改革意义大，后续影响也大，所以，试点工作试点宜决、宜速，推广宜慎、宜稳。与房地产税改革相配套，应当推动农地市场化，做好产权界定以及与税收本身相关的一系列基础工作，并让公众对这一牵涉自身利益与经济社会全局的重大改革有更多了解。

转瞬已是五年，房产税一次次欲说还休，推出是项改革的准备工作进展缓慢，农地入市更呈胶着。改革迟缓的负效应就是房地价飞涨，地方政府土地财政行为定式已成，腐败与民怨有增无减。如今，启动房地产税改试点，以加速改革补亡羊之牢，当然很有必要，远胜无所作为。然而，补牢之时如何竟改革之全功，则需要更多更艰苦的努力。

当前，房价居高不下、保障性住房严重短缺，已引发民众广泛不满。

此时开征房产税，一方面，应适时果断地推出经过精心筹备的房产税试点，也许能够回应公众的期许，改革阻力较小；另一方面，应着手推进与房产税相关的配套改革和制度建设，厘清并权衡多重利益关系，谨慎扩大至全国范围，以避免埋下长远的经济、社会和政治隐患。

房产税改革需要一系列配套改革和制度建设，至少包括如下内容。

首先，协调各方利益，建立准确、完整、透明的不动产清册，加快并完善全国范围内的个人住房信息系统建设。这关系到产权的明晰与信息的公开，是房地产市场调控的重要依据和推进多项制度性改革的前提。各类住房的信息数据库建立、评估体系构建、房地产税框架设计、税费清理整合等问题，应首先在试点城市充分细致地加以准备。

其次，全面清理现行房产税费，力求不提高总体税负水平。在不动产的保有环节，可考虑将现有房产税和城镇土地使用税合并为统一的房地产税，简化税种，改变目前房地产税制流通环节畸重、保有环节畸轻的现状。

再次，强化税收监管，明确财产税的课征对象，依此指定切实有效的具体执行措施，避免新的税负被转嫁，保护社会弱势群体。从国外经验看，房地产税并不能从根本上抑制房价，甚至在特定的情况下还可能助推租金和房价的上涨。当前，公众还难免担心，税收征管体系是否足够强有力，对财产认定、评估、征收以及执行的程序，是否能够成功地实施房产税改革？设计方案应能有效消除这些顾虑。

最后，确保“取之于民、用之于民”。房产税作为地方税，有利于完善分税制，建立一个分权化、透明、可问责、公平的地方政府。应该借此推进地方财税制度的改革，建立公开透明的决策和监督机制，保证税收所得用于公共品与公共服务的提供。在征收初期，房产税资金应优先用于地方保障房建设，还政府多年欠账。

但是，目前地方政府征收房产税试点的零星传闻似乎并未完全契合改革目标。房产税作为一项完善土地管理与城镇公共财政制度的重大改革，应让纳税人尽早明确所要承担的税赋，做好公众宣讲工作，让公众更了解房产税制度及其合理性。这样，才能充分发挥民主监督作用，得到民意的支持。

房地产税改革的根本目的还是完善土地管理。既然是项安排为土地的市场化管理提供了制度支持，改革之初就应当明确树立终结政府主导土地批租市场的目标。就改革操作本身而言，宽税基、少豁免、统一税率、便于征收，都是最基本的、已有共识的原则，也是鉴别改革是否审慎起步、扎实前行的标尺。将此晓之于众，众目睽睽，才能确保此项重大改革正确实施，有利于大多数人的福祉。

“土地财政”难题求解

满燕云 （北京大学林肯研究院城市发展与土地政策研究中心教授）

20世纪90年代以来，中国以地方政府主导和城市外延扩张为特点的工业化、城市化进程加速推进。在这一轮政府主导的城市扩张中，土地财政扮演了极其重要的角色。尤其是1994年分税制改革后，土地出让金成为中国地方政府预算外财政收入的一个重要来源，对于地方经济发展起到了重要作用。

土地财政：现状、结构与地区差异

1999年至2007年间，无论是土地出让的宗数、出让面积，还是土地出让金总额，总体都呈上升趋势，2007年达到顶峰，2008年受金融危机的影响，土地市场低迷，出让金有所下降。

1999至2008年间，中国土地出让面积从45391公顷上升至165860公顷，年均增长率15.5%。同期的土地出让金收入也不断上升，成交价款从514.3亿元上升至10259.8亿元，后者大约是前者的20倍，年均增长率39.5%。剔除通货膨胀因素，土地出让金成交价款年均增长率更是高达45%，是财政来源中上升最快的一种。

2009年土地出让金收入大幅增加。依据财政部在“两会”期间提交的报告，2009年土地出让收入为14239亿元，同比增长43.2%。与此同时，全国地方政府财政收入为32581亿元，土地出让收入占比接近43.7%，已成为地方财政的“顶梁柱”。

中国土地出让制度的形成与完善是一个循序渐进的过程，其前身是1987年深圳开展的土地出让制度试点。其后，为使土地出让制度法制化，国家出台了一系列的土地出让条例和法规。1994年出台的《城市房地产管理法》规定，土地出让可以采取拍卖、招标和协议出让的方式，但没有对出让方式作出严格要求，因此在实际操作中以协议出让为主。

但是，鉴于协议出让方式下寻租、暗箱操作和国土利益流失等现象比较严重，国务院于2001年发布了《关于加强国有土地资源管理的通知》，国土资源部于2002年制定了《招标拍卖挂牌出让国有土地使用权规定》、于2003年制定了《协议出让国有土地使用权规定》，国土资源部、监察部于2004年联合下发文规定，从2004年8月31日起，所有经营性的土地一律采用“招拍挂”方式，掀起了地产界的“土地革命”。

上述政策实施后，土地“招拍挂”出让方式占比大幅提升。虽然从土地出让宗数来看，“招拍挂”出让的比重仍低于协议出让方式，但是近几年“招拍挂”出让比重逐年提高，已从1999年的15.5%上升至2008年的44.8%，不断逼近协议出让方式。

而从土地出让面积、土地出让金成交价款及纯收益来看，“招拍挂”出让方式所占的比重已分别从2003年的28%、56.7%和52.2%上升至2008年的83.9%、92.9%和89.9%，成为最为普遍的土地出让方式。可见，与“招拍挂”出让方式相比，协议出让的土地大多是面积相对较小、价格相对较低的地块。从这一角度来讲，“招拍挂”已经成为大宗地块的主流出让方式。

从用地类型来看，2008年制造业在土地出让面积中所占比重最高，为52.1%，住宅用途和商业用途分列二、三位。但从土地出让的成交价款和得到的纯收益来看，则以住宅用途最高，商业用途其次，制造业用途为第三，土地单价也呈现类似情况。

若单独以协议出让方式来看，就出让面积来说，仍然是制造业用途所占的比重最高，达到56.2%，与总体出让情况类似。但从土地出让的成交价款和得到的纯收益来说，三种用地类型差别不大，均在30%左右。

从招标、拍卖、挂牌等土地出让形式来看，制造业用途所占面积在总出让面积中比重最高，为51.3%，住宅用地次之，为33.7%，商业较低，为13.5%。而在土地出让金总额和土地出让价格中，住宅类用途土地成交价款及纯收益总额最高，并远远高于其出让面积所占比重。同年，政府从“招拍挂”中所得的土地出让金纯收益中，有62%是来源于住宅类用地的出让。就土地单价来说，也是住宅类土地用途平均价格最高，为12.21万元／公顷，商业性用地价格次之，为11.77万／公顷。就土地出让面积而言，江苏、山东、浙江、河北和广东五个省份位居前五名，除北京、天津、上海、重庆四个直辖市和海南省因自身面积较小造成出让面积排名靠后，其他东部、中部发达地区出让面积要高于西部不发达省份。

从土地出让金成交价款来看，江苏、浙江、山东、北京和广东分列前五名，青海、西藏、宁夏、甘肃和新疆等西部省区则位居后五位，土地出让金纯收益的分布特征与成交价款类似。相对出让面积来说，土地出让金成交价款和纯收益的地区分布呈现出更强的东高西低的趋势。

但是，特征最明显的还是土地成交单价的地区分布，以北京、上海、天津和浙江为首的东部地区均排名靠前，而以青海、宁夏、新疆、内蒙古和甘肃为代表的西部地区均排名靠后，并且土地出让单价最高的北京市（3094.04元／平方米）是最低的青海省（60.08元／平方米）的50倍。

对1999年到2008年省区间人均土地出让金的基尼系数进行计算，2008年土地出让金成交价款和纯收益的基尼系数分别为0.4939和0.5074，证明省区间土地出让收入存在较高程度的不平等。值得注意的是，从1999年到2008年，省区间人均土地出让金成交价款和纯收益的基尼系数均呈下降趋势，说明土地出让金收入在各省区以及东西部地区之间的差距在缩小。

在新一轮“圈地运动”中，西部部分城市财政的土地收入急速增长，以住宅为主的房地产业成为西部各地推动经济增长的新动力。截至2009年11月底，兰州、银川和西安等城市土地出让金已超过前两年的全年水平，2009年银川和乌鲁木齐等城市的土地出让金已占当地财政收入的1／3左右。因此，要警惕西部地区地方财政对土地出让金的依赖及强化。

房地产税可解土地财政难题

土地出让收入在地方财政收支中具有重要影响，且这一影响程度存在着加深趋势。1999 年全国土地出让金成交价款占地方财政收入和支出的比例分别为 9.2% 和 5.7%，而 2007 年年底则分别上升至 51.8% 和 31.9%，虽然 2008 年受到金融危机的影响，土地收入下降，但成交价款占地方财政收入和支出的比例仍达到 35.8% 和 20.8%。

从土地出让金纯收益来看，2003 年全国土地出让金纯收益占地方财政收入和支出的比例分别为 18.3% 和 10.4%，而 2007 年年底则分别为 19.3% 和 11.8%，与成交价款相比，变化不是非常显著。

此外，从土地出让收入占财政收支的比重来看，东、中、西部地区分布不存在稳定的规律。如土地出让金占财政收入的比重中，排名靠前的既有四川、重庆等西部省市，也有天津等东部省市，而排名靠后的既有属于西部省份的青海、甘肃等，也有属于发达省市的广东、上海。

而从分析土地出让金占财政支出的比重分布可以看出，排名靠前的既有东部的天津、山东，也有西部的四川，排名居中的既有东部的上海、广东，也有中部的湖南、河南，排名靠后的则以西部省份为主。

1994 年分税制改革后，各地的土地出让金收入基本划归地方政府，实践过程中土地出让金已经成为中国地方政府的重要财政来源。伴随着国家若干条例和法规约束的出台，地方政府土地出让方式已经实现了从协议出让为主向“招拍挂”出让为主的转变。

在土地出让面积和收入总额的地区分布中，不论是土地出让面积还是土地出让金总额，东部发达地区都位于前列，而西部地区则位居最后，地区经济差距是影响土地出让总量区域分布的重要因素。但在新一轮“圈地运动”中，西部众多省份土地出让金收入快速增长，其增长率已超过东部省份，西部地区利用“土地财政”模式搞大开发，以房地产业来拉动经济增长，这必须引起高度注意。

由于土地资源存在稀缺性的特点，目前这种依靠开发土地作为发展动力的“土地财政”，并不是一种可持续的发展模式。很多城市政府以多卖地为第一选择，导致城市规模的无序扩张，而高地价也在一定程度上推动着房价上涨。因此，改变这种不可持续的“以地生财”的行为，寻找一种稳定并且可持续的财政收入方式非常迫切，也非常重要。

土地作为最重要的生产要素，是地方政府拥有的最大价值的资产，土地的非流动性以及地方政府对土地的实际拥有权，客观上给地方政府相当大的支配权，这给地方政府依靠土地资源增加地方财政收入提供了制度空间。

而作为不动产税的一种，房地产税正是基于土地等不动产价值征收、税收额相对稳定并且可长期持续的税种。同时，通过增加房地产的保有成本，该税种从长远来看会对房地产市场产生调节作用，具有多重的政策效果。因此，征收房地产税或许可以成为未来地方政府财政收入的一项更好的选择。

楼市迷局中的房地产税

王涌（中国政法大学教授、财新传媒法学咨询委员会委员）

房地产税，是财产税的一种。财产税是最古老的税种。在幼发拉底河域 Lagash 城出土的一块 6000 年前的陶盘是迄今发现的最早的财产税记录。那时，被征税的财产主要是食物，此后是土地。

1620 年，欧洲第一批移民到达美洲，一束蛇皮箭使他们意识到印第安人的威胁，102 位移民开始修筑工事，并签订协议，约定等额拥有土地，并按土地的肥瘠程度纳税。这是美国历史上最早的税——财产税。

目前，全世界多数国家征收财产税，特别是房地产税，它成为政府的重要财政来源。中国也有财产税，国务院于 1986 年 9 月 15 日颁布了《房产税暂行条例》，但征收主要针对营利性机构，个人所有非营业用的房产不在此列，并且不包括土地，适用范围狭小，与其他国家普遍征收的房地产税有明显差异。

在房价飙升、民怨沸腾的背景下，政府的压力日益加大，房地产税作为政府调控房市的另一个手段呼之欲出。但是，房地产税是什么？它与土地出让金是什么关系？在中国的房地产迷局中，如何理解房地产税？

房地产税与土地出让金

在法律形式上，房地产税与土地出让金是两种截然不同的制度，但在具体内容与实际功能层面上，现行的土地出让金已经包含着一定程度的房地产税的性质。

首先，从收取主体看，在中国，土地出让金是地方政府收取的，在其他国家，房地产税也是地方政府收取的。中国的地方政府在收取土地出让金的过程中，身份可以是双重的，一方面是地主，收取地租；另一方面是政府征收税金。租、税合于土地出让金之中。

其次，从土地出让金的用途看，土地出让金用于政府的公共服务，与其他国家房地产税的用途一致。特别是在城市改造中，中国的地方政府主要依赖土地出让金，而在其他国家，如美国，各州则主要依赖财产税，特别是房地产税。在美国流行的财产税增值融资计划，就是利用房地产税支持城市改造的典型模式。该模式于 1952 年由加利福尼亚州发明，具体操作如下：政府发行免税债券，募集资金，用于城市改造。城市改造带来不动产增值，房地产税随之增加，纳税人以此冲抵免税债券的本金与利息。

如果将中国地方政府收取的土地出让金，一部分视为地租，另一部分视为提前预交的房地产税，那么，中国地方政府基于土地出让金的城市改造的融资流程与美国的财产税增值融资计划就十分相似。

中国土地出让金不断上涨，2009 年全国土地出让总额高达 1.59 万亿元。如仅以地租的性质来解释它，显然勉强。其溢价部分应当解释为隐形的房地产税。如果上述分析成立，那么，再讨论：中国政府是否应当开征房地产税？问题实质上就转化为：房地产税是否应当从土地出让金分离出来，分年收取？房地产税是否应视纳税人的贫富，区别征收？房地产税是否应增加征收金额？

人们所期待的房地产税显然是：分离独立，分年收取，区别征收，加重税额。总体上，这样的房地产税是理性的，因为现行土地出让金制度一次性预收未来若干年限的土地收益总和，必然鼓励地方政府滥用土地出让金等短期行为，扭曲代际公平；土地出让金制度不区分贫富，无法发挥调节贫富差距的功能；土地出让金制度掩盖房地产税，土地增值部分不在其中，无法清晰计算未来若干年的房地产税的实际数额，必然存在巨大损失。

正如世界银行的一份研究报告表明："在长期租赁体系框架下，未征收财产税，中国政府也没能获得价值增值。因此，潜在的收入损失是巨大的。"所以，从纯粹的税费制度理性化的角度看，开征房地产税也是重要的方向。

房地产税宜用于住房保障

结合当前国情，我们需要房地产税解决什么现实问题？答案无非有三个选项：一是抑制房价，房地产税可以增加投机人持房的成本，促其抛房，增加市场的房屋的供应量；二是为地方政府确立一个细水长流的财政源泉；三是房地产税加重对富人的征税，可以调节贫富差距。其中，抑制房价是目前呼唤房地产税出台的主要意图。

但是，我们应当认识到，在当前中国，抑制房价是可能的，但是，通过抑制房价，根本解决百姓居住的民生问题，却是不可能的。因为中国的贫富群体格局已经形成，房价在 2009 年第二次飙升时，中低收入群体已基本从商品房市场上出局。目前，商品房市场的游戏者主要是高收入群体，中高收入群体勉强能在其中一搏。除非房价大幅度下跌，否则，有限的下跌不可能改变这一格局。

房地产税只能在一定限度内抑制房价，不可能根本上抑制房价。中国的高房价是因为土地供应的垄断、流动性泛滥、城市人口激增的刚性需求等结构性因素所致，非房地产税这样的外用药所能解决。况且，房地产税的税额不可能很大。在历史上，低估是财产税征收的惯例，例如殖民时期的波士顿，财产的实际价值是评估价的五倍。参照美国、加拿大等国现行的征收税基和税率，平均水平是：在房屋市场价值 20% ~ 40% 折扣基础上，征收 1% ~ 3%，一栋市场价值 200 万元的房屋，每年的房地产税不到一万元。

这样有限的税额，如何抑制投机者的投机野心？如果加大房地产税的税基和税率，使其"猛于虎"，在正当性和可行性上，又存在问题，也不现实。历史上，房地产税从来没有有效地抑制过房地产泡沫，在日本20世纪90年代和美国本世纪初的房地产泡沫中，房地产税的作用犹如螳臂当车。我曾就此请教日本原大藏省次长神原英资，他说，在日本，房地产税从来没有起到抑制房价的作用。

房价调控已与民生无关，政府任何关于房价的调控只是回应民怨，但于事无补。所以，政府应当果断抛弃通过房地产税抑制房价的思路，而应当转向住房保障，大规模地建设或购买廉租房和公共租赁住房，这才是根本之策。在这一现实背景下，征收房地产税的真正意义已不在于第一项抑制房价，而在于后两项：解决地方财政危机和调节贫富差距，支持住房保障建设。

虽然，在“二战”之后，在许多国家，财产税在政府财政收入中的比例在下降，为交易税和所得税取代，但在地方财政中，财产税仍然是大头。1927年财产税在美国地方财政收入中占97.3%，现在所占比例也仍然接近75%。目前，中国地方政府缺乏稳定的收入来源。自1993年分税制改革后，中央政府取得税收的大头，地方财政陷入危机。而随着20世纪90年代中期房地产市场的兴起，巨额的土地出让金拯救了地方政府。但是，好景不长，土地出让金时代也将临近尾声。

当前，中国地方财政状况是十分困难的，在建设廉租房和公共租赁住房上，资金缺口巨大。根据住房与城乡建设部的统计，现在全国城市人均住房面积在10平方米以下的低收入家庭约1000万户，如果按照最低标准——每户40平方米的标准要求，需4亿平方米的住房。如果再以每平方米1800元的建筑成本计算，廉租房建设最低的所需资金为7200亿元。此外，每年新增城镇就业人口1000万，每年大学毕业生超600万，即所谓的“夹心层”，需要大量的公共租赁住房，资金的缺口比廉租房更大。

目前，地方政府没有稳定的资金来源建设廉租房和公共租赁住房。在过去几年中，地方政府所动用的资金竟然是属于私人财产性质的住房公积金的增值与沉淀部分，在正当性上饱受非议。建设廉租房和公共租赁住房作为一项长久的制度建设，需要长久的稳定的资金来源，而这必须通过税制改革予以强制与稳固。

房地产税技术难题

在西方国家，早已形成了深厚的财产税文化，但仍存在诸多严重问题，中国才刚刚起步，问题将更棘手。在技术上，房地产税的评估、征收、争议等各个环节，都存在种种陷阱，需要浩繁的制度建设。

首先，房地产税的评估：房地产税与所得税不同。所得税是确定的、可控制的、客观的，但是，财产税却是专断的、主观的，也是纳税人不可控制的。正如一位纽约律师所言：缴纳多少财产税取决于你的地段与环境，感觉就如同缴纳多少所得税取决于你邻居的收入一样，很不自在。所以，财产税的征收极易引发纠纷，特别是大额的财产税的征收在美国通常会诉诸法院，这是一种很高的社会成本。为减少评估成本和矛盾，美国蒙大拿州甚至每六年才评估一次税基。日本则是三年评估一次，每年收取。

在美国历史上，财产税的征收曾多次引发暴动，粗糙的评估方式是原因之一。例如 1797 年，为支持针对法国的战争，美国总统约翰 · 亚当斯开始征收全国性的财产税——窗户税（window tax），因为税务官仅依据房产的窗户的数量和大小评估财产价值与纳税金额，因而得名。窗户税引发了宾夕法尼亚州德国移民的暴力反抗。

在西方国家，财产税评估师地位非常重要，评估师决定财产价值和财产税额，评估师的选举甚至是在神圣的仪式中进行。在古希腊的雅典卫城附近有一尊纪念碑，纪念阿里斯提得斯（Aristides the Just）——位税务官和财产评估师。在中国的历史和文化中，却很少有这样的英雄。中国需要培育自己的财产税制度与文化，但任重而道远。中国实行房地产税后，房地产税的评估纠纷可能潮水般地出现，我们需要做好准备。

其次，房地产税的征收：在征收环节上，财产税也不同于所得税，所得税通常是在纳税人取得收入前，就被自动扣除相应的税款，悄无痕迹。但是，财产税的征收缺乏这样的杠杆，只能“裸收”和“强收”。依赖强制措施，这将又是一笔巨大的成本。

美国征收财产税，是基于其完善的法治和民众良好的纳税意识，征收成本相对较小，即使如此，依然矛盾重重。而在中国，法律制度和纳税意识均不健全，目前物业费收缴尚且困难，如果在征收技术上缺乏精巧的设计，房地产税征管可能面临大面积僵持乃至瘫痪态势。

其实，采取土地出让金的形式一次性收取隐形的房地产税，是一种节省征收成本的很好的方式，但是，其弊端在于可征收金额有限，并且容易使一届政府寅吃卯粮，提前预支后代的税金，弊大于利。

最后，房地产税征收对象：房地产税的目的在于调节贫富差距，却可能伤害弱势群体。

在美国，受财产税伤害的不是富人，而是老人和低收入群体，因为财产税与纳税人的支付能力没有直接关联。在美国，63.8%的低于联邦政府贫困线的老人是有房户，财产税无情地夺走了他们的收入。在过去的20年中，美国的政府关系咨询委员会所做的八次调查表明：老年人认为财产税是最不公平的税种。这是否可能会在中国重演?

从目前中国各地几个房地产税方案看，征收起点是人均70平方米或30平方米以上的不动产，这是否能避免误伤老年人和低收入群体呢？应该说，这种可能性依然存在，所以，房地产税立法需要在财产税豁免的范围与对象上精心设计。

总之，房地产税不可能从根本上抑制房价，但是，对政治家而言，应充分利用当前有利的舆情和民意，果断推行房地产税，为长久解决地方政府的财政危机和住房保障的资金困境奠定制度基础。当然，在实施时，应当审慎处理诸多技术难题，低调起行，解除不必要的政治隐患，以谋求进一步的制度革命。

房地产税改革：动力和阻力

符育明（新加坡国立大学环境与设计学院副院长）

房地产税是按房地产保有价值征收的一种税，是许多发达国家一项重要的地方税收，对城市公共投资和公共服务的能力以及效益起很大作用。那么，建立房地产税对中国城市化的进一步发展有什么意义与作用？对城市居民的利益会有什么影响？

中国地方财政（预算内）收入主要靠营业税以及与中央分享的增值税和企业所得税。个人所得税也是地方收入的一部分，但比重还不大。城市化发展带来了对地方公共服务需求的快速增长，要求大量的基本建设投入，使地方政府不得不依赖各种收费，尤其是土地出让金，来获得城市建设的资金。

中国的城市化还有很长很艰难的路程。按麦肯锡 2008 年《迎接中国十亿城市大军》的报告估计，从 2005 年到 2025 年的 20 年里，中国要新增 3.5 亿城市居民。这样大规模的人口转移是经济发展所不可避免的，也对地方公共财政提出了极大的挑战。如何让地方政府有一个适合地方发展需要的财政收入？如何更加合理地分摊城市建设的公共投资成本？房地产税改革对解决这些问题有重要的作用。

在过去的 20 年里，中国城市住房改革已使广大居民获得了城市住房和土地使用的产权，为房地产税改革创造了条件。与此同时，在房地产市场的作用下，城市建设的发展也助长了财富分配的不均，并使进入城市的门槛不断提高。房地产税的缺失加强了这些现象的负面影响，这不利于社会和谐发展，也有碍城市化的继续进展。

土地价值差距扩大

城市化的地理特征就是人口和就业的高度集中。这样的空间集中形态是充分发挥劳动力社会分工合作，从而提高生产力的前提条件。但劳动力聚集是建立在许多城市公共设施和公共服务的基础上的，包括道路交通、供水供能和排污清洁等。同时，分工与合作需要技能的提高和风险的分担，因此需要加快公共教育和社会保险的建设。这些公共建设推动城市化，城市化带来聚集规模效益，聚集规模效益必然造成土地价值的空间差异。

在中国，地区间城市土地价值的差异很大。基础建设和公共事业投入的差别，产生了地区间生产力、生活质量和人力资本提升条件的差别。比如，2004 年东部地区的人均财政性教育支出为 342 元，西部地区为 215 元，东部比西部高出 59%。2004 年中国人均财政支出的省际差异系数是 0.76，2007 年下降到 0.66，但仍然大于人均 GDP 的省际差异系数 0.63。

当劳动力可以跨地区流动时，条件好的地区会吸引更多的人才和劳动力，城市的规模聚集效益上升，使地区间的收入差异进一步扩大。劳动力流入造成土地和住房需求的高涨，只能靠土地价格上升来平衡劳动力流动的意向。因此，地价差距反映了地区间发展的差距。随着中国户籍制度的改革，劳动力的流动性将进一步增加，地区间的地价差异还可能扩大。零点研究咨询集团于 2010 年 4 月进行的“中国城市和农村居民流动意愿调查”发现，约一半的县城居民有向大城市流动的意愿，18% 的省会城市居民有向北京、上海和广州流动的意愿。

那么，什么因素使得地区间土地价格的差异不会消失呢？

第一，劳动力聚集规模效益具有自我加强的机能。比如，与小城市相比，在大城市的贸易信息、运输等交易成本会低许多；大城市的就业密度有利于降低各类专业人员找工作的成本；大城市里学习机会多，有利于降低人力资本提升的成本。这些聚集效益为当地的基础建设和公共事业投入创造了需求和回报，而公共投入又反过来加强了当地贸易、就业和人力资本提升的聚集效益。这种正反馈效应，造成了地区间经济集聚规模的持久差别。

第二，地区间公共投入的差别也受资源分配制约。在经济发展初期，资本和人才资源紧缺，往往促使资源流向聚集规模效益好的地方，造成地区间生产力和人力资本提升效益差距扩大。随着经济发展、资本和人才资源的积累，地区间资本和人才资源的差别会有所缩小。

另外，地方财政体制也会影响资源的空间配置。例如，中国地方政府不能直接从资本市场融资，需要靠出让土地使用权获得资金。因此，发达地区与不发达地区土地价值的差异，造成了地方政府融资成本的差异，从而加剧了地区间资源分配的不均：地价高的地方更有资源发展，地价升得越来越高。

降低进城“门票”价格

征收房地产税有利于地区间经济平衡发展，体现公民纳税与获得公共投入利益相匹配的公平原则。同时，对保有房地产征税还可起到稳定房价、鼓励地方政府重视民生以及公共投资长期效益的作用。

如前文所述，城市土地价值的差别源于公共投入，又被聚集规模效益放大。所以，城市土地价值代表的主要是社会财富，不是个人创造的财富。早在 1879 年，美国经济学家和政治家亨利 · 乔治（Henry George）就在其著作《进步与贫穷》（Progress and Poverty）中强调了这个道理。因此，对这一财富征税，既能集合公共资源反馈于城市建设——从而保持和增加体现在土地价值中的社会财富，又能使公共投入的成本比较公平地分摊给居民——得益多、地产价值高的业主多承担一些公共投入的成本。

目前，中国地方政府已有各类基于房地产的税收，包括房产税、城镇土地使用税、契税、土地增值税和耕地占用税，但这些税收比重小，除了契税，征收对象主要不是居民。地方政府主要靠土地出让金来筹资搞城市公共建设。2007年全国土地出让总价款占全国财政收入的23%，是地方预算外收入的191%。然而靠土地出让筹资是不能维持长久的。随着城市化的成熟，可供出让的土地资源会越来越少。

按2006年财政数据计算，中国的公共消费（包括公共教育、医疗卫生和社会保险）开支占GDP的比重还不到5%，比中等收入国家的正常水平低7个百分点。这一方面反映了中国经济高速增长对基建资金的需求，另一方面也反映了地方政府动机的偏误和畸形的地方公共收入结构。中国90%以上的公共消费开支由地方政府承担，然而这些公共消费不直接为地方政府创造收入，使地方政府没有积极性去提供公共消费，往往将公共消费的责任推给企业。

建立对房地产保有价值的征税体系，将为地方政府创造一个稳定的、并与地方建设效益挂钩的地方收入。这种收入可以增强地方政府的长期偿债能力，为地方政府从资本市场举债搞城市建设创造重要条件，有助于地区间更加平衡地发展。地方政府不必等到地价高了才融资，因为预期的城市建设投资，可增加未来的房地产税收，并为城市融资提供保障。而且，用长期的房地产保有税收的增长来融资，也具有跨世代的公平性。出让土地的融资方式是让当代人承担城市建设的成本。但是城市建设投资的效益是让几代人享用的，因此不应该由一代人承担投资成本，而应该由几代人来分担。

让房地产保有税在地方公共收入中占主导地位，可以促使地方政府从长远和整体的城市效益来支配公共投资与开支。当地方公共收入以营业税和增值税为主导时，地方政府往往偏好招商引资开发项目，而不重视对教育卫生和社保的公共开支。房地产保有税可以直接体现用于民生的公共开支的社会效益，即地方生活质量提高使住房价值上升，地方政府更有积极性去做民生事业建设。再有，地方政府依赖出让土地融资会更多受局部的和短期投资效益的影响。比如，政府往往对旧区改造的动力不足，而在新区开发的动力过强，因为前者产生可出让的土地量少且成本非常高。

征收房地产保有税可缩小地区间土地价格的差异。个人买房支付的地价就是进入城市、享用城市公共服务和社会经济效益的门票。开发商用“门票”收入支付给城市政府土地出让金，而城市政府则用土地出让金投入城市公共设施建设。要是城市的公共服务和社会经济效益是免费让居民享用的，那么大家争相“入场”的结果就使这张“门票”很贵，相当于上百年（若土地租赁产权可以无偿延续），或在更长年限享用城市公共服务和社会经济效益的价值。但要是居民需按公共服务消费缴纳房地产税，那么买房成本中的“门票”价格就会降低（“门票”价格的一部分转换成长期的、以房地产税形式的“分期付款”）。

在目前的情况下，东部地区和西部地区城市公共服务质量和社会经济效益的差别，全部反映在买房时的一次性“门票”价格上了，所以房价的差别很大。更何况现在城市中的大部分老居民，不需为这些年来城市建设带来的公共服务和社会经济效益的提升付“门票”，城市建设的成本更多落到居住用地出让所产生的新“门票”上了。这样的“门票”价格既造成首次购房困难、阻碍人口流动，又产生社会不公平。因此，以房地产保有税降低“门票”价格，可降低劳动力流动的门槛并且改善社会公平，因为新老居民都要为城市公共设施和公共服务埋单，且多得益者多埋单。

用房地产保有税降低“门票”价格，还有稳定住房价格、抑制购房投机动机的效应。在没有房地产保有税的情况下，高“门票”价格使住房投资的租金回报率（或资本化率）降低，这时房价对住房需求增长预期的变化会很敏感，因而造成短期投机冲动。假定资本化率为 2%，那么需求增长预期提高 0.3 个百分点，房价就会上升 15%。在高保有税、低“门票”的情况下，资本化率高，住房需求增长预期的变化对房价的影响就会比较小，未来需求增长的提高亦会提高保有税，因而也会抑制短期投机冲动。与长期投资行为不同，短期投机行为往往带来大量房屋的闲置，造成城市资源的浪费。住房价格的稳定不仅可减少因短期投机造成的资源浪费，还可以降低居民购房的风险。

房地产税的税率应按各地城市建设发展的要求和地方公共服务的需求来定，城市发展快的时期税率可定高一些。但由于公共投入的社会经济效益大于公共投入的成本，房地产税收不会全部抵消城市土地的市场租金。

因此，土地出让金（以及“门票”价格）还会是正的，反映公共投入的净社会经济效益及各地的自然条件差异。以竞争（招拍挂）方式收取土地出让金，也有利于反映城市土地使用的机会成本，使土地得到最佳使用。

权衡多重利益关系

既然房地产保有税改革有诸多经济社会效益，那么改革的阻力何在？技术方面的问题不难克服，主要是建立业主、产权和房价数据系统。当然，信息系统的建立和公开也可能会遭遇政治阻力。

有一个难题是，关于付了“门票”和没有付“门票”居民间利益的调节。付了“门票”的家庭，可在一定时期内享受房地产保有税的豁免，以体现公平原则。豁免期限可按产权性质定：大产权“门票”的豁免期限应比小产权的豁免期限长一些。豁免权利应随业主家庭而不随房屋，以免阻碍人口流动。对豁免权利有争议的案例，可以通过由市民代表和专业人员组成的审理委员会来裁定。

房地产税改革的另一个问题是低收入家庭对房地产保有税的承受能力。一个解决办法是减免小面积住房的保有税（按家庭收入减免受到收入界定困难的约束）。对于居住面积大而收入低的现有家庭，可允许延期缴纳保有税，以房屋抵押，欠款在房屋出售时从售价中扣除。

还有一个阻力是短期与长期利益的平衡。在短期内，由于居民“门票”财富缩水会对个人消费产生一定的负的财富效应。但长期来说，房地产税可以改善城市公共服务和城市发展的社会效益，带动城市经济增长。

目前中国个人所得税规模还比较小，靠个人所得税调节收入分配的空间不大。对房地产保有价值征税则有利于扩大收入重新分配的空间，赢得民众的支持。但是，房地产税改革不仅是公共收入结构的改变，也需调整地方政府与老百姓的关系。作为一种地方税，房地产税可以让地方政府能够按当地的城市建设要求和居民对公共服务的需求机动地调节税收。

目前，中国地方政府的税收都受中央政府监督管理。但是，靠中央政府来监督地方的房地产税收和使用会很困难，比如，中央对地方土地出让金的监督就比较薄弱。因此，房地产税改革需要进一步完善民主监督制度，增加地方预算的公众参与，以保证房地产税的社会经济效益得以充分发挥。

至于征收房地产税时，如何处理土地租赁年限和住房产权的差异问题，可以借鉴中国香港和新加坡的经验，应按住房的市场租金年收入的估计值（而不是按住房的资产价格）来征收房地产税。

Chapter 5

第五篇

国有经济与市场化

▶ 1997年的中共十五次代表大会上江泽民总书记的报告，以及1999年中共中央通过的关于国有企业改革的决定，这两个中国执政党的文件都明确地说明了国有企业应该控制占主导地位的领域。除了这样一些领域之外，原则上都是可以退出的。最近中国政府的一些决定，重申了这个意见，而且加了一个定语，就是充分发挥市场在资源配置中的基础性作用。既然市场在资源配置中起基础性作用，那就意味着政府不应该在资源配置中起基础性作用。所以，国有经济什么应该退出，什么不应该退出，其实归根到底是应该由竞争决定的。

——吴敬琏（国务院发展研究中心研究员）

▶ 国有经济不可能削减到零，为什么不可能削减到零？基本的经济学常识告诉我们，国有经济有它的功能，它的功能就是提供民间不赚钱的社会产品和公共服务，这就是国有经济的使命。换句话说，国有企业应该做赔钱的生意，赚钱的生意都不应该由国有企业来做，民营企业会比它做得更好。所以，国有企业从经济学理论来讲非常清晰，它的作用是拾遗补缺，民营企业做了不赚钱的，这块应该由政府承担起来，凡是能赚钱的不应该由国有企业来做，国有企业做的都是不赚钱的。这决定了国有企业不可能削减到零，但是比我们现在想象的要小很多很多。

——许小年（中欧国际工商学院经济学和金融学教授）

第十章 | 市场化与民间力量

财新观察：开启民间投资

2010年的中国经济或是进入新世纪以来“最为复杂的一年”。全球经济艰难复苏，中国经济强劲回升中难掩不断积累的新风险，前路变数正多。

当下，中国一揽子刺激政策的副作用日益显现，超高速货币信贷增长带来的通胀及资产价格膨胀压力逐渐升高。2010年2月消费物价指数（CPI）同比涨幅已达2.7%，且涨幅较上月显著扩大，通胀压力不可小觑。令人担忧之处在于，若宽松货币政策退出，则过去一年多形成的在建投资项目可能出现“烂尾”现象，甚至损毁经济复苏成果。宏观经济政策处于两难境地，亟待破解之策。

应对危机期间，大量政府投资向国企倾斜，民企受到冷落，民间投资意愿大幅萎缩。个中原因，既有投资回报预期下降，民企主动减少投资，也有资源向国企集中，民企被“挤出”。中小企业融资困难，一些民营企业步履艰难。

然而政府投资的效用正在递减，而外需恢复尚待时日，面对短期的政策困境及未来的结构调整之路，中国经济急需新的增长动力。

我们认为，尽快启动民间投资，是保持复苏势头，确保经济稳步增长的有效途径。

就短期看，启动民间投资可以巩固复苏成果，保持经济增速。据中金公司估算，中国尚未放开管制的行业，占全国固定资产投资总量的比重，与房地产业旗鼓相当，其工业产值占比甚至远远高于房地产业。由于民间资本往往比国有资本经营得更好，一旦这些领域对民间资本开放，其对经济的拉动将不亚于先前的出口制造业和房地产业。

另一方面，开放民间投资可以抑制资产泡沫。由于投资领域狭窄，大量资本流入资产市场，房价高涨便是其表现之一。如果放开民间投资，将资本疏导入新的产业领域，可望抑制资产泡沫。

就长期看，放开民间投资则有助于扩大就业、促进经济转型、增强市场活力和提高经济效率。

据全国工商联统计，城镇居民的70%以上、农民工85%以上在民企就业。“十一五”以来，个体私营经济每年新创造1000多万个就业岗位，占城镇新增就业的85%以上。推动民间投资，必会新增大量就业岗位，缓解就业压力。

民间资本进入管制行业有助于提高生产效率。放松管制，鼓励民间投资，有助于提高垄断性行业的生产效率。20世纪80年代，美国政府放松行政管制，鼓励民间投资，结果提高了劳动生产率，引领经济走出了“滞涨”泥沼。

扩大民间投资还有利于节能减排。长期以来，由于投资范围狭窄，民间投资多集中于一般制造业和服务业。一些中小企业为了生存，只能投资于技术水平低、能耗高、污染大的项目。放开民间投资，则会改善制造业中小企业生存环境，有益于产业升级、降低能耗。

发展民营经济将进一步激发经济活力。经验表明，民营企业具有更为灵活的经营机制和更高的经营效率。国际货币基金组织研究显示，按附加值计算，中国民营企业的资本回报率比国有独资企业高50%，比国有控股企业高33%，比国有参股企业高24%。从危机中的表现看，民营企业也更胜一筹。2009年工业增加值增速，国有及国有控股企业为6.9%，私营企业则高达18.7%。

我们认为，启动民间投资的关键在于进一步放松管制，扩大民企投资范围，让民间资本进入电信、金融、石化、医疗、教育、文化等垄断性行业和高端服务业。

垄断性行业的民间投资比重过低。2008年私人控股投资占投资总额比例，按行业划分为：电力燃气和水生产供应业12.87%，金融业9.48%，水利、环境和公共设施管理业6.14%，交通运输、仓储和邮政业5.89%，电信和其他信息传输服务业1.18%。这一方面表明管制严重，另一方面也意味着民间投资潜力巨大。放开民间投资刻不容缓。

放开民间投资需要深化政府改革，减少行政管制。

中共十五大以来，对民营经济的政策逐步放宽。但这些年来，民营经济并没有真正实现与国有经济“一视同仁”“平等竞争”。要放开民间投资，必须要深化政府改革，减少行政审批核准，扩大备案管理范围，强调事中监管和事后法律制裁；在法律法规未明令禁止民间资本准入的所有行业和领域，应允许民间资本无条件进入。同时要明确国企职能和定位，深化垄断性行业体制改革，明确民间资本进入的具体操作方法。为此，我们期待国务院“非公经济 36 条”相关实施细则能够早日落实。

此外，政府还应积极为推动民间投资创造便利条件和政策支持，包括对基础性行业实行市场化定价，对民企减免税收，拓宽民企融资渠道，使民企进入资本市场时受到平等对待。

改革开放的历史证明，只要放松管制，社会投资就由此激活，经济也就充满活力。化解复杂经济环境的对策未必复杂，只要我们作出正确的选择。

中国的市场化改革：成就、挑战与深化

“发展与转型中的制度”暨吴敬琏教授80岁生日国际研讨会综述

2010年1月26日、27日，中信《比较》以“发展与转型中的制度”为题，约请中国经济的一批重要实践者和研究者——周小川、刘鹤、楼继伟、吴晓灵、郭树清、李剑阁、易纲、谢平等（他们中的多数和吴敬琏一道，在20世纪90年代合力完成了一份对当时改革进程颇具影响的《建设市场经济的总体构想和方案设计》），以及来自海外的知名经济学家科尔内、马斯金、青木昌彦、罗兰等，以研讨会的形式，祝贺吴敬琏80岁生日。

中国的改革事业和经济发展已经取得举世瞩目的重大成就，但其可持续性面临来自国内外的严峻挑战。在此背景下召开的研讨会，旨在对中国市场化改革进行比较全面的检讨，以期为下一步的行动方向提供参考。

会议对以下重要议题展开深入探讨：中国经济的成就、存在的弊病、面临的挑战同市场化改革有何关系？是否应当通过深化市场化改革来兴利除弊、迎接挑战？应当推进何种市场化？如何推进这种市场化？

总体而言，与会者肯定了市场化对中国经济发展的贡献，认为应当深化市场化改革、更合理地界定政府与市场的关系，以此帮助解决中国经济的弊病，向“好的市场经济”迈进。但会议内容远比这个简单的概括丰富。

政府主导型市场经济：成就与弊病

改革开放以来，中国经济持续高速增长，中国应对此次国际经济金融危机的有力措施也支持了中国经济快速企稳回升，对此与会者有目共睹。中国于 2009 年成为世界第一大出口国，成为全球第二大经济体似已指日可待。

成就固然令人鼓舞，但与会者普遍认识到，中国经济也存在严重弊病，主要体现在居民收入差距过大、居民收入及消费占比偏低，以及经济增长过度依赖外需。因此，在外需深受国际经济金融危机打击、中国可能面对更多的贸易保护主义威胁的后危机时代，经济的持续高速增长面临着严峻挑战。

吴敬琏在很大程度上将改革开放以来取得的经济成就归功于市场化。他认为，中国在 20 世纪 80 年代后期到 90 年代引入了政府主导的市场经济模式，其中市场经济的引入激发了蕴藏于民间的活力，推动了中国经济的高速增长；但是，“政府主导”的某些失当也助成了中国经济今日的弊病。

在他看来，政府主导的市场经济形成了“双轨制”，就是一方面市场经济已蓬勃发展，但另一方面原有的国有经济和行政命令配置资源的体制并未完全退出。这种做法导致了权力买卖，即“寻租”活动的蔓延，也使寻租形成的既得利益集团阻碍市场化改革，不利于消除垄断。寻租带来的腐败问题，以及腐败、垄断等引起的收入差距扩大问题危及社会稳定。

其他一些与会者也认为，收入差距过大的重要原因是非市场化因素。

例如，招商局集团董事长秦晓认为，城乡收入差别扩大有两个关键原因：一是“城乡二元体制”为农民转为城市居民设置了制度上的障碍，进城打工的农民及其家属不能同等地享受政府向城市居民提供的公共服务；二是农民不能合理分享城镇化进程中土地产生的收益。

中国改革基金会国民经济研究所副所长王小鲁则详细列举了导致收入差距不断扩大的各种非市场因素。除了腐败和寻租行为，这些因素包括：（1）巨额土地出让金收入未纳入财政管理；（2）房地产产业暴利，对房地产投机缺乏有效制约；（3）缺乏针对资源性和垄断性收益的合理税制，垄断行业实际人均收入数倍于其他行业；（4）个人所得税，尤其是针对非劳动收入的个人所得税监管漏洞巨大；（5）社会保障和公共服务体系仍然不健全，未能有效地遏制劳动收入对非劳动收入比重下降的趋势；（6）公共资金管理不完善，财政转移支付存在漏洞，导致资金流失和使用不当。

吴敬琏还认为，“政府主导市场经济”也是中国长期实行出口导向政策、最终导致对外需依赖程度过大、外汇储备过高的重要原因。政府主导市场经济是原先计划经济时代的外延扩大型经济增长模式（经济增长是靠投资、靠资源投入，特别是资本资源投入驱动）得以延续，难于改变的重要原因。这种增长模式导致投资率不断提高，最终需求不足，促成中国制订出口导向政策，用出口弥补内需的不足。虽然这种政策在 20 世纪 90 年代的实施相当成功，但长期实行也带来了弊病。

与此分析一致，秦晓将“劳动报酬在初次分配中比重下降”首先归咎于这种以固定资产投资为主导的增长模式。

是否继续市场化，需要什么样的市场化

既然分析表明，目前中国经济的弊病不是市场化的痼疾，而是市场化并未充分发挥作用、经济中非市场化因素过多所致，与会者普遍认为，应当深化市场化改革，合理界定政府的经济角色。

对于下一步改革的总体思路，吴敬琏认为，应当是建立“好的市场经济”体制。为此，最重要的是推进四个方面的改革。

第一，进一步推进市场化的改革，铲除寻租活动的制度基础；

第二，切实转变增长模式，提高居民消费在国民收入分配中的比重；

第三，把市场建立在规则的基础之上，建立法治的市场经济，平等地对待不同的所有制经济；

第四，归根到底，中国还是要建立宪政民主体制。

建立“好的市场经济”体制，处理好政府和市场的关系是核心。世界上没有完全独立于政府的自由市场。市场化改革这枚硬币的另一面，本身就是政府重新界定自身权力范围及实施方式。界定良好，政府可以支持市场发展，反之则妨碍市场顺利运行。

正如长江商学院副院长王一江所言，要有一个好的市场，必须要有一个好的政府。在中国经济增长的过程中，在市场发挥作用的同时，政府也发挥了非常关键的作用，做对了很多事情，否则市场的作用和潜力不能得到很好发挥。

尽管研讨会并未明确提出“市场可能失灵，需要政府干预”，但与会者已经注意到，有些事情是市场不能独立完成的。例如，2007 年诺贝尔经济学奖得主、普林斯顿高级研究所教授埃里克 · 马斯金的分析表明，仅靠市场力量不能解决好经济全球化带来的某些收入差距扩大问题，政府提供劳动培训以提升劳动力技能有助于解决全球化带来的收入不平等。实际上，政府干预的必要性在发达国家应对此次国际金融危机的行动中，已经有充分体现。

那么，好的市场化下政府主要应当做什么？与会者普遍认为，政府应重点提供公共服务，为市场经济提供支持。

目前中国实行的市场经济模式中，政府承担了相当多的资源配置职能。秦晓认为，中国应该从“发展型政府”和“公司型政府”逐步转变为“公共服务型”政府。

中国投资有限公司董事长楼继伟认为，政府工作应当成为促进和谐、公正的市场经济发展的正数，而不是阻碍市场经济发展。

北京大学国家发展研究院教授姚洋也认为，中国政府是生产性政府，如同一个公司，体现不出公共财政的特点，对中国的经济结构调整非常不利，应把生产性政府变成公共职能政府。

姚洋提出具体的实现途径包括：一是从公共财政公开化方面寻找短期突破口；二是促进党政分开，使党真正监督政府；三是增加民众政治参与。

与会者提及，应由政府提供的公共服务包括：司法、教育、医疗、社会保障、扶贫，等等。

与会者认为，在中国，合理界定中央政府与地方政府的关系，才能保证政府有效提供公共服务，才能处理好政府与市场的关系。

与会者认同，1994 年后，中央政府与地方政府实行了分享税收的体制，这激发了地方政府发展经济的热情。分税制也导致地区之间更多的竞争，推动了经济发展，提高了地方的行政效率，这在县级政府层面尤为突出。

但是，与会者也认识到，经济分权中的某些设计缺陷，也使中国经济付出了巨大的代价：由于党政官员政绩考核主要基于经济总量和财政收入等经济指标，导致地方政府把追求经济增长当做终极目的，忽略了提供公共服务，甚至以破坏环境为代价发展经济；另外，不少地方政府的财力也不足以支撑其有效提供公共服务。

例如，世界银行高级经济学家黄佩华认为，中央政府拿到了大多数的税收，但是地方政府却承担了绝大部分责任。教育、卫生、社保方面的投入不足，区域和城乡差距不断扩大，就是其不良后果。美国加州大学圣迭戈分校教授罗杰·戈登教授也注意到，在中国地方政府对于提供社会服务方面的激励不强。

与会者提出的解决方案，集中在“中央政府提供更多的公共服务”，尤其是具有跨地区效应的全国性公共服务。

楼继伟指出，中国现有的地方分权模式急需改革，财政和地方分权要有一个重新集权的过程。从世界各国的经验看，诸如司法公正、资源的交换、环境的保护，这些全国性公共产品必须由中央政府提供。在社会保障制度上，已经完成的省级统筹应较快地向全国统筹过渡。

黄佩华也认为，全国性的市场经济与中央承担更多的责任，提供更多的公共物品，才能为市场经济创造有效和谐运转的制度和政策环境。中国经济体制变化，已经改变了全国性公共物品内容的范围。

例如，她注意到，计划经济时代，人口的流动比较少，很多公共物品其实是地方物品，现在已经不是了；现在人口的流量加速，养老已经有更大的外部性。所以，中央和地方政府的支出责任应该修改。

为更好地界定地方政府职能，激励其更好地履行职责，香港大学教授许成钢分析了三种解决方案。一是重新设计地方政府的政绩指标，例如设计绿色 GDP 指标。二是减弱地方政府所要负责任的范围，所有跟市场有关的活动，都应该由企业去做，并且做到政企分开；会产生大量跨地区外部效应的非市场活动，应由中央政府负责。三是推进司法公正和新闻自由。上访制度有大量的信息问题、激励机制问题等无法解决，对策至少是提高地方的司法独立性。

与会者并未全面讨论公共服务到底包括哪些内容。但有与会者提及的产权制度与权利、自由问题，可以理解为广义的公共服务。

意大利博可尼大学经济学教授圭多·塔贝里尼指出，为产权提供较好保护的制度能够较快地推动经济发展；广义的道德，对于良性互动大有裨益。

哈佛大学教授雅诺什·科尔奈则在书面发言中，提及三类有利于市场经济的权利和自由。一是政治权利和人权；二是创业自由、市场准入自由和私人资产的保护；三是选择的产品和服务的自由。

增加改革动力、凝聚改革共识

既然未来的发展方向是深化改革，建设“好的市场经济”，那么目前是否有足够的动力和共识推进此类改革？从讨论情况看，不少与会者认为，市场化改革动力与共识堪忧。

一方面，中国经济近年来的良好表现，尤其是中国政府应对危机的强力措施推动中国经济快速企稳回升，使一些与会者担心削弱市场化改革的动力。在市场化道路上原地踏步，甚至退步。

清华经济管理学院院长钱颖一担心，政府在应对金融危机之中采取的一些短期非常必要，也是有效的措施可能扰乱人们的思想，让人们会将政府的一些短期举措理解为长期趋势，干扰了市场化改革的方向。秦晓则更明确地担心国企体制的改革从“国退民进”回到“国进民退”。

姚洋担心，许多人认为，“保八”成功，说明政府投资很管用，这可能导致盲目乐观。或许，这只是危机开始的时候。

在上述经济背景下，楼继伟认为当前最大的危险，是短期的权衡代替长期的机制建设，这一矛盾在社会保障制度的设立、城市化路径、资本账户如何开放等问题上表现得尤为明显。这或许可以理解为，这些领域的短期权衡的重点是着眼于短期内刺激消费和内需，以便抵消外需不振，维持经济快速增长，而非主要着眼于长期机制建设。

另一方面，不平等加剧是一些与会者担心市场化改革缺乏动力的又一个重要原因。

北京大学光华管理学院副院长蔡洪滨认为，不平等可能会削弱对进一步的改革的支持，最近几年对市场改革的公众支持已有下降迹象。蔡洪滨注意到，政府已提出要建立和谐社会，有两种方法得到了支持。一个就是人们所说的“朝左转”，例如，有观点认为，中国需要左翼的政策拯救改革，另一个方法就是吴敬琏提出的“以进一步改革拯救改革”。

清华大学经济管理学院金融系主任李稻葵也指出，改革的社会基础实际上是非常脆弱的，这个方面主要是住房、医疗还有教育。

面对这种形势，如何凝聚共识、推进市场化改革？

一方面，应当清醒地认识到中国经济增长面临的挑战，认识到只有通过好的市场化改革才能有效应对这些挑战。

招商局集团董事长秦晓断言，刺激经济快速反弹的猛药是有代价的。从短期看，它增加了“后危机”管理的复杂性，其中最为突出的，就是最终需求不足和产能过剩造成的通缩压力与流动性过剩引起的资产泡沫和通胀预期并存；从中长期看，长期失衡和粗放的经济增长模式会进一步恶化。

另一方面，提出的市场化改革目标应当更加符合人民的普遍利益，也就是要通过改革实现受人民普遍欢迎的市场经济。

秦晓比较明确地阐述“社会主义市场经济”。在秦晓看来，所谓“社会主义市场经济”，市场经济是“底色”，社会主义是“特色”，在这个意义上讲“社会主义市场经济”就是更加注重公平、正义和和谐的市场经济。尽管公平、正义的内涵仍需进一步细化，但这是一个有益的探索方向。

李稻葵则提出了更具体的建议：必须进行深刻的住房改革。李稻葵认为，第一次房改给我们创造了很多增长的空间，带来了增长，但是如果不进行第二次改革，不完善第一次改革的话，不能为我们广大还没有进城的，即将进城的，或已经进城的买不起房子的居民，提供廉租的房，或平租房，或是比较平的价格的房子。如果住房问题不解决，其他的改革、其他的政策都很难遵循，所以要夯实改革的社会基础，要夯实发展的社会基础。

中国国情下的最佳实践

在肯定应当推进“好的市场经济”的同时，一些与会者表示，其细节和最佳实现途径，应当考虑中国国情。

美国加州大学伯克利分校经济学教授热若尔 · 罗兰指出，一个适合于所有人的制度，并不是有效的，不要来破坏到目前为止促进了发展的一些因素，比如说绩效考核。罗兰认为，和其他国家进行的比较表明，中国政府的绩效考核有很多积极的方面，例如促进经济增长和市场发展，但如果没有其他补充性的改革，打破绩效考核这种自上而下的问责制，可能会破坏经济增长的动力。

香港中文大学校长刘遵义指出，司法独立、新闻自由等原则上是对的，但什么是最佳实践，需要小心。以司法独立为例，如果法官愿意被收买，不可能给他们太多的独立，而法官容易被收买目前是中国很多地方现在存在的问题。

新闻自由也是如此。很多新闻报纸，比如说在香港的一些报纸，认为扭曲新闻是有利可图的，并且可以不按照事实报道新闻，以此煽动人们的情绪。以这种方式办报纸，只是另一种形式的寻租。

刘遵义认为，要防止这些弊端发生，中国必须重建根本价值体系。这个价值体系应避免拜金主义。刘遵义指出，最近美国的最高法官已经作出裁决，公司以及工会，还有其他组织，可以花无限额资金来支持它们的候选人，这是非常糟糕的决定，因为在这方面会对美国的民主和社会产生极大的负面影响，这就意味着资金可能支持思想占上风，即使这个思想并不正确。中国应该避免朝这个路径发展。

楼继伟在解释“为什么俄罗斯快速私有化是个灾难”时表示，在苏联制度下，人们连所有人的权益概念都没有，私有化的结果当然是股权被集中到少数人手中。

科尔奈即使在介绍法国大革命的自由、平等、博爱观念时，也不忘提醒，中国人应该铭记中国历史的传统，还有中国社会经济的具体情况。

国际经济学会主席青木昌彦的分析为中国推进“好的市场经济”提供

了一种思路：随着市场不断发展、工业化不断发展，政府逐渐不再直接控制商业发展了，而是对于农业和其他市场不能发挥作用的有效解决的领域，可以进行一些补偿，进一步扩大经济的发展。换句话说，政府渐渐地扮演了一个仲裁者的角色。

青木昌彦认为，仅仅引入一个竞争性的选举体制，并不一定保证有一个理想的民主国家的产生。青木昌彦援引马克思主义关于经济基础和上层建筑相互关系的论述，认为引入自由即使是逐渐的自由，也可以逐渐地促进市场经济的发展。政治和经济的改革，应该是肩并肩进行的，这与邓小平理论一致。

如何进行城市化

在后危机时代，城市化已经逐渐被视为解决中国居民收入差距过大、经济增长对外需依赖程度过高的重要手段。研讨会对城市化问题的讨论，可以视为“好的市场经济”的具体运用。

中央财经领导小组办公室副主任刘鹤在研讨会上指出，2010 年“最为可喜的是，在推动城市化发展的问题上各方面终于获得共识”，城市化将是“中国短期宏观经济政策和未来中长期政策的重要结合点”。

中国社科院副院长李扬认为，今后中国的投资，应当由以工业化为主导全面转向以城市化为主导，此举会同时解决消费需求不足和居民收入增长偏慢等问题。

事实上，多数与会专家都认同进一步推进城市化是推动中国经济转型的重要举措。一方面，城市化水平的提高，意味着巨大的基础设施建设需求，有利于消化过剩的生产能力。同时，农村人口成为市民，也会带来对耐用消费品的巨大需求。

未来城市化的重要问题是，市场与政府在其中分别扮演何种角色？其中需要什么样的制度建设？与会者主要强调了政府的作用，因为提出的措施都需要政府来完成。

中国社科院人口与劳动经济研究所所长蔡昉指出，把农民工转化成市民，实现稳定的、完全的城市化，有两条路可以走。一是以均等的公共服务入手，实现社会保障覆盖、子女义务教育和升学等；二是降低农民工的落户门槛，降低购房面积要求，减少社保缴费年限等。

刘鹤认为，短期看有数项政策可以加快推进城市化。首先就是积极推进户籍制度改革和廉租房制度改革，让新一代农民工在城镇落户。

其次，要尽早规划和启动“城市网”公共工程建设，实现交通、通信等基础设施的一体化。

其次，要建立地方政府发债制度，适时推出不动产税，为城市化提供资金。最后，加快教育体制改革，加强基础教育，并完善劳动者培训制度。

专家称，也要谨防城市化的误区。在中国特殊的政治约束下，地方政府很容易把城市化理解为“土地的城市化”，而不是“人的城市化”，因此要警惕地方政府借机圈地，强化“土地财政”的弊端，侵犯农民土地财产权利。

天则经济研究所学术委员会主席张曙光则强调城市化中的产权问题。认为“合理的土地产权制度是顺利推进城市化的重要条件”。以建设在农村土地上、向城镇人口出售的小产权房问题为切入点，张曙光强调，产权的实施能力取决于产权制度是否公正合理，是否适应传统地权规则。这是产权制度有效性和实施能力的基础。只有公正、符合传统习俗的地权制度和产权实施行为才能发挥应有的效力，而不公正的地权制度和地权实施行为必然会遇到巨大的阻力和反抗，甚至寸步难行。即使政府凭借权力能够强制推行，不仅代价巨大，而且最后还不得不回到公正合理的轨道上来。

又一个里程碑

此次会议对市场化在中国的实践与前景进行了广泛而深入的探讨，但是仍有不少重要问题尚未得到充分解答。例如：

——在“市场配置资源、政府提供公共服务”条件下，决策者的一些政策意图应通过什么方式实现？社科院副院长李扬认为，应当优化投资结构，而不是硬生生地减少投资；楼继伟提醒，再过十年，我们人口老化非常快，因此目前投资的比例仍然应该高，积累财富以防老；国民经济研究会樊纲认为，降低企业储蓄率是改革的根本。

——政府与市场的边界或需进一步仔细界定。例如，维护宏观经济稳定，是否属于公共服务？

——既然市场经济及其支撑制度深受历史、文化、价值观的影响，那么钱颖一提出的三个问题值得进一步思考。(1) 价值观是否普世。例如，有没有普世的公平观？（2）经济和社会规律是否普世？（3）中国特殊性在哪里？

——秦晓对社会主义市场经济的简单诠释，是一个有益的探索，但其中重要的问题，如何界定衡量公平的标准，并未得到充分阐述。"起点公平、规则合理、基本保障完善"，是否是和谐市场经济的三个必要元素？此次研讨会主要讨论了后两个元素。这个问题的答案与国情文化历史有关，影响到能否凝聚足够的改革共识。

尽管有上述问题待解，多年后回顾历史时，此次研讨会仍然可能被视为中国市场化探索道路上的一个里程碑。但这绝不是终点。

民间投资决定长期繁荣

黄益平（北京大学国家发展中心教授、财新传媒首席经济学家）

3 月 24 日举行的国务院常务会议，就进一步引导民间投资健康发展提出了若干政策措施。这或许是中国经济结构变革的重要转折点。

从短期来看，国务院启动民间投资的决定，是要改变政府投资比重过大的问题。危机爆发后，中国政府采取了以积极财政政策和宽松货币政策为中心的一揽子刺激计划，应对经济下滑。当时，由于民间资本对投资回报预期降低，主动减少投资，拉动经济增长的主要动力只能依靠政府投资。

大规模政府投资对经济增长“保八”贡献良多，但后遗症也颇为明显。特别是各级地方政府踊跃介入，上马很多新项目。这些投资质量如何有待观察。鉴于国家财政赤字和地方融资压力日增，继续依靠政府投资拉动增长已难以为继。

通过政府支出来刺激经济增长，缘于凯恩斯的危机应对理论，其做法更多适用于危机期间。一旦经济复苏并转入正常商业周期，就需要提升民间投资和消费来扩大总需求。扩张型的财政政策必然要退出，在消费保持平稳增长的情况下，民间投资规模最终决定经济增长水平。因而，尽快启动民间投资，是维持经济复苏势头，扩大就业，保持经济增速的主要着力点。

如果将开放民间投资政策放在全球经济“再平衡”，及中国经济结构调整的大框架下分析，我们就会发现，最新政策的出台更具有历史意义。

在“再平衡”过程中，全球贸易总量短期内难以恢复，中国无法依靠外需来消化产能缺口。加上收入分配制度仍存缺陷，中国消费也无法扩张性增长。唯有开放民间投资，让民间资本和民营企业进入垄断性行业和一般基础性行业，才可能创造新的需求，使国民经济在更高水平上实现新的均衡。

开放民间投资进入垄断性行业，也意味着政府对民营经济地位作出了新的判断。中共十五大以来，政府对非公经济政策逐步放松，但依然存在公有制崇拜和对私有制的歧视，这在行业准入和企业并购方面尤显突出。此次政府强调民企的“平等”地位，有助于思想解放，推动政府体制改革，进而为民营经济新一轮发展奠定思想和制度基础。

此次国务院出台了四条具体措施，强调，“鼓励和引导民间资本进入法律法规未明确禁止准入的行业和领域”，这意味着“未禁即入”，将为民间资本打开一片广阔天地。该政策如确能贯彻，可看做根本性的政策革命。

对于一些垄断性行业的开放，涉及交通、电信、能源、国防科技、金融、文化、教育、医疗等广泛领域，这无疑会鼓励这些行业的竞争，提高其运行效率。这些行业长期受到政府管制，主要经营者为国有企业，如果民间资本能够真正进入，或许五年之后，中国经济版图就会彻底被改写，这一政策也将引发重新定义国有部门必须主导的行业以及国有企业的边界。若果真如此，我们将看到宏观意义上的“民进国退”了。

中国国有企业进行了多轮改革，整体效率提高不少，但根本变化还在于竞争性行业的国有企业被逐渐民营化，剩下来的国有企业规模庞大而又坐享垄断地位。这些国有企业盈利状况确实改变许多，但主要还是得益于政府提供的行政保护，使其能够享受超额垄断利润。

国有企业产出占全国工业产出的比重降到了 1/3 以下，但它们获得的贷款仍然占到银行总贷款的一半以上。从单位资金效益来看，国有企业不如民营企业。国务院明确鼓励民营企业通过参股、控股、资产收购等多种方式参与国有企业改制重组，这会一改国企主导并购市场的状况，有益于将民企与国企重新定位，在改革道路上迈出一大步，更有利于通过市场机制配置资源。

中国在过去几年一直试图调整经济结构，转变增长方式，但效果不彰。原因显然与国有部门占据资源过多和盈利过大有直接关联。将资源配置向民营企业和民间资本倾斜，有利于减轻投资过度和消费不足等问题。

开放垄断性行业，启动民间投资，无疑会刺激增长，有益于长期经济繁荣。但这取决于政策能否真正落实，而政策落实关键又在于政府改革能否进一步深化，政府管制能否真正放松。

早在2005年，中央政府就出台了《国务院关于鼓励支持和引导个体私营等非公有制经济发展的若干意见》，即“非公经济36条”。当时即明确提出放宽投资领域，允许民间资本进入垄断性行业。但由于相关配套实施细则至今未出，导致民间投资无法真正进入这些行业，实际存在着“玻璃门”和“弹簧门”：在一些行业，虽然可以允许民间资本进入，但实际存在着一些无形的限制措施，导致民间资本无法真正跨越门槛；或者，民间资本进入后，又不得不在非市场因素干扰下被迫退出。

因此，要引导民间资本进入更为广阔的投资领域，首先就要打破民间投资的“玻璃门”和“弹簧门”，这除了尽快出台配套实施细则，更要深化政府改革，实现制度性创新。

一方面，打破现有格局需要进行利益调整，加强行政体制改革；另一方面，也要重新建立适合民间投资的制度性准则。

中国改革开放带来了丰硕的经济成果，同时也形成了既得利益，既得利益集团常常会打着改革的旗号压制改革。“非公经济36条”出台后，一些部门提供的配套措施更多出于部门利益考虑，致使政策互相打架，民间投资受到掣肘。若让民间投资政策得以顺利落实，首先应该进行政府改革，限制政府权力，鼓励企业发展。

由于各个行业过去更多面向国有资本，因而行业门槛较高，民间资本进入困难。如金融领域，银行保险等公司的设立资本金要求较高，股东数量受到限制，致使民间资本难以进入。还有一些强制性和非强制性的技术标准，也使得中小资本无法顺利跨越门槛。如若引导民间资本顺利进入垄断性行业，政府应该在规制方面进行梳理，建立起鼓励民间投资的技术标准和行业规范。

在管制方面，应减少行政管制，充分发挥市场配置作用，减少政府核准，扩大备案管理范围，强调事中监管和事后法律追究。

对于目前管制行业的产品与服务价格，包括公用事业、电信、铁路、航空、交通等，逐步实现市场化定价，使得民间投资享有合理的盈利空间。

同时，为引导民间资本能够加快进入管制行业，还应在政策方面予以扶持，包括融资、税收、土地等方面。

在融资方面，应进一步拓宽民间资本融资渠道。在间接融资方面，应鼓励发展面向中小企业融资的民间银行，同时鼓励商业银行增加对民营企业的融资服务。

在直接融资方面，应首先支持中小企业进行内源性融资，进而鼓励其向社会定向募集股份和发行债券，支持发展私募股权投资基金，并推动基础设施投资资产证券化。此外，创业板也应适度放宽上市限制，以为风险资本提供退出渠道，为中小企业提供融资平台。

在税收方面，首先要做到对民营企业与国企、外企在税种和税率上一视同仁。

随着中国经济复苏，宏观政策也将从短期应对波动转向支持长期经济繁荣，这就要求中国必须进行经济结构调整，必须改变增长方式，转变增长方式的特征是由出口依赖转向内需拉动，核心就是提高民间投资和消费在总需求中的比例。

此次国务院出台引导民间投资的政策，是推动中国经济转型的重要政策宣示，也是扩大内需的重要举措，但政策能否得以顺利落实，关键还在于主管部门及地方政府的后续配套措施和执行，这需要中央政府出台后续政策。对此，我们有所期待。

第十一章 | 国企改革路向

财新观察："新36条"期待

国务院《关于鼓励和引导民间投资健康发展的若干意见》于2010年5月13日正式公布。这一文件共36条，延续和细化了2005年国务院的"非公经济36条"，故有"新36条"之称。其出台在业界引发热议，仁智之争颇有意味。

按国家发改委有关负责人的说法，"新36条"正是"改革开放以来国务院出台的第一份专门针对民间投资发展、管理和调控方面的综合性政策文件"。乐观者对"新36条"看好，认为新政策引导民间资本进入教育、公共事业、金融等服务领域，有利于扩大就业，从源头上疏导投机需求，甚至认为这一政策的出台有望与前期调控房地产的新政形成"对冲"，可以改善企业及居民对经济前景的预期，抵消房地产政策对投资、消费决策的"溢出"影响。

也有诸多声音力持谨慎，担心"政令难出中南海"，政策实施可能非常困难。更有悲观者指出，调查已经显示，在国内目前80多个行业中，外资进入者有62个，而民间资本进入者仅41个。如今"新36条"启门，但过去限制民营进入的电信、金融、电力等行业早已被国有"巨无霸"盘踞，民营企业空间何在？相关政府部门负责人也承认，"'非公经济36条'中的一些政策措施尚未真正落实到位"。

细读"新36条"内容，应当承认这一重要文件旨在进一步降低行业准入门槛，为民间投资营造更广阔的市场空间，而且比较重视针对性和可操作性。不过，新政策若要真正产生实效，还有一些重要的认识问题有待解决。譬如，在鼓励民间投资的同时，该如何加快国有资本布局调整？鼓励民间投资之举措，如何摆脱短期行为和功利目标，更多地着眼于长期发展与社会和谐稳定发展？这些问题，有的在现有文件中有所表述，有的还需深入探讨，但对于“新36条”能否取得实效皆至关重要。

五年前，政府首次确立了“贯彻平等准入、公平待遇的原则”，允许非公企业进入垄断行业；对非公企业与其他所有制企业一视同仁，实行同等待遇。但在实际执行中，并没有限制国有资本的扩张冲动。而一些国有企业处于利润丰厚的垄断行业，左右决策部门，在政策制定时，设立过高准入门槛，用“玻璃门”将民企挡在门外。另有企业利用行业优势地位，打压后进的民间资本。

经验表明，为有效鼓励民间投资，应该给国企画下一条“不与民争利的红线”，推动国企退出一般竞争性领域。甚至在某些之前被认为“关系到国民经济命脉”的行业，国有经济也应适当降低份额。“新36条”提到，要鼓励民间资本进入国防科技工业投资建设领域，同时鼓励民间资本以参股方式进入基础电信运营市场，具有显著积极意义。

必须看到，在当前宏观形势下，出台政策鼓励民间投资具有直接意义。2008年国际金融危机爆发之后，中国政府启动了一揽子刺激计划，在推动经济快速企稳回升的同时，也留下了隐忧。2009年新增贷款接近10万亿元，而地方政府债务可能超过7万亿元，信贷和财政风险隐现。当前已是政府考虑退出刺激计划之时。而民间投资是否能够顺利接棒，关系到能否激发中国经济内生动力，保持经济持续平稳增长。

不过，这并不意味着给民间投资再松绑仅是权宜之计。民营经济对我国GDP的贡献已经超过60%，提供了85%以上的城镇新增就业岗位，解决了90%以上的农村转移就业。因此，民营企业能够长久稳定发展，关系到中国中等收入群体是否能持续壮大，关系到中国能否形成“中等收入群体”占大多数的“纺锤形”社会结构。从促进社会和谐稳定发展的角度观察，推动民间投资的意义显然更为深远。

2005年“非公经济36条”出台至2008年12月，国务院出台了四个配套文件，中央各部委发布了38个配套文件，而各省市出台的相关文件更是数不胜数。其中，一些包含着部门利益诉求的政策措施，并未破除民营经济发展面临的制度性障碍。

此次“新 36 条”涉及六大领域的 18 个行业，预计各部委及地方也将陆续出台配套措施。其中，是否仍会为民间资本设置不合理的准入门槛，将再次考验相关政府部门的改革诚意。

在制定涉及民间投资的法律、法规和政策时，相关部门确应听取有关商会和民营企业的意见、建议，充分反映民营企业的合理要求。

如此，指引民间投资方向的新政，才不致落入不可执行的尴尬境地，影响政府公信力。这就是我们对“新 36 条”的期待。

重启有时间表的国企民营化改革

张文魁（国务院发展研究中心企业所副所长）

自2002年中共十六大之后，中国对国有资产管理体制进行了重大改革，并对整个国有经济产生了重要影响。当时确定的改革方向是，建立中央政府和地方政府分别代表国家履行出资人职责，享有所有者权益，权利、义务和责任相统一，管资产与管人、管事相结合的国有资产管理体制。转眼间七年过去了，在2010年这个富有意味的年份，在“十二五”即将到来之际，全面评估过去七年的国资工作，在此基础上布局未来五年的国有资产管理和国有经济改革，很有必要。

国企表现不值得夸耀

总体而言，由中央政府和地方政府分别代表国家履行出资人职责，享有所有者权益，权利、义务和责任相统一，管资产与管人、管事相结合的国有资产管理体制目前已经基本形成。这种体制，有利于实现政资分开，有利于分级行权履责，有利于由一个机构集中行使所有权职能，对于促进国有资产的商业化运营，提高国有资本效率，防止国有资产流失是有好处的。

2003年之后，全国国有资产增值速度达到很高水平，国有部门营业收入和利税大幅度增长，也成为许多人论述这一轮国资改革成功的最重要证据。客观地讲，近几年国有经济状况的明显改善，的确与国资体制改革有一定关系。即使从门面上来看，各级国资委在对国有企业负责人的考核、激励与选拔方面，在改进国有企业治理结构和管理控制方面，在堵塞国有资产流失漏洞方面，成绩有目共睹。

但是，仅仅这样来评估过去几年国资改革和国有经济发展，不公允不全面。我们的研究发现，非国有企业的表现在过去几年比国有企业更好。根据国家统计局的数据计算发现，2003 年到 2008 年，在中国规模以上工业中，国有企业工业总产值、资产总额、主营收入和利润总额分别增长 2.7 倍、2 倍、2.5 倍和 2.4 倍，而外资企业增长 3.4 倍、2.9 倍、3.4 倍和 3 倍，私营企业增长高达 6.5 倍、5.2 倍、6.7 倍和 9.7 倍。显然，私营企业发展更快。

而将国有企业进行纵向比较，业绩指标确有较大幅度改善，净资产收益率由 1998 年的不到 2%，上升到 2003 年以后的 10% 以上。但是，横向与其他类型企业比较，在各个时期，国有企业的业绩指标都明显低于私营企业和外资企业。特别是在 2008 年，由于受到金融危机的影响，国有企业的净资产收益率下滑到 11.71%，而私营企业继续上升，达到 25.12% 的水平。

如果剔除垄断型和寡头型企业，国有企业的效益水平与其他企业的差距更要大得多。2009 年，规模最大的三家企业——中国石油、中国石化和国家电网——营业收入占到全部 129 家央企的 30%，资产总额占四分之一；三家最盈利的企业——中国移动、中国石油和中国石化——为全部央企贡献了 44% 的利润，占全部国有企业利润总额的 1/5 以上。129 家央企的资产回报率（利润总额 / 资产总额）为 3.9%，比全部国企的 2.9% 高出 1%，收入利润率（利润总额 / 营业收入）为 6.5%，与全部国企水平持平。我们通过计算发现，如果扣除利润总额最高的前三家，剩余 126 家央企的资产回报率和收入利润率只有 2.5% 和 5.8%，均低于全部国企平均水平。可见，极少数垄断性企业的盈利抬高了央企整体盈利水平。

在过去几年，国有企业的营业收入、资产总额、所有者权益每年都以较高速度增长，国有资产保值增值速度达到前所未来的程度。但要看到，过去几年是中国宏观经济景气期，不光是国有企业，其他企业的营业收入都在快速上升，资产都在快速增值。相比较而言，国有企业的资产增值速度、营业收入增长速度比私营企业要慢得多。

因此，对国企进行纵向比较，国企今天的表现值得赞赏；将国企的表现与私企的表现进行横向比较，国企的表现不值得夸耀。国资改革、国有经济改革还需要作出很大努力。

国有经济布局很不合理

即使不考虑国有资本的效率，从行业分布来看，国有经济布局仍过于分散。我们的研究发现，在国民经济 95 个大类中，国有经济涉及 94 个行业。其中，在 396 个国民经济行业类中，国有经济涉足 380 个行业，行业分布面达 96%。如批发零售餐饮业，目前还有 2 万多家国有企业，是国有企业分布的第二大领域，占全部国企的 17.8%，但从业人员仅占 5.8%、国有资产仅占 3.7%。

我们还发现，国有资本一方面不断向重要行业和关键领域集中，另一方又四面出击，在许多与国民经济命脉和国家经济安全毫无关系的行业抢占地盘，由此引发了“国进民退”现象。像商业性房地产开发领域，120 多家央企中竟然有 80 多家涉足，那些号称与国家安全有关的军工企业、航空工业企业也置身其中，真是洋洋大观。目前，仍有约 2/3 的企业、40% 的国有资产分布在一般生产加工行业和商贸服务及其他行业。

国有企业一方面舍不得从一般行业中退出，但对一些公用事业和重要工业领域，又通过各种方式阻碍行业开放，民间资本难以进入。尽管不久前国务院又通过了鼓励民资的“新 36 条”，但在国有资本分布如此宽泛、国有资本退出迟迟不动的情况下，很难想象民资进入能取得多大进展。

由于从总体看国有企业盈亏相抵是盈利的，而且盈利额较大，企业亏损问题容易被忽视或有意视而不见。即使在近几年的高速增长期，国有企业仍有大量企业亏损。在 2005 年—2006 年，全国国有企业亏损面高达

40% 以上，2007 年到 2008 年，全部国有企业的亏损面接近 30%，其中，一级企业的亏损面高达 45% 以上。

新一轮国企改革应以五年为限

未来的国企改革如何进行？是继续在国有企业建立董事会吗？这样的举措在十几年前已经搞过了。是去重组国企和减少国企数量吗？这样的举措在许多地方已经搞过好几轮了。是搞一搞高管竞聘和薪酬改革吗？在 20 世纪 80 年代有比这更大胆的举措。是进一步加强考核完善指标吗？这些方法已经屡试不灵了。是推推整体上市，搞搞国有资产证券化吗？证券市场承担不了那么多东西也实现不了那么多目的。是搞一些国有资产经营公司“做做生意”吗？这种诱惑很大，但可能不得要领。

我认为，未来的国企改革，并不是无的放矢，其根本目的是要有利于国有经济正确地和更好地发挥作用，有利于国有经济效率和效益的提高。未来几年的国企改革，必须要有利于推动下一步的国有经济改革。

未来几年，需要启动新一轮国有经济改革。新一轮国有经济改革，应该是目标明确有时间表的改革。这个目标就是，重启民营化，显著收缩国有经济战线，实现多数国有大公司大集团的股权多元化或法人整体上市。这个改革的时间表，应该以五年为限。

在目前国有经济状况总体较好的时候，呼吁重启时间表式的民营化改革，可能会被认为是天方夜谭。但是我认为，目前国有经济整体经营状况较好，很有可能是阶段性的。过了这个阶段，国有经济将重陷困境。改革开放 30 多年来，国有经济呈现出明显的周期性起落。在 20 世纪 80 年代，国有经济整体状况较好，这与当时由轻纺工业化带动的宏观经济繁荣、国有企业放权让利带来的积极性全面提高密切相关。但是，进入 20 世纪 90 年代之后，国有经济整体状况逐步恶化，1997 年之后陷入了严重困境，从而引发了国有企业的三年改革攻坚。过去几年的这一轮景气，与目前由重化工业化带动的宏观经济繁荣、20 世纪末国有企业三年改革攻坚带来的包袱减轻和机制转变密切相关。但是，我们判断，未来几年，重化工业化对宏观经济繁荣的推动力将会逐步减弱，而20世纪末三年攻坚实施卸包袱和转机制的效果也将递减。因此，如果不推动新一轮改革，未来几年国有经济有可能又重新陷入困难境地。因此，推进目标明确的时间表式的民营化改革不应迟疑。

收缩国有经济战线，并不是一个新任务。早在1997年，党的十五大就明确提出，要从战略上调整国有经济布局。要对国有大中型企业实行规范的公司制改革。1999年，党的十五届四中全会指出，国有经济分布过宽，整体素质不高，资源配置还不尽合理，必须着力加以解决。要坚持有进有退，有所为有所不为。国有大中型企业尤其是优势企业，宜于实行股份制的，要通过规范上市、中外合资、相互参股等形式，改为股份制企业，发展混合所有制经济。但是，至今为止，国有经济布局不合理的问题仍然非常严重，甚至在有些方面还更加恶化。在"十二五"期间，一定要继续推进国有经济布局的调整，显著收缩国有经济战线。我们也能深切理解，收缩国有经济战线，国有资本从那些不具备战略意义的企业退出，知易行难，操作时可能出现很多问题甚至可能引发不稳定事件，但实际上这方面已经有非常成熟的政策法规体系和具体操作经验，只要下定决心，给足优惠，仍然可以在未来五年取得很大成绩。如果一拖再拖，拖到国有经济再次陷入困境，改革的成本会更高，所需要的优惠会更多。

收缩国有经济战线，必须要推进民营化。民营化更不是新玩意，也不是洪水猛兽。在20世纪90年代和本世纪前几年，大量中小企业实现了完全民营化，许多大企业实现了部分民营化。没有当时大规模的民营化改革，保留下来的国有部门不可能有现在这么好的状况。"十二五"期间，应该将重点放在大企业的民营化方面，当然大企业的民营化应该以部分民营化为主，形成混合所有制的格局，应该力争在"十二五"期间实现多数国有大公司大集团的混合制股权多元化或法人整体上市。目前120多家央企基本上都属于大公司大集团。但是，在这120多家央企中，只有寥寥几家实现了股权多元化，而且极少是混合制股权多元化，而实现法人整体上市的企业还是空白。实行混合制股权多元化，也是中央已经明确的方向。2006年年底，国务院办公厅向全国转发的《国务院国资委关于推进国有资本调整和国有企业重组的指导意见》就指出，要加快国有资本调整，加快国有大型企业股份制改革，大力发展混合所有制经济，实现投资主体多元化。推动国有企业整体上市，也是国务院国资委几年前就开始的一项重要行动，但至今为止，国务院国资委所推行的整体上市只是将主业资产注入到上市公司当中。真正的整体上市，应该是母公司法人整体上市，即母公司本身成为上市公司。法人整体上市，“十二五”期间一定要大力推行。

下一步的国有经济改革，一定要设立时间表。设立改革时间表，也不是新东西。1997 年党的十五大就明确提出，要“力争到本世纪末大多数国有大中型骨干企业初步建立现代企业制度”。1999 年党的十五届四中全会进一步提出，到 2010 年，国有企业基本完成战略性调整和改组，形成比较合理的国有经济布局和结构，建立比较完善的现代企业制度。对照这个时间表，毫无疑问可以看到，实际进程远远落后。现在已经是 2010 年，国有企业的战略性调整和改组远远没有完成，国有经济布局和结构还很不合理，甚至大部分央企还是按照 20 世纪 80 年代通过的、现在已经老掉牙的《全民所有制企业法》设立的国有企业，董事会试点的企业不过 30 多家。

为了加快改革进程，一定要设立时间表。否则改革进程拖拖拉拉，一旦国有经济再次陷入困境，就容易全国上下搞运动，出现形形色色的问题。改革的时间表可以是：在“十二五”期间，央企的战略性调整和改组全部完成，国有资本的分布显著收缩，绝大部分企业实现混合性股权多元化或者法人整体上市，并且建立完备的董事会制度。

未来五年，各级国资委，特别是国务院国资委，应大力引进境内优秀的非国有企业或者境外优秀的跨国公司作为战略投资者，参股央企的股份制改革，只要不是国防军工和其他关系国民经济命脉的企业，都可以引入非国有的战略投资者，包括境外的战略投资者。事实上，中国的大型国有银行在这方面走得虽然比工业企业要晚很多，但更加大胆，更加出色。连中国工商银行、中国银行、中国建设银行、交通银行这样具有重要战略意义的大银行都能够引入境外机构作为战略投资者，许多大型工业企业为什么不可以呢？在此基础上，积极推进大公司大集团法人整体上市和治理结构的完善。

国资委治理结构“四张表”

国资委本身也要继续朝着出资人的方向前进。2008 年出台的《企业国有资产法》已经明确了国资委的出资人机构的定位，但国资委发挥的实际功能与出资人定位还有较大偏差。一方面国资委作为出资人的职能还不甚完整，另一方面国资委承担了很多本不属于出资人职能的许多职责，党政部门从工作和习惯上容易把国资委当做归口管理部门。未来几年，国资委应该坚定地朝着出资人方向前进，并且要有所突破，例如，可以在国资委直接持有国有股方面实现突破。同时，国资委应该增强民商事主体意识和民商事行为能力，并应逐渐熟悉如何与其他股东博弈和互动。推动这项工作，可以先将具备条件的一两家公司改造为法人整体上市企业，国资委直接做股东，等积累了一定经验之后，再总结经验教训，慢慢推行。以后不排除国资委和国资委下面的持股平台公司都可持有国有股。

既然国资委要成为真正的出资人机构，国资委自己就应该逐步建立合适的治理结构。只有形成了良好的治理结构，才有利于政府对国资委进行问责，才有利于全民对国资委的工作进行评价，也才有利于国资委按照出资人的要求推动国有企业提高效率和调整结构。

《企业国有资产法》规定，履行出资人职责的机构对本级人民政府负责，向本级人民政府报告履行出资人职责的情况，接受本级人民政府的监督和考核，对国有资产的保值增值负责。履行出资人职责的机构应当按照国家有关规定，定期向本级人民政府报告有关国有资产总量、结构、变动、收益等汇总分析的情况。根据上述要求，国资委应建立自己的资产负债表、损益表。以及国有企业现金分红计划表、国有资本调整和国有股份出售计划表。这四张表，应该是国资委良好治理结构的重要组成部分。有了这样的基础，在全国人大、国务院和社会公众的督促下，国资委就可以有条不紊地推进国有资本调整、国有经济效率的改进、国有资本经营预算优化和国有部门收益回馈国民等各项工作。

同时，国资委应该逐步改变目前通过召开企业负责人会议、发文件等方式体现出资人意志和意愿的做法，在推进国有企业混合性股权多元化和法人整体上市的基础上，通过股东会、董事会等《公司法》和《证券法》规定的机制来行使权利。国资委本身应该形成一个理事会，由若干名理事组成，作为国资委的权力机构。国资委的人员构成也要改善，即使不适合大规模更换人员，也要更多地利用外聘专业机构和人员来从事有关工作，提高国资委工作的专业化程度。

注：本文不代表作者所供职单位的观点

明确定位，分类推进国企改革

熊志军（国务院国有重点大型企业监事会主席）

中国的国有企业在经历了20多年的改革之后，可以说目前处于历史上最好的发展时期，成为中国经济发展中的一大亮点。但是与此相伴而来的对国有企业的社会舆论和相关评价，也出现了众说纷纭的局面，肯定与否定的评价几乎各执两端。造成这种状况的深层次原因，在于国有企业的定位不够清晰。

国有企业到底是完全的经济实体和市场主体，还是具有社会职能的公共组织？在中国经济体制转型时期，国有企业肩负着增加就业，引导投资，维护社会稳定，平衡各种社会经济关系以促进国家宏观经济目标的实现等种种社会职能；同时又要成为真正的市场主体，承担国有资产保值增值的经济职能。这种双重目标在经济体制转型时期具有一定的历史合理性，但也带来了一个突出的问题，那就是用什么标准来评价国有企业？如果把国有企业当做具有社会职能的公共组织，就会认为国有企业不应该参与盈利性领域的竞争，所以一些人对国有企业进入房地产等竞争性领域表示不满；如果把国有企业当做完全的市场主体，又会认为国有企业要么盈利能力不强，要么是靠垄断地位获取暴利。

从国有资产出资人对企业的监管角度来看，这种双重目标也造成了管理上的两难。这典型表现在对国有企业经营绩效以及国有企业高管业绩的考评上。比如，由于将电力产品作为宏观调控手段而对电价实行管制，发电企业特别是火电企业因此而普遍亏损。在这种情况下，企业高管的经营业绩如何评价？同样，一些没有定价权的垄断性企业的利润上涨，到底和企业高管的努力有多少关系？在政府管制价格或企业承担了社会责任的情况下，管理、考核和与之相联系的薪酬决定等，就难以通过企业经营业绩高低来进行评判。因此，目前国资委只能对这些企业采取一刀切的考核方式，很难做到精准化的考核。

明确国有企业的定位，就是要逐步将承担政府公共目标的国有企业与完全市场化的企业区分开来，各司其职。竞争性领域的国有企业不再承担公共目标，同时也不能占有垄断性的资源和政府的特殊优惠；承担公共职能的企业因其一般来说拥有垄断的资源或特殊的优惠，则应严格限定其经营范围，不得进入一般竞争性领域。两类企业按照不同的目标及相应的模式运行，同时也按不同的标准进行考核评价。有人认为，国有企业不是一般的企业，因此除了经济目标之外，应该同时承担社会公共目标。按照这样的逻辑，国有企业可以同时兼顾这两类不同的目标，事实上这是不可能的。只要承担社会公共目标，就需要消耗相应的资源，盈利能力必定会受到影响。假如有一种企业，可以在承担社会公共目标的同时，仍然保持与其他企业同样的盈利能力，那这就是世界上最好的企业制度。之所以不可能有这样两全其美的企业，一个简单的道理就是：天下没有免费的午餐。国有企业自然也不例外。

对于两类不同的国有企业，改革的方式是不一样的。对于承担社会公共职能的垄断性国有企业，应该借鉴和参照世界各国对同类企业的管理模式进行管理，而不能与一般竞争性的国有企业统一管理。但不管采取什么样的管理模式，都必须尽可能减少这类企业的数量，并严格限制其经营范围，不得利用垄断优势向竞争性领域扩张，造成不公平的竞争。对于一般竞争性的国有企业，当务之急是要进一步推进市场化改革，使其成为真正的市场主体。这两类企业应该怎样分布，这是国有经济的战略布局需要解决的问题，应由国有资产的出资人来决定。

对于处在一般竞争性领域和行业中的国有企业，如何深化改革，也是一个众说纷纭的话题。简单的做法是，完全退出，一卖了之。这在中国现实中显然是行不通的。现实的选择是继续推进国有企业的市场化改革，使这部分国有企业成为真正的市场主体；同时完善市场体系和市场规则，创造各类所有制企业平等竞争的条件。

现在的问题是，一般竞争性领域的国有企业，距离成为市场主体的目标要求还有很多任务需要完成，这往往给了一些人否定国有企业的口实。

第一，要解决企业经营目标双重性造成的责任不清的问题，明确将盈利性作为企业的首要目标，并以此作为考核企业的最主要的标准，不应要求营利性企业同时承担社会公益事务，也不应以承担了公共目标而降低盈利的责任。这是国有企业成为市场主体的基本条件和前提。

第二，进一步落实国有资产经营主体的责任。国资委作为国有企业的出资人代表，从根本上改变了过去多龙治水、无人负责的局面，但改革并没有完全到位，出资人制度还不完善，产权责任难以落实。改革的目标是依据党的十六大会议决议的精神，真正做到管资产和管人、管事相结合、权责利相统一。

第三，政企分开还不够彻底。一方面企业办社会的负担还没有完全解除，如居民社区、离退休人员管理等；另一方面，企业在困难的时候仍然需要行政资源的支持，企业的预算约束还没有完全硬起来。

第四，企业经理人的选聘还没有做到市场化，按市场规则选聘和管理的企业经理人依然是少数，职业经理人队伍远没有形成。

第五，企业内部的用工分配机制仍然具有浓厚的旧体制的色彩，没有与市场接轨。国资委曾经出台的一套较为完善的减员增效机制（主辅分离，辅业改制），但相当部分企业难以落实，至今不少企业的冗员和用工不规范的问题仍然没有解决。

在推进上述各项改革的基础上，对国有企业实行内转机制、外变体制的公司化改造，实现国有企业的资本化、社会化、市场化，通过资本市场使国有股权逐步改变性质，为社会公众所有，即回归到真正的全民所有，企业则成为完全自主经营、自负盈亏的市场主体。对其中少数确实关系到国计民生的企业（由授权的国有资产出资人代表确定），在国有股权减持之后，也可实行金股制度，政府只象征性地持有企业少量的股权，保持必要的控制力，以便在关系到社会稳定、国家安全的关键时刻发挥作用。

与此同时，还要建立完善的市场体系，创造各类所有制经济公平竞争的市场环境。当务之急应着力推进以下四个方面的制度建设：完善产权保护、放宽市场准入、建立市场体系、健全市场规制。这些方面实际上也是建立和完善社会主义市场经济体制的内在要求。

在此基础上，让不同经济成分在统一规范的市场中平等竞争，实现优胜劣汰，则关于国有企业的各种争议和分歧当自然化解。

从法律上看国有企业的再定位

李曙光（中国政法大学教授、全国人大《企业国有资产法》起草小组成员）

“后李荣融时代”来临

2003年中共十六大提出建立国有资产出资人制度，成立中央和地方两级国资委作为特设机构，担当管人、管事、管资产的角色，结束对国有企业“九龙治水”的局面，形成一套新的国有资产管理体制。七年来，国务院国资委管理的央企数量从198家减少到现在的123家，但资产总额从2002年的7.13万亿元增加到2009年的21万亿元，年均增长16.74%；营业收入从3.36万亿元增加到12.63万亿元；实现利润从2405亿元增加到8151亿元；上缴税金从2915亿元增加到11475亿元，累计向国家上缴税金5.4万亿元。在美国《财富》杂志2010年公布的世界500强企业中，上榜的中央企业共有30家。

在这么一个阶段来讨论再次定位国有企业的问题，非常有意义。

第一，现在国有企业已经被做是中国最大的国情。一位中央领导在哈佛大学演讲时讲到，中国最有特征的一个国情就是有一批骨干的国有企业在承担社会责任。事实上也确实是这样。目前世界上没有任何一个国家有这么多的国有企业，这么多数量和这么庞大的国有资产。

第二，国有企业改革今天进入了一个停滞期。国企改革到了一个没有任何新理念和其他创新的阶段，进入了一个相对的瓶颈阶段，也进入了一个困惑期，甚至在局部领域出现国有企业改革倒退的现象，比如大家普遍议论的“国进民退”的现象。

第三,《中华人民共和国企业国有资产法》(下称《企业国有资产法》)从2009年5月1号开始实施，该法内容全面涵盖了经营性国资，明确了出资人责任，剑指国资流失的关键环节，解决了许多国资法律关系问题，但这部法实施到今天非常不理想，国资委对这部法律在实践当中的推进也不是很积极，现在甚至有点后悔在起草《企业国有资产法》时让步太多，以至干脆不谈企业国资法。此外，还有其他部门不愿推进企业国资法的实施。

第四，我觉得很重要的一点变化，就是“后李荣融时代”的来临。中国的改革在很大程度上带有领导者的个人特点，一任领导对于所在岗位和领域的认识，会影响到该领域的发展。可以说，领导人理念的高点就是整个改革可能触到的高点。李荣融从2003年担任首届国务院国资委主任以来，把国有企业的改革带到一个新的高度，但他的领导风格也带有强烈的个人色彩，比如他把自己定位于国有企业的“领队或教练”。现在，王勇接替他的位置，意味着国企改革“后李荣融时代”或“王勇时代”的来临。

在这样四个背景下，讨论国有企业再定位问题非常必要。

国资委再定位

国有企业的再定位，实际上是国有资产管理体制的定位，实质上就是国资委的定位。

国资委的定位包括三个层面：第一个层面是国资委本身的转型和定位问题。新的《企业国有资产法》出台以后，国资委对于此法的实施不力，很大程度上就是认为国资法对于国资委的“干净出资人”的定位束缚了国资委监管的思路。其实，国资委应该而且必须是一个特设法定的出资人法人，而且是一个干净的出资人。按照这个定位来说，国务院国资委在“后李荣融时代”应该进行比较大的转型，应改名为“国有资产经营管理委员会”，对现在的管理体制与管理方式进行较大的改革。首先应“去行政化”，其现有机构如干部局、改组局、改革局、分配局、产权局等，应该用新的出资人法人的思维取代，改组为战略委员会、风险控制委员会、提名委员会、薪酬委员会、审计委员会、国有资本经营预算委员会等，以新的治理结构来管理国有资产与国有企业。

这样说来，正在酝酿中的国新公司非常值得讨论，它实际上只是国企改革的一个过渡阶段，短期内进行资源整合，而不应该是按照李荣融前主任的设计，把它作为介于国资委和一级企业之间，或者二级企业之间的一个管理公司或者是资产经营平台的角色。如果，国资委本身的定位是“干净出资人”，就没有必要设立这个成本很高昂的整合平台。实际上，这个问题与国资委本身的转型和定位密切相关，就是如何理解《企业国有资产法》的精神实质。

第二个层面是国资委与行业国资委之间的关系。实际上，除了法律认可的国资委外，还存在一些“隐性国资委”,《企业国有资产法》第11条把这种“隐性国资委”定位为国务院、地方人民政府授权的部门与机构，履行出资人职责。如金融国资委、土地国资委、新闻国资委等，这样一些“隐性国资委”的存在由于存在着产权关系没有理顺、行政干预严重等问题，更加剧了国有资产管理体系的混乱。

第三个层面是要解决地方国资委平台问题。目前，由于国资委的定位不明确，各地国资委都在纷纷通过打造国有控股公司，搭建自己的改革与管理平台，进行地方国有经济大整合。这对于接下来国有企业的定位就有非常大的影响。如何对此进行规范，值得关注。

国有企业再定位

国有企业的再定位某种程度上是目标定位与法律定位的冲突问题。新的《企业国有资产法》已经接受这样一个观点：国有企业已经不再称为“国有企业”，而是被称为“国家出资企业”。这分为四类，第一类是国有独资企业，第二类是国有独资公司，第三类是国有控股公司，第四类是国有参股公司。因此，对于这四个层面的国有企业改革目标是不一样的。如果用传统定义、一种模式定位国有企业的改革就很困难，国家出资企业应有分类的目标定位。

首先，就四种国家出资企业的短期改革目标来说，国有独资企业的改革目标应该全部转型为现代企业制度或现代公司。但现在，我们离这个目标非常远，因为许多国有独资企业还是按照1988年的《全民所有制工业企业法》注册登记的，远远落后于时代。其次，国有独资公司的改革方向就是要稀释股份，目前就是重点解决整体上市问题，或者是整体把国有独资企业装入股份公司，把独资公司资产如何股份制和社会化的问题。最后，控股公司和参股公司的目标定位是如何按照市场化方式运行，同时让国有成分逐步退出竞争性市场。

按照国家出资企业总的法律定位，就是如何根据现有法律定位更多地上缴利润。现在，国有企业基本不上缴利润，或者上缴的利润只有10%，非常低。用全体纳税人出资举办的国有企业与全体纳税人自己举办的民营企业竞争，这非常不公平，也没有说明举办国有企业的目的。如果国有企业能把利润回报给股东，国有企业的问题在很大程度上就能够解决。这是很重要的一个阶段性目标。

就整体目标定位来讲，除了少数确实涉及国家政治经济安全、可以负亏的国有企业外，其他都应该逐渐进入市场，私有化。

那么，在这样的改革目标定位下，国资委市场化转型就要推动五个层面的国企改革。

第一，中投、汇金以及一些资源垄断性国有企业如中石化、中石油、宝钢等特殊国有企业的问题。《反垄断法》难以实施就是因为与这些享受特殊待遇的公司有关。中国的《反垄断法》生效后只实施过一次，即审查可口可乐收购汇源的案子。如果对眼下到处存在的国有企业垄断现象视而不见，这部法律的权威就丧失掉了。

第二，公司治理结构问题。现在大量国有独资企业和国有独资公司现代企业制度推进极其缓慢，公司企业和公司董事会制度、股东大会制度基本处于虚设状态，或者花瓶化现象比较严重。

第三，公司高管的选拔方式问题。国企选择管理者存在着信息披露不充分以及行政化选人的问题。现在，履职于中组部干部局的王勇替代李荣融担任国务院国资委主任，似乎反映出国资委未来角色的一个理解：就是国资委主要是管人的。但国资委如何管人？国资委如果转型为干净出资人的定位，按照市场化方式派出董事就行。

第四，国有企业历史遗留问题如主辅分离、兼并破产、下岗分流等问题以及亏损国有企业和新出现亏损国有企业的问题。这是中国特色的问题，也是国资委市场化转型的障碍。

第五，国有资产流失问题。国有资产流失就是针对国有企业的各种侵权，实践中较重要的国资流失有五种新的方式。第一是信用流失，主要是国有企业本身在市场经营中不按照市场化方式运作，如不遵守合同等，这对于整个国有企业信誉的损害及对于社会信用的损害是非常大的。大量的国企案例，包括亏损破产的企业，还有大量的债务、债权纠纷，国有企业在里面扮演主要角色。第二就是创新发展动力不足导致的流失。第三是决策失误流失，如中航油的期货买卖损失。第四是知识产权保护不足流失。第五是各种侵权的流失。

Chapter 6

第六篇

政治改革、法治与公民权利

▶ 政治体制改革是肯定要改的，我们这次要表明要加快经济体制改革，积极稳妥推进政治体制改革。我们一些领导同志一听说政治体制改革，就感觉好像是让共产党下台，根本不是那么一回事。心虚什么？政治体制改革是为了更好地坚持共产党的领导，坚定不移，现有的框架不变，强化人民代表大会的作用就可以了，人民代表大会真正成为人民代表大会就可以了。强化人民代表大会的作用，真正成为立法机构，监督一府两院。现在只要把我们的政治框架真正名副其实就可以了，人大代表要多少人干什么？有人大常委会在那儿办公就可以了。所以公开、透明，让老百姓有知情权、参与权、监督权就可以了。空喊口号不谈实际的政治体制改革是完全错误的。民主就是民主，没有社会主义民主和资本主义民主的区别，这是扯淡的事儿。

——保育均（国务院参事室特约研究员）

第十二章 | 政治改革与法治愿景

财新观察：抓住政改的战略机遇期

政治体制改革呼声一浪高过一浪。2010 年 10 月 3 日，国务院总理温家宝在接受 CNN 专访时，长篇阐述政改思想；10 月 18 日出版的美国《时代》杂志亚洲版将温家宝作为封面人物，同时摘登此次专访，进而激起海内外舆论更大反响。温家宝断言“人们对民主和自由的渴望是不可阻挡的”，表示“尽管社会议论纷纷，尽管遇到阻力，我仍会坚定不移推动我的信念。在我能力范围内，推动政治改革”，“风雨不倒，至死方休”。其决心之坚定，言谈之坦率，令人动容。

这是继 8 月深圳讲话后，中央最高层再次发出政改强音。特别是温家宝总理 2010 年以来已多次公开论述政改，从国内“两会”到联合国讲坛，从南海边陲到国庆晚宴，一次比一次更具体、更明晰，充分显示出中央最高层对政治体制改革的迫切之情。中共中央总书记、国家主席胡锦涛也多次表明推动政改的决心。显然，正如决策层多年来屡屡谈及要抓住经济发展“战略机遇期”一样，政治体制改革同样存在宝贵的“战略机遇期”。当前于推进政改，可谓既有必要性、紧迫性，亦有可行性。机不可失，时不再来。

近年来，经济体制改革虽不时有技术性进展，但难有重大突破，主要障碍便是政改止步不前，文化、社会体制改革亦因之举步维艰。中国正为此付出巨大代价。强拆、截访、官员贪腐等案例层出不穷且触目惊心，突显当前社会矛盾空前尖锐。各级政府的“维稳”支出亦令纳税人不堪重负。更为严重的是，这些社会问题对于政府与公民关系、公民对国家的认同以及中国国际形象造成了严重的伤害。

此外，政改也具备难得的政治、经济和社会条件，有望平稳推进。过往 30 多年经济飞速发展，为政改提供了较为雄厚的物质基础、必不可少的民意支持；中国仍处于可贵的“人口红利期”，可继续为政改营造相对宽松的社会及经济环境。此外，法律框架基本完备，公民社会雏形显现，各阶层总体上能够理性看待改革中的利益得失。就改革推动力量而言，无论熟谙民间疾苦的基层官员，抑或眼界开阔的高层官员，许多人对于政改有着清醒、深刻的认识；从产学两界到亿万普通民众，对政改更是殷切期待。

当此之时，应抓住时机大步推进政改，只要改革方案兼顾眼前和长远，改革实施步骤稳健、程序透明，则真正奠定国家长治久安的根基就是可期的。反之，若错失政改战略机遇期，待到经济发展放缓、人口老化严重、分配不公超出国民心理承受极限时再来启动政改，改革成本必然无限加大，前景难以乐观。中外无数事例已提供了正反两方面镜鉴。

政治体制改革千端万绪，核心是民主。政改要通过具体的制度设计，实行民主选举、民主决策、民主管理、民主监督，保障人民的知情权、参与权、表达权、监督权。建设民主必须解放思想，接受人类在漫长的历史进程中共同追求的价值观和共同创造的文明成果，而不是自我设限、画地为牢。如果说，经过 30 多年经济改革，中国才初步建立了市场经济体制，那么，关于什么是民主，怎样建设民主，“任何对这个国家有责任感的人”均需有承认落后的诚实，从头学起，勇敢探索。

温家宝此次谈及自己多年来对政治体制改革的思考时，还重申“任何党派、组织和个人都不得有超过宪法和法律的特权，必须以宪法为根本的活动准则。”“我们不仅应让人民享有言论自由，更重要的，我们还必须创造机会让他们能够批评政府的工作。”这些自由、法治保障正是推进政治体制改革的起点。这些观点应当更及时、更广泛地在国内传播，使改革从少数领导人的领唱成为全社会的共鸣。

2011 年，中国将迎来辛亥革命 100 周年。从建立“亚洲第一个共和国”以来，中国人蒙受了巨大的生命代价、精神创伤，但是，对于“共和”天然蕴涵的民主仍在艰辛探索之中。制度竞争无情而公正，只有拥有先进政治经济制度的国家，才拥有光明的未来。当前的中国民气可贵，公众不仅在听政治家怎样说，更在看政治家怎样做；不仅希望经济体制、政治体制、文化体制、社会体制改革全面推进，而且急盼在重要领域和关键环节的改革上取得突破。

“让每个人都能过有尊严的幸福生活，让每个人都生活得有安全感，让整个社会充满公平正义，让每个人对未来充满信心。”——温家宝总理阐述的政治理念，值得我们体味，也启示我们前行。

从公众参与走向政府善治

蔡定剑（中国政法大学宪政研究所所长）

善治就是政府依据并尊重人民的意志和生活方式，作出决策和实施治理。善治有可能在以下两种情况下发生：一是政府是人民选择决定的，它必须尊重人民的意志；二是政府是开明君主，主张以民为本，知道“水可载舟亦可覆舟”的道理，以善政待民。

但是，开明君主的善治是没有制度保障的，可能会滑向恶政。政府恶政，就是政府欺骗、愚弄人民，无视民意，就像一个缺少文明水准、粗鲁的家长，以自己的意志代替子女的意志，并要子女按自己偏好的方式生活，动辄对子女动粗。

公众参与是提高政治合法性和实现政府善治的途径。公众参与理论起源于英国普通法上的“自然公正原则”，即“任何权力必须公正行使，对当事人不利的决定必须听取他们的意见”。

所以，在公共行政层面上，公共参与指的是公共权力行使过程中，要听取利益相关人意见的程序和机制；在政治层面上，公众参与意味着影响和改变公共行为的运作模式——决策由权力（政府或公共机构）机构主导演变为公众参与，与公众互动、协商的过程。

由此，公共参与和选举制度并行，成为现代民主政治的两大支柱。选举使政府权力合法化，公众参与则提高政府善治能力和水平以提高政治合法性。

公众参与的完整链条

规范意义上的公众参与，是指公共权力在立法、制定公共政策、决定公共事务或公共治理时，由公共权力机构通过开放途径，从公众和利害相关人或组织获取信息，听取意见，并通过反馈互动对公共决策和治理行为产生影响的各种行为。它是公众通过直接与政府或其他公共机构互动的方式决定公共事务的过程。

公众参与所强调的是，决策者与受决策影响的利益相关人双向沟通和协商对话，遵循“公开、互动、包容性、尊重民意”等基本原则。因此，公众参与不包括选举，不包括公民或集体单方为个人或群体利益表达意见而采取的行动，如信访、维权行动和集体申诉等，也不包括如游行示威罢工等街头行动。因为这些都不是互动决策的过程。

公众参与在国外呈现出非常多的形式，从理论和实践都进入了精细阶段。它是一个包括信息交流、咨询、参与讨论、与政府协作、政府与民众共同协商决策的一个完整链条。不同的目的采用不同的公众参与方式。在这个链条中，政府在与民众互动中，求得善治。

信息交流的方式十分多样，可以是信息包、小册子、传单、情况说明书、网站、展览、电视和广播等信息发布方式，让民众知晓信息并发表意见。这是参与的最初阶段。

第二阶段是咨询，就是吸取老百姓对某个特定方案的意见。其方法包括研究、问卷调查、民意调查、公共会议、焦点小组、居民评审团等。

第三阶段是参与，公众不光是被咨询，还要参与具体政策的讨论。参与的方式有互动工作小组、利益相关人对话、焦点小组、居民评审团、公民论坛和辩论等。

第四是协作。真正的参与是合作型的，这点在国外常以地方战略伙伴的形式来表现。所谓地方战略伙伴，就是把地方社区层面上的居民、学校、医院、警察、消防队员、公司等公共部门、私人部门、志愿性组织和社会团体以及当地居民联合在一起，就关涉各方利益的公共事务展开讨论。

最后是授权与决策，政府与民众共同协商决策。当然，这会使得权力发生转移，就是原来是政府单方决定的决策行为，变为了由政府、老百姓一起来决策。这是公众参与的高级阶段，即协商民主阶段。

如何做实“公众参与”

中国政府主张以民为本、执政为民，公众参与是达到这一政治理念的有效途径。但是，现实中则对此认识不够，有时甚至把公众参与看成是影响效率和政绩的阻碍。

从当前不断出现的城市拆迁、土地征用、劳资矛盾和罢工抗议、环保争议等社会矛盾和群体性事件来看，根源之一都在于缺少公众参与。如一些被拆迁户之所以采取激烈的抗议行动，就是因为当地政府在城市规划、土地拍卖、颁发土地开发许可证件等程序过程中，缺乏公众参与。对此一无所知的居民，要么乖乖地被开来推土机拆迁的开发商赶走，要么采取上访、自焚等反抗行为。

类似的社会矛盾，在国外民主完善的国家，都曾通过公众参与制度得以化解。如果政府在城市规划和发放开发许可的过程中就有公众参与，让作为利益相关方的被拆迁者充分表达意见，参与决策，就不会出现一再上演的“自焚”事件。而无视人民的意志和利益，不断地引发各种社会矛盾，就是典型的恶政。

诚然，改革开放以后，中国实行开明政治，随着上世纪80年代公众参与式民主在西方的广泛兴起，中共十六大、十七大把公众参与作为政治体制改革的重要举措提出来。但是，这一重要制度，近年来由于没有得到应有重视和有效的实施，面临被形式化的困境。

例如，公众参与往往被狭隘地理解为公示、听取意见、咨询、听证等很少的方式。听证制度，也被一些地方和政府部门形式化甚至歪曲，陷入了形式主义和物价“逢听必涨”的困境。这说明，要使一项好制度在执行中不变形，必须满足其有效实施的条件。

可以说，有效的公众参与至少需要满足三个条件和八项原则。

三个条件中首先是信息要公开。如果讨论公共汽车要不要涨价、铁路要不要涨价、水要不要涨价时，连核算成本都没有告诉公众，只说亏本，在这样的前提下，参与也是瞎参与，发挥不了应有的效果。

第二是利害相关人的参与。不能只请那些支持政府方案者，还应要请利害相关人，甚至是相关利益对立人，听取他们的意见，以完善方案。

第三是政府要就听证结果作出反馈。反馈就是要把参与人的意见公布出来。公众参与并不是说政府一定要采纳多数的意见，但必须说明政府采纳或不采纳某些意见的理由。如果没有反馈，只是让公众发表意见，其实还是暗箱操作，这样的参与不可能有效。

八项基本原则，首先是包容，政府要能容纳与自己不一致的观点，并吸收其合理处；第二是透明、公开；第三是遵守允诺；第四是可达性，比如，若制定一个有关残疾人利益的决策，就需要采取措施帮助这些残疾人能够参与到政策制定过程。在一些国家，政府有责任支持一些 NGO 组织帮助这些弱者参与到决策中来。第五是有责性；第六是有代表性，不同的意见和利益能够交流讨论，相互影响；第七是相互学习性；第八是有效性。

更重要的是，公众参与应建立多种形式的“利益协商机制”：如涉及企业和劳资关系政策的“三方协商”机制；涉及城市发展和规划的开发商、居民及政府的“三方协商机制”；涉及公共卫生、医疗政策改革的医疗单位、患者民众以及政府部门的“多方利益参与及表达机制”等。

相关利益方的“协商表达机制”，是公众参与制度的重要形式，是解决社会问题和社会矛盾纠纷的重要机制，也是保证改革决策正确性的有效方法。这种制度发展到社会层面就是社会协商对话，这是各国的重要民主形式。在中国，政府机关就一些重要政策法律问题向全民公开征求意见和讨论，也是一种公众参与的重要途径。

在一个民主社会，政治家也好，政府部门也罢，可以作出有违于公众意见的决策，但是，这要冒很大的政治风险。而一个真正的以人为本的善治的政府是什么样的？就是政府与民众能够互相交流、互相讨论，政府能够理解老百姓的观点是什么，老百姓也能够理解政府的困境是什么。

“中国法治愿景论坛”会议纪要

江平 王保树 张恒山 李曙光 马怀德 方流芳
周光权 吴志攀 许章润 姜明安 王涌 萧瀚

进入5月节日后的第一个周末（5月8日），财新传媒在北京召开首次法学咨询委员会会议，并借此就中国法治建设进行了一次讨论，题为：“中国法治愿景论坛”。与会的法学专家对中国法治现状进行“望、闻、问、切”，展望了中国法治的愿景，并对法律人和新闻人的共通使命提出见解。

法治现状检讨

江平（中国政法大学终身教授）：我最近在思考几个问题，第一个是我们的宪法究竟怎样。平心静气而言，我认为它离宪政还远得很，这是公认的事实，或者说是法律人承认的事实。按理说应该彻底修改一下，尽管这些年来几次修改已经把一些比较好的思想写进去了，但是仍然有很多问题存在。

第二个是，这个宪法是否得到遵守。在这个意义上，我们现在法治的状况，离遵守宪法、贯彻宪法的目标还太远。举几个例子，第一，宪法里面明确讲，法院依法独立审判，不受行政机关、社会团体和个人的干涉。但是，现在居然有说法提出，不要提司法独立。司法机关能否做到真正独立，能否做到按照自己的意志来判决，这是对我们宪法原则很重要的考验。现在很多说法，严格说来是违反宪法的。

第二，像言论、出版、集会、结社、游行、示威自由等宪法规定的基本人权，很多相应的法律还没有制定，比如新闻法、出版法，20 多年前就主张制定了，到现在还没有出台。

第三，劳动教养问题。《立法法》明确规定，涉及对公民政治权利的剥夺、限制人身自由的强制措施和处罚的事项，只能制定法律。但是，《立法法》2000 年通过到现在已经整整十年，有关劳动教养的规定还是国务院的行政法规。这个问题谈了十年，但是有关劳动教养司法化的方案还是被否决掉。不能借“影响稳定”来反对改革，反对落实宪法原则。

王保树（清华大学法学院教授）：中国提出依法治国，建设社会主义法治国家，已经有多年。但是接触到实践会发现很多问题，比如，普通民众跟官员特别是负一定责任的官员，对法治的态度非常不同。

有时候坐出租车，司机会讲，“中国有什么法？中国没有法！”我很惊讶，国家立了那么多法，为什么普通民众会有这样的感觉？主要是老百姓还没有感觉自己受惠于法律，没有觉得法律起了作用。这种说法，透露着一种失望，但另一方面说明，老百姓是关心法治的，这是中国实行法治的基础。

最近出差到外地，看到墙上的一条大标语，写着“非正常越级上访第一次发现警告，第二次行政拘留，第三次劳动教养”。这样的标语不会是一般人提出来的，肯定是负一定责任的官员提出来的，从中可以反映出一些负责任的官员对法治的态度。

什么是“越级”上访呢？上访哪有不越级的，就是本级解决不了问题才越级。“非正常”的说法，从法律角度看是极为含混的。中国正处在社会转型期，各种矛盾很突出，上访既有历史原因，也有现实原因。其中，一个最大的问题就是公权力侵害私权利，老百姓找不到解决困难的渠道，只好上访。这种情况下，如果不强化疏导，而太多地强调堵截，越堵越截，可能导致上访的人越来越多。

这个标语的内涵和鼓励的措施，都是跟法治背道而驰的。这说明一个问题，时至今日，一些负责的官员跟普通老百姓对法治的态度仍有很大的差距。普通老百姓虽然是朴素地看法，他们还是需要法治，希望法治的阳光照到自己身上。但有些官员仍把法看成治民的，这样治民的“法治”，和人治其实没有什么区别。

法治从纸面跃入实践，任重道远。这么多年一直在搞“普法”，是否起了显著作用？对负责的官员普法，关键不是普及一般的法律条文，而是要从根本上培养法治的精神。一个最普通但最重要的道理是，公权力要受到切实的约束，私权利应受到切实的保护。但是，看来很多人对此不感兴趣。最近领导干部培训采用按菜单选课的方式。结果是，两个法律专题班被淘汰，因为选课的人少于 20 人，三个法律专题班刚刚够 20 人。这说明，法治精神当今仍需要有意去培养。还需要人们去提倡，包括媒体去推广。

李曙光（中国政法大学研究生院副院长）：改革开放 30 多年了，有一个模式我认为是中国非常重要的一个特点，就是这 30 多年追求三个价值目标：一是改革的价值，强调改革的力度；二是发展的价值，强调发展的速度；三是稳定的价值，强调稳定的程度。

但是最近这几年，我发现这三个价值目标在各地都发生了比较大的变化——改革的目标已经变异为主要在调整普通人的利益，政府这一块利益调整比较少；发展的目标变异为各地发展主要靠资源财政、土地财政在维系；稳定的目标已经变异为维稳，形成了一种不讲公正公平，而是“花钱买平安”“人民内部矛盾用人民币解决”的不正常状态。

某种程度上，“维稳”已经成为当今地方政府优先甚至是唯一的目标，维稳在实践中被运动化，维稳成了不断的攻坚行动和常态活动。这是中国社会一个非常大的国情与特点。

“维稳”在各个领域有不同的表现。从法律界来说，可以观察在维稳目标下司法的功能、作用。最近法学界对所谓“司法的能动性”有很多的讨论，这是非常糟糕的讨论。西方的“能动司法”与我们有完全不同的体制与法治环境语境，在中国语境下“能动司法”就成了“维稳”的代名词。维稳更主要的特征是人治化、行政化、政策式、不稳定的，而主要不是用法治和制度的手段。在维稳的目标下，司法追求所谓“三率”——结案率、调解率，二审维持率。结案率是要求高结案率，而且要“案结事了”；调解率是法院受理案件追求高比例的调解率，有的地方甚至追求零判决率；而所谓二审维持率，是指二审维持一审的比率要高。在目前一些案件一审不很公正的情况下，追求二审维持率是对当事人上诉权利的变相剥夺，特别是请示制度存在，一审请示二审，老百姓的上诉权利实际上被剥夺了。

再看地方政府如何处理群体性事件、极端事件？更多用行政性手段，经济手段解决社会冲突与矛盾，一旦行政经济手段失效，才想着让法院来帮忙，以司法裁定、判决的方式去固定强化行政手段与政府错误。现在也有所谓的“大调解”理论——人民调解、行政调解和司法调解统一，这是行政权、司法权合一的思路，问题很多。

全国人大通过的法律在实践中应得到有效实施，可事实不是如此。比如《破产法》的实施，从 2007 年 6 月 1 日到现在，全国的破产案件不到 1 万件。2009 年全国的破产案件才 3120 件，而全年有接近 80 万家的企业在工商监管部门以注销或吊销方式退出市场。也就是说，绝大多数企业退出市场并不是通过法治的途径，而是通过行政注销和吊销的方式。

在很多情况下，片面简单使用行政或高压手段不是解决问题，而是在积聚社会矛盾。应该反思，为什么现在向校园小孩施暴的极端事件不断出现，其中一个原因可能是社会公正与权利表达的出口越来越少，包括正常的诉讼、司法等制度化渠道得不到保障。

我们讲“公平正义比太阳还光辉”，但如果司法的目标界定在维稳而不是公平正义上，司法和法律的可预期性就没有了，法治的威严就不立，社会就不信游戏规则了，对社会矛盾的处理就会出问题。现在很多地方在处理各种社会矛盾的时候，更多的是用“缠纱布”的方式，不是用“做手术”的方式——问题已经到动手术的程度了，但只是简单地包扎，让大家看不见，最后的结果只能是伤口越来越深，最后发生溃烂，一旦社会问题或矛盾溃烂就会演化成群体性事件或者极端性事件。

在新的时期，要有新的维稳观——法治视野下的维稳观，最终要靠改革、发展，靠一种可预期的制度，一种透明、公平、正义的程序来解决社会矛盾与稳定问题。

法律人和媒体人的共通使命

张恒山（中央党校政法教研部副主任）：任何一个国家、一个民族，它的文明表现的根本是什么？是这个民族、这个国家的人民的良知和理性，这是文明维系的根本。在现代社会，这很大程度上是通过媒体，通过对具体问题的报道、评析来体现。媒体做得好坏，关键在于它是不是紧扣时代的问题，发时代的强音，表达人民的意见、意愿。

而良知、理性更表现为对社会正义的思考，这恰恰是法学所思考的主题。任何一个国家，一个社会，人们所追求的主要是三种价值：一是社会有序，社会不能混乱；二是生活富裕，这要靠发展经济；三是更高的追求，就是社会正义。对正义的追求，恰恰是对社会的整体考验，包括对执政者的考验，对各级官员的考验。社会正义的实现，同时需要社会全体成员具备正义理念。法在本质上是正义的体现。法学的本质是探索正义之学。社会正义的理念，要通过媒体来传播。在这个意义上，法学界和媒体携手，共同推进公平正义理念的传播，对社会有重大意义。

江平：中国的改革正面临一个关键点，改革如果止步，是很危险的，尤其是在政治体制改革方面。经济体制改革没有了政治体制改革的推动将一事无成。

光靠法学家的孤军作战是不行的，至少要跟经济学家联盟。我本人和吴敬琏教授就曾共同发起成立了一个洪范法律经济研究所。我们现在越来越认识到，跟媒体的结合也非常关键。市场经济要有所创新，有所成就，新闻媒体的作用很关键。中国的媒体界，除了一部分人思想有些保守之外，总体来说是很有改革意识、创新意识的。我们要把新闻媒体和改革的事业结合起来，成为改革开放的推动者。

马怀德（中国政法大学副校长）：社会需

要综合、严肃、负责任，能够反映时代声音的媒体。媒体要能说真话，反映民间的呼声，特别是推动中国的法治和改革，不是简单地迎合公众，迎合政府，迎合市场。

这需要媒体继续发挥监督公权力的作用。法治是不是发展了，要看公权力是否受约束，公权力受到约束才标志着法治有进步。比如，最近关于房地产调控政策，类似于“国十条”、“京十二条”等，也要经过法治的验证，看它有没有法律依据。禁止一个家庭买第二套、第三套房子，这到底是政府的权力，还是市场自由选择？每到关键的时候，政府往往会忘记法治的要求，打着维护公共利益、维护市场秩序的旗帜，作为普罗大众代言人的身份行使法律没有授予的权力。

政府的权力表现形式很复杂，现在来看比较难以约束的是领导的决策权。法律法规的制定要经过一些程序和形式，法律要经过人大的审议；具体的行政决定作得不合适，有人会起诉或者申请行政复议，客观上有监督救济的渠道；唯独是一些重大的决策，决策过程缺乏制约，事后也没有什么监督渠道。所我们一直呼吁制定《行政程序法》，把政府的决策也纳入到法治的轨道。这个法律在“十五”期间还列入人大的立法规划，但是到“十一五”期间的立法规划中就没有了，说明立法很困难。

我前一段时间提了“法治 GDP”的概念。现在地方官员的政绩考核标准完全是根据“经济 GDP”，但是经济 GDP 往往是通过不遵守法治甚至破坏法治的方式获得的。一个完整的科学发展观，既考虑经济的发展，也考虑政治文明、法治的发展，建立包括法治因素在内完整的政绩考核体系，这样才能有效约束各级官员实施法律。

而媒体还应当继续反映民意，客观理性地表达公众意志。特别是要对边缘人群、弱势群体给予特别的关注，给他们表达声音的机会和途径。他们的社会地位和能力都非常弱，没有人替他们说话，如果媒体不能够有效地表达他们的声音，那社会是非常危险的。

方流芳（中国政法大学中欧法学院院长）：一个好的新闻报道就是讲出真相，新闻的生命力也就在于讲出真相。讲出真相是不容易的事情，需要媒体和记者具有一种崇高的职业精神，用专业的眼光发现、看到真相。他们还要有表达真相的能力，要有讲出真相的道德勇气。在今天这个社会，新闻媒体要讲出真相是一件不容易的事情，新闻职业是一个风险很大的职业，会面临名誉权诉讼，会面临既得利益集团的反感和打压，会遭到黑社会的仇视和暗算，会让许许多多的人感到不愉快。总之，曝光真相是得罪人的事，而这正是新闻对社会的贡献。

人民有权知道真相，政府决策需要知道真相，社会要知道真相，一个正常的社会是不需要掩盖真相的。在“英语语言与政治”一文中，奥威尔曾经预言，如果一个人惯于说套话，他付出的代价就是一次又一次地放弃自我表达，他先是简化自己的言论，而后导致思维的退化，最后是个性化的表达能力丧失殆尽。如果大家都回避真相，都给自己设定很多言论禁区，最后是一个民族整体地丧失言说能力。一个国家的竞争实力，在某种程度上也表现于它的言说能力——如果言说能力退化，竞争实力必定会受到限制。

现在，中国很多方面的言说能力正在退化，比如有关“文革”、“反右”的话题，来自中国大陆的“正确”言说已经被边缘化，可靠的公开资料几乎都在海外，海外的研究大大超过了国内。虽然是你自己的事，你不说，并不意味着别人也跟着你不说，只是你自己放弃了言说的机会。

真相对于我们的社会是非常宝贵的，如果我们不从真相里面获取知识、吸取教训，如果我们对很多已经发生的事情讨论不够，对真相知道得不够，对自己设置了太多的言论的禁区，那么，我们无疑会不断重复前人犯过的错误。

一个没有言论自由的社会只会犯错误，却永远不会真正地从错误中获得教训。

从1978年，就倡导“解放思想”，这是一个令人振奋的口号。最近，温家宝总理讲，大学要有独立的思想，自由的表达，这是有关教育问题的再好不过的“解放思想”的见解。当然，解放思想和言论开放是结合在一起的，没有言论开放就没有思想解放，思想解放是通过表达、交流和思考实现的。因此，解放思想的标志就是言论开放。人类社会的进步来自言论开放，而所有的人祸都和言论禁锢有关。

周光权（清华大学法学院教授）：在转型社会中的媒体肩负着非常繁重的、特殊的历史使命，因此，我想谈谈如何处理好媒体与司法的关系问题。这是一个很大的题目，我在这里的切入点是：司法上片面追求政绩的现象已经比较严重，负责任的媒体不能再对此推波助澜。现在，一个较为普遍的现象是：司法运作模式几乎和行政完全一样，也有很严重的追求政绩的现象。在这当中，媒体要避免发挥不好的作用。一些媒体的报道对此没有正确的判断和认识，客观上助长了不正确的司法政绩观。

我有一个感觉，去年以来，从中央到地方，从最高的司法机关到最基层的县法院、县检察院，他们的一把手向各级人大或人大常委会的报告，大段的内容一定是这个法院、检察院在过去一年中为保增长、保民生、保稳定作出了巨大贡献，围绕党委、政府的中心工作做了多少工作，等等。这样做，如果符合法治的要求，当然无可厚非。但是，有的地方对司法和经济发展工作的关系作了错误的理解，对所谓的“保驾护航”作了很不恰当的理解——曲解法律、规避法律甚至牺牲法律，要求司法片面服务于各种“中心工作”，包括追求GDP，服务于地方利益，或者是仅仅服务于当地党政一把手。

有的司法机关办案不是服从于、服务于司法公正和社会正义，而是为了追求一些简单的数字（例如调解结案率、抗诉成功率、无罪判决率等），让自己所在地的司法机关比其他地方的司法机关的工作成绩在“数字上”好看！这些现象的存在，都使得地方司法机关真正成为“地方的”司法机关。司法割据现象的存在，严重影响法制的权威，使得统一的市场经济秩序在中国的真正建立变得非常困难。

要正确处理司法和媒体的关系，对于媒体而言，有几个问题需要注意。第一，媒体人要有职业精神，要遵守媒体自身的规则，守住尊重客观事实的底线。第二是做法治报道的记者一定要有足够的法律知识，甚至要把自己看做法律共同体内的成员，要有规范意识，对法律要有敬畏感，要能够通过自己撰写的报道来弘扬法治精神，引导国民形成规范意识。第三，法治媒体人一定要有反思精神和批判的能力。对于某些地方基层司法机关为片面追求“政绩”，突破现行法律规定所推行的所谓“司法改革”和其他工作机制上的不妥当之处，应该持审慎态度，应该进行必要的反思和批评。

吴志攀（北京大学常务副校长）：改革开放30年来，中国取得了很大的成就。现在和未来所面临的，可能是人类几千年历史上所没有遇到的大变革。这个变革的突发性，复杂性和难以预见性可能都更加强烈。今天社会所出现的许多现象，包括所期许的未来目标，用300年来西方资本主义建立的理论体系，从经济学到法学，我认为都很难解释清楚。苏联那套理论我们早就不用了，改革开放30年来我们自已摸着石头过河，摸出来的实践经验还没有完全上升为理论，即使上升为理论的部分，也不能完全解释未来30年和50年的新情况，新问题。没有现成的理论，只有依靠我们在探索中寻找解决方案。

我认为，过去，通过介绍国外市场经济的情况，我们打开了一扇向外看的窗户。现在，我国商业、学界和媒体，包括政府部门把国内的情况，包括社会底层的情况，外国人不知道的新情况对全世界展示出来，要有一个新的维度，把中国面临的大变革的复杂程度和艰难探索及多样选择。

中国法治未来

许章润（清华大学法学院教授）：对于中国社会问题的认识和未来走向，需要用综合性的眼光，整体性的关照和系统性的分析，社会学、经济学和法学的分析工具都很重要。还有一个重要的维度不可或缺，要将政治哲学的视角引入社会、经济、法律的互动中来。

过去一般认为，经济发展在先，法律是给经济的发展提供一种调整的工具。法律作为一种社会公平正义的运载工具，可能会为经济成果的社会分配提供一种公平正义的程序理性。但是这种认知其实是把法律、法学作为经济和经济学的附庸来看待。

通过2008年以来从西方国家发展，后来蔓延到全球的金融危机情况来看，在经济领域里面，责任伦理的丧失——包括经济学家信念伦理的丧失，提醒我们在今天的中国和世界范围内，如何通过法律和法学的研究，以规范伦理来救济责任伦理的不足，以规范伦理来提供信念伦理的溃败所造成的整个经济社会秩序堕落的问题。

从这个意义上说，在今天中国的，有必要将超越性的德性维度引入到法学和法律领域，然后以法律和法学领域作为一个切口，来规范经济的成长，避免坏的资本主义，尤其是避免裙带式的资本主义缺陷。保证中国在市场化进一步深化之际有一个比较好的社会生态，防止社会溃败，在社会财富创造之后更加公平合理地分配，从而营造一个古典政治经济学中亚当斯密向往的富足、文明、祥和的社会，这是法律和法学的担当。

姜明安（北京大学法学院教授）：我们今天研究“中国法治愿景”这个大课题，我想探讨一下“中国法治实现的途径”这个子课题。我们有没有一个比较快一点的实现中国法治的路径呢？我认为是有一条捷径的。这条实现中国法治的捷径就是公开、透明。

法治政府有五个重要要素。公开、透明是实现或打造这五个重要要素的最好的途径。

法治政府的第一个重要要素是公众参与决策、管理和监督。而实现参与的前提和基础是信息公开，公众没有知情权就不可能实现参与权。这两年我国政府信息公开的实践，较大程度地促进了公民知情权的实现，从而大大激发了公民参与的热情。这一点我们从近年来成千上万的网民积极参与法律、法规立、改、废的讨论，积极参与对各级政府社会、经济政策的评论，积极参与对“躲猫猫”、“钓鱼执法”等事件的关注和监督即可窥豹一斑。

法治政府的第二个重要要素是监督和制约。过去想了很多办法，如人跟人，设定专门人员和机构进行监督，但是谁又来监督监督者呢？对公权力的监督制约包括权力制约和权利制约，其最佳方式和途径就是公开，从这两年政府信息公开的实践看，公权力的行使，无论是人权、财权、还是项目审批权、征收征用权的行使，凡是信息公开、透明的地方、部门，滥用权力的情形都得以最大限度的避免。比如四川巴中的白庙乡详细公开公务财政支出，被称为“裸体政府”，公开以后公款吃喝的费用即直线下降。而信息不公开，权力暗箱操作的地方、部门，滥用权力的情形往往非常严重，有的甚至达到令人发指的程度。

法治政府的第三个重要要素是廉洁和反腐败。过去我们试过了很多很多的反腐办法，如“八不准”、“十不准”、“五十二不准”等，还有“双规”“严打”等，但是，都不那么管用。唯有公开，一公开就灵。如近年通过网络公开揭露出来的“高级香烟贪官”、“高级名表贪官”等。像“除了性别是真的，其他全是假的”的河北的王亚丽“造假骗官”事件，如果其提拔任用的整个过程公开、透明，那些大大小小的官员怎么能帮她作假？要加强反腐败的力度，就必须进一步推进公开，如逐步建立领导干部家庭财产申报公开制度等。

法治政府的第四个重要要素是权责统一和责任制。现在我们各级政府实施的官员问责制，问责的官员不少，也起了一定作用，但是，事故灾难仍不断发生。有的官员今天在甲地问责，明天在乙地复出，问责的效果有限。如果问责和复出的信息都充分公开，阳光透明，上述问题就难以发生。

法治政府的第五个重要要素是以人为本，为民服务。政府为民办事，为民服务，首先应该向办事、服务的对象提供信息，告诉他们政府部门办事、服务的时间、地点、手续和有关要求。不要让他们办一件事跑八趟十趟还办不下来，甚至连办事的衙门都找不到。此外，也许更重要的是，政府应该经常将办事的过程、效果，特别是用钱、用人的情况、效果向人民报告，向社会公开。

综上可见，只有公开、透明，才可能建设法治政府。

王涌（中国政法大学教授）：当下中国的核心问题是什么？有两个问题作为思考的起点。第一个问题，中国政府的社会治理成本非常巨大，比如巨额的财政供养人数，高额的维稳成本等。这个钱来自哪里？除了正常的税收外，还有三大来源：一是土地财政，二是国有企业的垄断利润，三是通货膨胀因素。这三个来源涉及很多结构性问题，触及整个社会维持的根本。

第二个问题，中国形成了一个以政府为主体的投资机制，社会的巨大财富被政府吸纳，然后通过政府来进行投资。而政府投资的效率和公正性是很成问题的。举几个例子，中央投资方面，奥运会、世博会以及国庆大典等，动辄就是巨额投资，但是国家财政性教育经费支出占国民生产总值的比例达到 4% 的目标，多年来一直未能实现，形成一个巨大反差。地方政府的投资效率就更成为问题了，前不久曝光的内蒙古鄂尔多斯“空城”，以及清水河县预计投资 60 亿造新城形成“烂尾城”等事例就是明证。

从前述的三大社会治理成本来源看，法律对它们的规范约束都很有限。土地财政导致的野蛮暴力拆迁滋生了无数矛盾和冲突，“新拆迁条例”至今还未出台；国企垄断地位加强，最近很多领域出现国进民退，而《反垄断法》的实施基本不针对国企；通货膨胀问题，也缺乏制度上的硬约束，包括已经巨大的外汇储备的形成，从法律上的研究非常缺乏。

吸纳了巨额社会财富的政府，其投资受到的约束也很弱，它决策的机构、决策的过程等，从法治的角度来看是非常苍白的。

面临这些难题，改革却陷入困境。30 多年来，财富增加了，但是改革动力却没有了，20 多年前那种全民为之激动，上下一心的改革气氛没有了，我们看不到多少社会共识，更多看到的是利益集团。本来法治是减少社会各个利益集团间沟通和交流成本的最好机制，但我们的法治又没有建立起来。

这也导致了一个矛盾的局面。中国目前在解决各种问题的时候，出现了很多令人无奈的特点。一是治标不治本。比如治理房价的调控政策。二是，很多制度被异化。比如为普通老百姓服务的信访制度，它已经变成一个政府设置的游戏，让访民在这个过程当中精疲力尽。再比如经济适用房，在运作过程当中，很多地方和部门将其变成了给公务员的福利分房。

面对矛盾的现实，从未来的角度来看，改革还是有空间的，一是技术空间，二是政治空间。对政治空间似乎不敢奢想，还要期待历史机缘，但是技术空间还是很大的，通过公众、媒体、NGO 和专家等多方的努力，可以在很多技术空间上争取有一个完善。

萧瀚（中国政法大学副教授、财新传媒法律顾问）：对于法治的问题，我有几句有点像绕口令一样的话——法官是司法的救生圈，司法是社会的救生圈，而宪政是司法的救生圈，道德是宪政的救生圈，信仰是道德的救生圈。这是思维分析的逻辑，不是现实的逻辑，这些要素不存在先后关系，所有的要素之间都是互动的，也许撬开其中的某一个要素，其他的要素也就跟着被良性互动增进。

看了《最高裁物语：日本司法 50 年》这本书，让我印象非常深刻的是，最初的时候日本的最高法院（日本最高裁判所）也没有多大权力，但是从 19 世纪末期开始，法官非常有意识地扩大自己的司法权，一点一点地扩张，于是有了今天的日本最高法院和整个司法体系。美国的联邦最高法院，1803 年时，曾差不多有一年的时间都没法儿办公，因为没有经费，这就是汉密尔顿当年所说的“既没有钱，也没有权”。不能想象，现在的联邦最高法院在美国几乎是仅次于上帝的角色。日本和美国的例子可以说明，法官对职业良心的坚持和职业尊严的坚持本身就极其重要。

在中国，常常会面临一个诘问：司法已经那么腐败了，再给它独立怎么办？问得很正确，它涉及了中国司法困窘的现状。我的想法是，现今这个社会中一些职业，目前还缺乏职业伦理差异性比较的看法，比如说像政治家、法官、医生、教师、慈善事业从业者、神职人员等，都是非常特殊的职业，可以说是“圣职”——职业对个人有独特的私德方面的要求，跟其他的职业不一样。这些看法现在还没有形成比较一致的共识。法治在本质上是实践伦理，它使得一个社会具有一定的稳定性，是一个可以提供稳定预期的平台。但是我们的法治还缺乏这样一个伦理基础。中国当代法学的基本理论，在教科书层面上还依然延续着苏联的维辛斯基法学观，把法看做“反映统治阶级意志、由国家的强制力保证实施的行为规范”，是阶级统治的工具，而没有确立法学作为正义之学的基本特征。在这样的情况下，整个的学界，尤其是在法学的实践领域，存在混乱的状况。

我们在建设法治平台过程中，本身有一些立法就有严重问题，哪怕立法没有问题，因为没有立法独立，也仅停留于纸面。这些关系非常的错综复杂，长期以来很多人认为，只要经济发展了，中国的改革就会一片光明。

实际上不是那么回事。经济的力量最终取决于我们奉行什么样的经济伦理，而法治就是经济伦理的表达方式。

我相信，要解决中国当代的很多问题，法治和普适伦理，以及和中国传统伦理之间存在的关系都是极其重要的。总而言之，建立起法治的平台，是所有的各种要素良性互动的结果。

第十三章 | 呼唤公民权利

财新观察：拆迁变革不能止于问责

江西宜黄拆迁自焚案以一死两伤而悲剧性告终，宜黄县党政主要领导也被停职立案调查。这种双输结局彰显了一种进步：基层政府主导的暴力拆迁被“问责”，对基层党政领导是一种警告，对自焚死伤者及其家属亦是一种告慰。

但也应该看到，要根治暴力拆迁，防止类似悲剧重演，仅仅是行政问责远远不够，必须加快改革有违《物权法》精神的征地拆迁管理体制，全面修订现行拆迁法规，强化对公权力的约束和监督。把“个案式问责”提升为“制度性问责”已成为当务之急。

回过头来看，中国公众对事后追惩式的“行政问责”并不陌生。六年前，湖南省嘉禾县委书记、县长等就曾因滥用行政权力、非法暴力拆迁而遭免职。当时，国务院曾专门为此召开常务会议，以求惩前毖后。但事实证明，这种问责并未达到预期效果。

近年来，拆迁自焚案时有发生。面对强大的、无所不在的国家权力，一个个鲜活的生命转瞬间惨烈终止，其中包含着多么深重的无力感和绝望，恐怕只有自焚者及其家人才能体会。当唐富珍自焚身亡时，人们还为其个性的决绝而悲叹；当拆迁户被殴打或非法拘禁时，人们还会以拆迁户与基层政府的利益博弈视之。但是，此次宜黄县一家三口为抗议强拆而自焚却告诉人们，表面的“博弈”包含着巨大的不公平不对等，最终凸显的只是“权力之恶”。

生命对每个人只有一次。“民不畏死，奈何以死惧之？”事到如今，以公民个人生命为代价换来的事后“问责”，不能成为事件的终止。较之对生命的淡漠，“个案式问责”当然是有意义的，但却难以“治本”。因为暴力拆迁、野蛮拆迁、血腥拆迁的根源还在于制度的扭曲和法治之不逮，在于“权力之恶”缺乏制衡。如果宜黄拆迁自焚案仅仅局限于处分一些党政官员或增加一些补偿，那就很难避免此类悲剧重演。

2010 年 2 月，我们曾刊发社评（参见本刊 2010 年第 7 期“拆迁困局正解”）指出，在当前拆迁管理体制下，地方政府掌握着城市建设和土地的规划权，掌握着土地和房屋的征用权，相当多拆迁公司和评估公司存有政府背景或附属于政府，这种不受约束的权力必然导致对公民合法私产的侵犯。现在，我们再度就此进行呼吁。

宜黄拆迁自焚案是生动的例证，显示这种无谓的牺牲不能再继续了。目前，涉及城乡土地产权制度安排的《土地管理法》正在修订，而《国有土地上房屋征收和补偿条例》草案也早已全文公开，征求公众意见。下一步，应该怎么做？我们认为，要解决三大问题。

首先，要改变现行政绩评价机制，强化对政府权力的约束，畅通拆迁民事诉讼机制。要尽快改变以 GDP、财政收入和城市建设为核心考核党政领导的机制，同时强化地方人大对党政领导和部门的监督和制约，确保政府相关部门依法办事。为了克服公权力对个人的侵犯，应从制度上保证公民对拆迁的民事诉讼权得以实现，凡有拆迁纠纷，不是诉诸暴力，而是由法院作为独立的第三方作出决断。当然，这些变革都需要一个长期的过程，但必须尽快做起，并与自上而下推进的政治体制改革相结合，确保“权力在阳光下运行”。

其次，在《国有土地上房屋征收和补偿条例》的基础上修订并颁行《城乡土地上住房征收和补偿条例》，全面、统一规范城乡房屋拆迁和补偿的程序、标准和权利救济的渠道。迄今为止，中国对农村房屋拆迁缺乏统一的法律规定，各地自行其是，自由裁量权很大。目前，中国城市化正在快速推进，每年新增用地的 70% ~ 80% 源自对农地的征用，这必然会带来大量农村住房的拆迁。拆迁立法城乡分割早已不合时宜，必须尽快改变。

最后，把城乡房屋的拆迁立法与《土地管理法》的修订相结合，切实保护城乡居民的不动产权利。目前，《土地管理法》正在修订，其中一个主要的改动就是，按照中共十七届三中全会的决定，在城镇规划区范围外，凡是非公益性建设项目，政府可不行使征地权，农民集体可以土地参与开发经营。这意味着征地范围有所紧缩，而这会对农村征地拆迁产生影响。因此，在拆迁立法中必须统筹考虑，建立真正平等的拆迁补偿谈判机制。

在暴力拆迁中无辜逝去的生命不会瞑目。他们在期待，人民在期待。

论《拆迁条例》的废除和《征收条例》的确立

姜明安（北京大学公法研究中心主任、中国行政法学会副会长）

最近，一系列因对公民房屋强制拆迁、野蛮拆迁而导致的悲剧（自杀、自焚、拆迁者与被拆迁者的暴力冲突等）以及由此引发的要求审查、撤销国务院《城市房屋拆迁管理条例》(下称《拆迁条例》) 的强烈的呼声和社会舆论浪潮，促使国务院有关部门加快了废除《拆迁条例》和制定新的《征收条例》(新条例目前暂定名为《国有土地上房屋征收与补偿条例》)的步伐。

《拆迁条例》的废除和《征收条例》的制定，涉及大量的理论和实践问题，其中的核心就在于，如何通过制度设计平衡公共利益与保障被征收人的合法权益。

《拆迁条例》为何该废

其一，《拆迁条例》助长了一些地方领导人违反科学发展观，过分依赖“卖地”和房地产业发展当地经济的发展思路。

科学发展观的核心是以人为本。但长期以来，一些地方的领导人却以GDP为本，以建设高楼大厦、大马路、大广场和改变城市外在形象为本。野蛮拆迁中不断流淌出的血和泪丝毫不能感动他们，强制拆迁依旧，暴力拆迁依旧。这些人对通过房地产业拉动当地经济走火入魔，全然忘记了公权力运作应以人为本。如果还不把支撑那种发展思路和发展政策的《拆迁条例》撤销或废除，科学发展观将仍然无法由文件、口号变成现实。

其二，《拆迁条例》违反了法治的基本理念和基本原则。

法治理念的第一要义是公平正义，而公平正义的基本要求是自己不做自己的法官，有利害关系的一方当事人不得参与相应事务的处理和裁决。而《拆迁条例》在处理拆迁人与被拆迁人这对明显有利益冲突的双方当事人的关系时，却授权拆迁人可自行拆迁被拆迁人的房屋或由拆迁人委托他人拆迁被拆迁人的房屋；在处理拆迁人与被拆迁人有关补偿、安置的争议时，却授权给为拆迁人发放拆迁许可证的、与拆迁人显然存在利益关联的房屋拆迁管理部门裁决争议。由作为拆迁人的开发商去拆迁被拆迁人的房屋，由拆迁管理部门去裁决拆迁人与被拆迁人的争议，被拆迁人还能企求公平正义吗?

其三，《拆迁条例》违反《宪法》和有关法律的明文规定。

根据《宪法》第13条、《物权法》第42条和《城市房地产管理法》第6条的规定，"公共利益"和"补偿"是征收的必需构成要件。非因公共利益，不得征收。因公共利益虽可征收，但未依法补偿，对房屋所有权及相应土地使用权征收程序就没有完成；而征收没有完成，就不能进行拆迁。但《拆迁条例》对房屋拆迁实际未区分公共利益和非公共利益，实践中大多为非公共利益；对补偿作出的具体规定则实际将补偿与对房屋所有权的征收分开了，将补偿作为了拆迁程序的一部分，把本应在征收阶段解决的补偿问题延至拆迁阶段解决，从而明显与上位法相抵触。

根据《宪法》第13条、《城市房地产管理法》第6条的规定，征收、补偿的主体是国家（政府），征收、补偿的法律关系是行政法律关系，必须遵守依法行政的要求。但是，《拆迁条例》却将对被拆迁人给予补偿、安置的法定义务转移给拆迁人，将国家（政府）与被拆迁人之间的征收、补偿行政法律关系转变为拆迁人与被拆迁人之间的民事法律关系。拆迁人由于其利害关系，其在行使《拆迁条例》赋予其拆迁权时，其实施野蛮拆迁就是必然的，不可避免的。

征收是拆迁的前提。但《拆迁条例》规定的拆迁人申领房屋拆迁许可证的前提条件中，却没要求拆迁人提供被拆迁人房屋所有权和相应土地使用权已被征收的证明材料的条件。这就导致在被拆迁人手中仍握有房屋所有权证和相应土地使用权证的情况下，拆迁人却已取得了房屋拆迁许可证。这必然造成对被拆迁人权益的严重侵害。

其四,《拆迁条例》所构建和支撑的现行房屋拆迁制度严重损害了政府公信力，严重影响了法院的公正形象和司法权威。

现行房屋拆迁制度和许多地方政府所推动的一波接一波的拆迁运动中，那么多强制拆迁、野蛮拆迁，其间的官商勾结，更是损害执政党和政府的形象。

此外,《拆迁条例》将裁决争议的职能赋予行政机关，而把强制执行的任务大部分交给了法院。实践中，政府往往把法院当成“有关部门”之一，要求其参与政府组织的拆迁，或者由房屋拆迁管理部门申请法院强制拆迁。让法院帮助开发商去拆当事人的房屋，搬当事人的东西，法院如何能在当事人心目中留下公正的形象？司法何以树立权威？

正因为如此，笔者曾在《行政强制法》立法征求意见过程中，多次建议《行政强制法》不要赋予法院强制执行实施权，而应授予法院强制执行裁决权和监督权（除非紧急情况，强制执行裁决权和监督权绝对不能赋予行政机关）。否则，公民的人权难以保障，国家公正的最后一道防线也将毁于一旦。

《征收条例》何以应当界定“公共利益”

中国宪法和《物权法》等法律对“公共利益”的含义和范围没有加以界定。主要原因首先是，对“公共利益”的含义和范围加以确切界定有困难。宪法和法律需要调整广泛的社会关系和社会生活，具有普遍性，往往不得不使用许多具有一定弹性的不确定用语，各国情况皆然。例如,《法国人权宣言》中的“公共需要”，美国宪法修正案第5条规定“正当法律程序”“公正补偿”，日本宪法第29条规定的“公共福祉”等，都没有加以明确界定。

其次，法律使用“不确定用语”，既有其“不得已为之”的一面，也有其“有意为之”的一面。“不得已为之”是因为社会关系过于复杂，法律对之难以确切界定：或者事务发展变化过于迅速，法律对其前景难以确切预测，或者事务涉及范围过于广泛，过于多样性，法律难于确切列举和界定其范围。其“有意为之”，是因为法律欲调动执法者的主观能动性，通过其自由裁量行为，更好地实现法律的目的，更有效地保障实质公正。

明智的立法者深知，以过于刚性、过于僵化的统一规则适用于千差万别的个人、个案，一定会导致过分的实质不公正，因此有必要给执法者留下一定的自由裁量空间，由执法者根据其法律理念，根据其对相应法律的目的、原则、精神的理解，就具体个案的情形对“不确定用语”作出最适当的解释，以实现个案公正。

从许多国家的情况来看，执法者利用法律“不确定用语”解释滥用权力的情况虽然存在，但并不普遍。特别是在西方法治较发达国家，执法者和法官滥用这种自由裁量权，侵犯相对人合法权益的情形并不多见。

主要原因大致有三：其一，在法治社会或法治较发达的社会，法律人（执法者、法官、律师、法学者等）通常都接受过共同的法律教育，具有基本相通的话语和对一般法律概念、法律理念的基本相同或相通的理解，执法者和法官对不确定用语的解释一般不会过于离谱；其二，法律人通常都具有较高的素质，他们不是只能机械适用法律规定的法律工匠，而是能够运用其法律理念，将不确定法律用语与相应法律目的、原则、精神机智地、灵活地适用于具体个案的法律艺术家；其三，法律共同体长期以来已形成一套维护、保障执法和司法公正的制度，这套制度可以较大限度地激励和制约执法者，使其不想、不敢和不能随意滥用不确定法律用语解释权搞腐败。相对人对执法者解释不确定法律用语有疑义或异议，均可诉诸法院，由法官作出最终解释，保证执法者的解释权不被滥用。

但是，中国的情况与此不同，现在离建成法治社会和法治国家还有很长的距离。中国的执法者、法官和其他法律人尚未普遍受到共同的基础法律教育和法律训练，法律共同体尚未有完全相同的法律话语。其二，中国的部分执法者和法官的法律素质和人文素质还有待提高，不少人只知机械地适用法律，在遇到法律规定不甚明确或类似“公共利益”一类不确定用语时，就不知如何应对，甚至一筹莫展。其三，中国尚未形成稳定、完善的制约法律人行为的法律制度和职业道德规范，一些人不是运用法治理念灵活和公正地处理个案，而是滥用自由裁量权，通过恶意地扩大或缩小（甚至歪曲）相应不确定用语的内涵和外延谋求私利。例如，目前许多地方政府执法人员为开发商卖力地征收农民土地、拆迁城市居民房屋，都是打着“公共利益”的旗号，损害农民和城市被拆迁户的利益。

针对这种情况，中国显然有必要通过目前正在制定的《征收条例》对“公共利益”的含义和范围加以界定。

《征收条例》如何界定“公共利益”

然而，目前正在制定的《征收条例》是否可能对“公共利益”的含义和范围加以界定呢？考查中国和境外的法律实践，以法律或法规给“公共利益”界定一个基本含义和大致范围是可能的。

例如，中国台湾地区的《土地法》即是采用列举加概括的方式界定“公共利益”的范围。该法规定：因下列公共事业之需要，得依本法之规定征收私有土地。但征收之范围，以其事业所必需者为限：（1）国防设备；（2）交通事业；（3）公用事业；（4）水利事业；（5）公共卫生；（6）政府机关、地方自治机关及其他公共建筑；（7）教育学术及慈善事业；（8）国营事业；（9）其他由政府兴办以公共利益为目的之事业。前八项为“公共事业”（实现公共利益需要之事业）的列举性条款，最后一项为“公共利益”的概括性（兜底性）条款。值得注意的是，该条在以列举式和概括式界定“公共利益”范围之前，还设了一项限制性条款：征收之范围，以其事业所必需者为限。何谓“必需”，虽然是一个不确定用语，但它构成对个案中“公共利益”范围的一个有效限制。

借鉴中国台湾地区的做法，我们完全有可能对宪法和有关法律中的“公共利益”用语的内涵和外延加以大致的界定，其方法可以是：首先，给“公共利益”下一个简要的定义，如公共利益是指涉及国家安全和广大社会公众福祉的利益；其次，尽可能较全面地列举出可能列举属于公共利益范畴的事项；再次，设立一项概括性（兜底性）条款，即立法时无法列举或难以列举的其他应属于“公共利益”范畴的事项；复次，还可再设立一项排除条款，即明确排除哪些事项不属于“公共利益”的范围，如企业从事商业性开发，政府兴建度假村和娱乐场所等事项；最后，还可考虑设立一项一般限制性条款，即规定在处理个案中，“公共利益”的范围应以相应事项所必需者为限等。

为了防止某些政府机关和官员打着“公共利益”的旗号滥权和侵权，除了前述一般性界定，法律上还可考虑设定一些其他应对措施对政府机关的行为加以制约。

其一，通过行政程序限制政府对“公共利益”的武断解释和认定，为行政相对人提供参与机会。例如，政府在实施征收行为时，法律应要求其举行听证会、论证会或其他形式听取行政相对人和其他社会公众的意见，确定相应行为是否是“公共利益”的需要，如确属“公共利益”的需要，还要确定相应行为是否是实现此种“公共利益”需要的最佳途径，有无较此种途径更好的途径等。

其二，通过加强市场化运作限制公权力的过度运用，防止政府以公益的名义为其所偏爱的市场主体实现私益运用公权力。为此，要通过行政组织法对政府公权力进行严格的限制。凡是通过市场化运作能解决的问题，法律应禁止公权力介入。

其三，通过适当的“公法私法化”，保障公共利益以公正、公平的方式得到实现。对于公共利益，完全通过私法途径而不运用公法是不可能实现的。但是，行政机关为实现公共利益，在运用公权力的同时，辅之以适当的私法途径，如合同、招标、拍卖等，则不仅是可能的，而且是必要的。适当的“公法私法化”对于防止公权力腐败、滥用，保障社会公正和公平有着极为重要的意义，是建设法治政府、廉洁政府、有限政府和高效政府的重要措施，也是世界行政改革发展的一大趋势。

很显然，产生侵权、腐败、滥权等各种问题的根源，并非某一或某些法律用语的含义和范围不明确，而是导致政府机关和政府官员利用不确定法律用语侵权、腐败、滥权的体制和环境。因此，除了通过法律界定和明确“公共利益”含义和范围，必须同时借助于经济体制、行政体制、政治体制和司法体制的整体改革。

怎样实现公益与私益的平衡

《征收条例》要实现维护公共利益与保障被征收人合法权益的平衡，除了要正确界定公共利益的含义和范围，还有必要解决下述具体问题。

其一，征收主体和征收实施组织问题。征收是一种公权力行为，只能由政府作为行为主体。但是，征收行为的组织和实施却可以由政府授权的部门（房屋征收部门）承担。至于征收中实施执行强制搬迁决定的事实行为，则可以由房屋征收部门通过招投标程序委托与建设单位无利害关系的相关中介组织实施。

其二，征收程序中被征收人参与问题。在整个征收程序中，从计划征收，到征收决定，到补偿方式、补偿标准的确定，都必须有被征收人的参与。参与的方式可以是座谈会、论证会、听证会，也可以是投票、辩论、协商等。没有被征收人的一定方式的参与，征收行为即违法、无效。

其三，对危旧房征收的区分问题。现行征收拆迁对危旧房是不加区分的，新《征收条例》草案也未对之加以区分，拟将二者都同时列入公共利益需要征收的范围，并以拟征收区域范围内90%以上被征收人同意作为征收、改造的前提条件。这样规定很不妥当，应当对旧房和危房的不同情况，作出区别规定。

其四，对征收决定异议的裁决问题。根据正当法律程序的要求，任何个人和组织都不能做自己案件的法官。因此，由房屋管理部门承担拆迁、补偿、安置争议裁决职能的现行做法必须改变，目前《征收条例（征求意见稿）》规定的由县级以上政府报上一级政府裁决也不完全符合正当法律程序的要求。合适的制度应该是由中立的第三方（法院或专门裁判所）作为征收决定异议的裁决机构。如果法院作为征收决定异议的裁决机构，就意味着法院对“公共利益”的界定有最终裁决权。这无疑能为被征收人权益提供最有效的保障。

其五，征收估价机构问题。征收估价机构必须是有资质的和公正的。为避免暗箱操作导致的不公正和被征收人对估价机构的不信任，估价机构不能由房屋征收部门单方指定。被征收人可在房屋征收部门推荐的若干估价机构中通过一定方式（如票决、抽签等）选择确定。

其六，征收补偿方式问题。征收补偿方式应该多元化，除了货币补偿，还应有房屋产权调换、房屋产权调换加货币补偿，因危旧房改造实施的征收，被征收人应可优先选择回迁的方式。

其七，征收补偿范围问题。除了房屋所有权征收补偿，还应包括：（1）征收营业用房在产权调换或回迁前过渡期内因停产停业造成的赢利损失（可按其前三年平均收入或同行业上年度平均收入计算）；（2）搬迁费；（3）征收住房在产权调换或回迁前过渡期内征收主管部门临时安置过渡住房给被征收人造成上班、上学或其他工作、生活不便的补偿；（4）产权调换与被征收房屋的差价（产权调换的房屋和房屋地理位置如果是被征收人自己选择的，其差价则应由被征收人本人承担）；（5）征收土地使用权的补偿。

现在通行的做法是只补房价不补地价，理由是房补包括地补。这种认识是不正确的，土地使用权的情况各种各样：有被征收人建房时向政府购买了土地使用权的（通常为70年）；有被征收人的房屋的土地使用权是开发商向政府购买的，被征收人向开发商买房，房价即包括地价；有被征收人的房屋的土地使用权是政府无偿划拨的；还有被征收人的房屋的土地使用权是祖传的。对于不同情况土地使用权的征收，应给予不同的补偿。一律以“房价包括地价”为由，对土地使用权征收不予补偿的做法是不适当的。

其八，责令违章建筑房屋搬迁是否应予补偿问题。违章建筑的情况是多种多样的，有的违章建筑是在行政机关默许下建起来的，建起来以后，行政机关长期不闻不问；有的是祖传房屋，因各种原因未办理某种证照（如土地使用权证、规划许可证等）而构成“违章建筑”；有的是当事人在房屋建筑过程中不听行政机关劝阻，执意违章建房，房屋建好后，又不执行行政机关的行政处罚决定，不拆除其违章建筑。对于第一种情况，根据《行政处罚法》两年时效的规定，应给予当事人适当补偿；对于第二种情况，根据公平正义原则，应给予当事人完全补偿；对于第三种情况，可不给当事人任何补偿。

其九，复议、诉讼期间是否应停止强制拆除拟征收房屋的问题。根据现行法律，复议、诉讼期间不停止被申请、被诉行为的执行。但是强制拆除房屋的行为是一种特殊的行政行为，一旦错拆，就会造成不可弥补的损失，特别是作为文物和名胜古迹的房屋，一旦错拆，即不可复制。因此，除非公共利益的特殊紧急需要，复议、诉讼期间应停止强制拆除拟征收的房屋，待复议决定、法院判决作出后，再决定是否强制拆除。

其十，如何防止野蛮拆迁的问题。为了防止野蛮拆迁，目前《征收条例》(征求意见稿)规定，房屋征收机关不得采取“四断”(断水、断热、断气、断电)以及其他非法手段实施拆迁。但这还不够，还应加上不得在夜间和节假日实施拆迁等情况。

要实现维护公共利益与保障被征收人合法权益的平衡，《征收条例》要解决的问题很多，上述十个问题是目前社会公众，特别是被征收人最集中关注的问题，希望能在这些方面有所突破，有所进展。

附录：《征收条例》草案的主要内容

2007 年 10 月 1 日起施行的《中华人民共和国物权法》规定：“为了公共利益的需要，依照法律规定的权限和程序可以征收集体所有的土地和单位、个人的房屋及其他不动产。”2007 年 8 月 30 日，十届全国人大常委会第二十九次会议审议并通过了《全国人民代表大会常务委员会关于修改〈中华人民共和国城市房地产管理法〉的决定》，授权国务院就征收国有土地上单位、个人的房屋与拆迁补偿制定行政法规。据此，国务院法制办公室会同住房城乡和建设部在多次征求各方面意见的基础上，经反复研究、修改，形成了《国有土地上房屋征收与补偿条例（征求意见稿）》（下称征求意见稿）。征求意见稿的主要内容包括：

（一）关于适用范围。

依照《物权法》的规定，征求意见稿规定，为了公共利益的需要，对国有土地上单位、个人的房屋实行征收以及对被征收房屋的所有权人给予补偿的，适用本条例，并对“公共利益的需要”作了界定。

（二）关于征收程序。

一是政府在作出房屋征收决定前，应当组织论证，将有关事项予以公告，征求被征收人、公众和专家意见，并及时公布意见的采纳情况、不采纳情况及理由。

二是经征求被征收人、公众和专家意见，无重大争议的，政府作出房屋征收决定；存在重大争议的，报请上一级人民政府裁决后，作出房屋征收决定。

三是房屋征收决定应当予以公告。

四是对房屋征收决定不服的，可以申请行政复议，也可以提起行政诉讼。

五是因危旧房改造需要征收房屋的，须事先进行民意征询，经90%以上被征收人同意，政府方可作出房屋征收决定。

（三）关于征收补偿。

一是补偿的方式可以实行货币补偿，也可以实行房屋产权调换，或者实行货币补偿与房屋产权调换相结合的形式。被征收人可以选择补偿方式。

二是货币补偿的金额，由房地产价格评估机构以房地产市场评估价格确定，但不得低于房屋征收决定生效之日类似房地产的市场交易价格。房地产价格评估机构，由被征收人以投票或者抽签等方式确定。

三是房屋征收部门负责组织对被征收房屋进行调查登记，拟定补偿方案，并征求被征收人的意见，经修改完善，报有关政府批准后公告；其中危旧房改造补偿方案在批准前还应当征得三分之二以上被征收人的同意。

四是房屋征收部门按照补偿方案与被征收人订立补偿协议；其中危旧房改造的补偿协议，在签约期限内签约率达到三分之二以上的，方可生效。

五是补偿协议订立后，一方当事人未履行补偿协议的，另一方当事人可以依法向人民法院提起诉讼。

六是政府应当为征收个人住宅的被征收人提供适当房源，符合住房保障条件的，应当为其提供保障性住房。

（四）关于非因公共利益的需要实施的拆迁。

非因公共利益的需要实施的拆迁，应当符合城乡规划、土地利用总体规划，并依法办理有关审批手续，由建设单位编制具体实施方案，报经房屋征收部门批准后，按照自愿、公平的原则订立拆迁补偿协议。建设单位、受委托实施拆迁的单位不得采取中断供水、供热、供气、供电等方式或者以暴力、胁迫以及其他非法手段实施拆迁。

注：以上内容来源于国务院法制办公室

一个国家，几种公民？

郑戈（香港大学法律学院助理教授）

《昆明市居住证管理规定（草案）》公示，引发了热烈讨论。有批评的声音指其违反了宪法赋予公民的“迁徙自由”。

其实，中国现行宪法中并没有规定迁徙自由。这种缺失并非疏忽，而是刻意为之。因为迁徙自由与中国长期实行的一套人口管理制度，即户籍制度，不能兼容。为中华人民共和国的建立奠定宪法基础的《共同纲领》和新中国第一部宪法（五四宪法）中，都明确规定了公民有居住和迁徙的自由，而在此之前民国时期宪法也都规定了迁徙自由。

但 1958 年成为分水岭，当年颁布的《户口登记条例》实际上以全国人大常委会颁布的一般法律的形式，取消了迁徙自由这一宪法权利。其中规定：“公民由农村迁往城市，必须持有城市劳动部门的录用证明，学校的录取证明，或者城市户口登记机关的准予迁入的证明，向常住地户口登记机关申请办理迁出手续。”这标志着“一个国家，两种公民”体系的形成，农村公民和城市公民的区分一直延续至今。此后的三部宪法，包括现行的 1982 年宪法，都没有再提到迁徙自由。

但是，在当下语境中提及迁徙自由并非全无依据。2004 年的第 24 条宪法修正案增加了“国家尊重和保障人权”的条款。宪法其余条文并未界定何谓“人权”，因此，在解释“人权”时，有必要参考中国已经签署的《国际人权公约》。迁徙自由在国际人权法体系中占有重要地位，1948 年《世界人权宣言》第 13 条、1966 年《公民权利和政治权利国际公约》第 12 条以及 1966 年《消除一切形式的种族歧视国际公约》中，都对公民的迁徙自由作了明确规定。这种自由大体包含两方面的内容：一是公民在本国领土内迁徙和选择居住地的自由；二是离开任何国家、包括其本国的自由。

更为重要的是，宪法第 33 条本来就规定了公民的平等地位。任何歧视性的法规、政策和行政措施都有违宪的嫌疑。如原来《选举法》中的“四分之一条款”就构成对农村公民的明显歧视。全国人大于 2010 年 3 月通过修改《选举法》后规定，“按照每一代表所代表的城乡人口数相同的原则”来确定代表名额。宪法平等权在《选举法》中得到了体现。我们有理由期待户籍制度也能尊重和体现公民在法律面前平等的宪法原则。

在司法机关无法进行违宪审查，也没有专门的违宪审查机构来捍卫国家最高法律的现行体制下，立法机构和行政部门的主动维宪，就成为宪法实施的唯一途径。但一些领导却明显缺乏宪法意识，比如深圳市副市长兼公安局局长李铭关于清除外来无业人员的说法。这体现了维护深圳地方利益的意图，却忽视了中国公民的平等法律地位。

许多学者和律师已经习惯了权利的表达，其前提预设是：人生而自由，所有的枷锁都是国家和社会强加的，法律的作用在于限制国家的权力，使其对个人自由的威胁降到最低。

但现实是，人生下来就处在超越个人选择之上的权力关系和政治结构中，无从选择自己的户籍及其这个行政管理概念所蕴涵的政治与经济含义。在计划经济体制下，每个成年人都有自己的单位，镶嵌在单位结构中的个人是不自由而且相对安全的。单位管生管死，还管介绍对象。改革开放之后，单位结构解体了，人的流动性被释放出来，在新的社会治理方式（主要是法治）成熟之前，造成了极大的社会治安问题。暂住证和居住证制度，就是为了统计和管理流动人口而产生的治理技术。

为了平衡权利与治理之间的关系，实现真正的善治和仁政，我们有必要探索一种以人为本的温和治理技术。作为管理手段的居住证，应当采取激励措施鼓励人们去办理，而不是惩罚措施。

首先，中国30余年的高速经济发展的副产品之一就是严重的社会分化，如何实现社会包容而不是对立和排斥，就成为关系到社会稳定的严峻问题。居民证制度在设计上，应首先考虑如何使之成为地区性社会认同的生发点，而不是加剧漂泊感和离心感。事实表明，在上海和天津等本地长期居民占人口大多数的城市，治安状况相对比较好，居民中挺身而出制止犯罪的现象相对较多。在深圳、广州和东莞等流动人口占相当大比例的城市，治安状况往往恶劣，人们也很难同心协力地阻止犯罪。如果一张居民证能够使外来人士产生“家”的感觉，其意义便将是正面的。

其次，之所以需要采取负面的惩罚措施来“迫使”人们去办理居民证，必然是因为居民证所带来的好处，减去办理证件的成本之后是微乎其微甚至是负的。这时，政府需要考虑的是如何从正面去激励人们办理这种证件。比如，地方政府加强廉租房和经济适用房等方面的供给，并以居民证作为申请租住或购买此类房屋的条件。

最后，在户籍和居民证并行的情况下，居民证的持有者难免有“二等公民”之感。事实上，居民证在功能上与此前的暂住证并无本质区别，它们都侧重于便利政府（尤其是公安部门）对流动人口的管理，而不是为居民提供便利和福利。在这种情况下，有必要为这种临时性的身份证明附加一个永久性的承诺：持有居民证达一定年限之后，就能成为永久居民，即取得当地户籍。

财新图书
Caixin book
series